KB272122

복음적 관점으로 본

히브리 사상과 헬라 사상

복음적 관점으로 본 히브리 사상과 헬라 사상

발행일	2026년 3월 30일
지은이	박인용
펴낸이	손형국
펴낸곳	(주)북랩
출판등록	2004. 12. 1(제2012-000051호)
주소	서울특별시 금천구 가산디지털 1로 168, 우림라이온스밸리 B동 B111호, B113~115호
홈페이지	www.book.co.kr
전화번호	(02)2026-5777
팩스	(02)3159-9637

ISBN   979-11-7598-191-1 03230 (종이책)   979-11-7598-192-8 05230 (전자책)

작가 연락처 문의 ▶ ask.book.co.kr

전용 게시판에 문의를 남기시면 저자에게 직접 전달됩니다.

(주)북랩 성공출판의 파트너

북랩 홈페이지와 SNS에서 다양한 출판 솔루션을 만나 보세요!

홈페이지 book.co.kr   •   **블로그** blog.naver.com/essaybook   •   **출판문의** text@book.co.kr

카톡채널 북랩

하나님 중심 계시와 인간 중심 철학의 충돌

복음적 관점으로 본 히브리 사상과 헬라 사상

박인용

북랩

감사의 글

이 책을 쓰기까지 삼십 년이 넘게 자료를 수집하고 유다이즘과 탈무드와 성경 시대의 배경 문화와 히브리 사상과 관련된 분야들을 살펴보았습니다. 비로소 그동안 쓰고 싶었던 히브리 사상에 대하여 부족한 필력으로 정리하게 되어 하나님께 먼저 감사드립니다.

그리고 항상 부족한 저를 아낌없는 칭찬과 격려로 이끌어 주신 이성호 박사님께 감사드립니다. 또한 항상 넓으신 아량과 이해로 말씀 연구를 지속할 수 있도록 배려해 주시고 격려해 주신 노회장 백선웅 목사님과 부노회장 김길호 목사님과 임원진들에게 감사드리고 이 책을 교정해 주신 남미영 박사님과 고엘 선교팀 이정호 대표와 이경훈 이사, 이명아 권사, 박경숙 권사, 이정선 집사께 감사하며, 킹네스트 회원들과 조온유 선교사님과 김영훈 선교사님과 맹형규 간사님의 협력과 노고에 대하여 감사드립니다. 그리고 남정샬롬교회 성도님들의 기도와 후원에 감사드리고, 아낌없이 격려와 배려를 베풀어주신 제 아내 조경선 사모님과 박주찬, 이진아, 박성찬, 박지현에게 감사드립니다. 그리고 추운 겨울에 공부방을 따뜻하게 해주시려고 땔감을 공급해 주신 집사님들에게 감사드립니다.

2026년 2월 22일
저자 박인용

머리말

히브리 사상에 대하여 글을 쓰고자 분석해 가는 가운데 헬라 사상과 비교되는 핵심 주제와 중심 체계들을 알게 되었고 히브리 사상과 헬레니즘이 서로 반대 방향을 가진 사상들임을 보면서 헬라 사상과 다른 점들을 함께 살펴보는 방식으로 기술하게 됐습니다.

그리고 히브리 사상이 구약시대에 이스라엘 백성들의 타락과 성경을 벗어난 이방 종교와 풍조의 사상과 혼합되면서 히브리 사상이 왜곡되었고 이것에 대한 하나님의, 사랑의 징벌이 있었습니다. 그러나 하나님이 말씀에 능한 종들을 택하여 그들을 통해 종교개혁 함으로 히브리 사상이 다시 회복하는 일들이 수없이 반복하는 사상의 변천사가 있었음을 발견했습니다. 가장 심각하게 히브리 사상이 변질되고 이방 풍조와 인본주의 사상의 영향으로 왜곡된 시대는 하나님이 백성들에게 선지자들을 보내시는 일이 멈추었던 중간사시대였습니다. 그리고 성경의 의도에서 벗어난 왜곡된 정치적 메시아 대망 사상을 가진 율법 행동주의를 추종하고 조상의 전통과 유전을 신봉하는 히브리 사상이 초대 교회와 이스라엘이 계속 진행되어 오늘날까지 수천 년을 이어왔습니다.

유대교 중간사와 그 전통의 형성은 성경의 구약과 신약 사이의 공백기뿐만 아니라, 이스라엘이라는 민족이 거대한 제국들 사이에서 정체성을 지키기 위해 고군분투한 역사이기도 합니다. 유대교 중간사는 보통 주전(BC) 400년경부터 주후(AD) 1세기(예수 그리스도의 탄생 및 사역기)까지 약 400년의 기간을 의미합니다. 말라기 이후 선지자의 음성이 끊긴 시기에 유대인들은 페르시아, 헬라(그리스), 로마의 지배를 차례로 받으며 고난을 겪었고, 그 과정에서 강대국의 억압으로부터 구출하고 해방시켜 줄 정치적인 메시아 대망 사상으로 변질되었고, 성령의 역사와 대속의 핏값으로 인류를 구원해 주실 구원의 능력이 배제된 율법 중심의 신앙이 더욱 공고해졌습니다.

율법을 지키려는 노력이 강조될수록, 인간의 죄성을 해결하기 위해 모든 성경이 증거한 '대속의 은혜'보다는 '인간의 행위'가 신앙의 중심에 놓이게 되었습니다. 창세기 3장에서 타락한 인간에게 하나님께서 약속한 구속자는 세상 나라를 구원하는 정치적 메시아가 아니라 하나님의 말씀에 불순종한 인간이 죄와 사망에 갇힌 곳으로부터 해방시켜 줄 '메시아'이며 마귀에게 빼앗긴 하나님 나라와 시민권을 되찾아 주실 '여자의 후손'인 것입니다.

마귀의 거짓말에 속아 미혹당함으로 하나님을 대적하고 원수의 편에 서서 하나님과 완전히 단절된 화목 관계를 회복시켜 줄 여자의 후손을 약속한 것입니다. 결단코 하나님은 강대국 로마로부터 해방시켜 줄 메시아를 약속한 적이 없고 정치적 메시아를 증거하고 예언하라고 선지자를 보내신 적이 없습니다. 강대국에게 지배를 받게 된 원인은 거의 우상숭배와 악하고 음란한 죄 때문에 정신 차려 회개하고 돌이킬 기회를 주시고자 주신 징벌이었습니다.

여자의 후손이 약속대로 오셔서 옛 뱀 거짓의 아비 마귀 곧 사탄의 머리를 밟아 박살 내시고 완전히 멸하셨습니다. 그리고 대속의 피로 죄인들의 구원을 성취하셨습니다. 모든 마귀의 권세를 제거(해체)하셨고 예수님이 온 땅에 가득 찬 통치자로 왕 노릇하시며 승리의 기쁨을 자기 백성들과 함께 누리고 구속자 예수님이 주신 구원의 능력과 효력을 영원히 누리고 활용하며 살게 하셨습니다.

여자의 후손(메시아)이 원수(마귀)의 머리를 밟아 멸하시고 택하신 자들을 원수의 손에서 해방시켜 하나님의 자녀라는 신분과 하나님 나라를 회복시켜 주셨습니다. 성경 전체가 이렇게 택하신 자들을 구원해 주실 메시아를 열망하고 메시아에 대한 바른 정보와 지식을 알아가고 배워 '적그리스도를 구별하며 거짓 선생들을 분별해 내어 속지 말라'고 경계하게 하셨습니다.

거짓 선지자들이 성경에 약속된 메시아에 대한 정보와 비슷(유사)한 가짜 메시아 사상과 교리를 만들어내어 조작된 메시아 사상에 맹종하게 함으로 결국 진짜(참) 메시아가 오셨을 때 원수처럼 대적하고 죽도록 증오하게 많이 만들어 놓았습니다. 아무리 화려한 종교적 경건함과 엄숙함이 있는 히브리 사상일지라도 그 사상 안에 핵심 주제인 메시아에 대한 지식과 정보가 왜곡되고 인간의 욕심을 따라 조작하여 만들어낸 가짜 메시아 갈망사상이라면 그 히브리 사상은 예수님과 복음이 없는 죽은 사상입니다.

하나님이 이미 결정하고 기뻐하는 대속의 메시아가 아니라 인간들의 소원 성취형 정치적, 세속적, 기복적 메시아를 만들어내어 성경에 무지한 자들을 미혹합니다. 이 땅에 지상낙원을 만들어 줄 기복적이고, 정치적이며, 사회복지형 가짜 메시아들이 수천 년의 인류 역사의 사냥꾼으로 왔다가 이슬처럼 사라졌습니다. 그럼에도 불구하고 인간들은 자신들의 입맛에 맞는 가짜 메시아를 자판기 메뉴판처럼 선택하고 하나밖에 없는 인생을 허비하며 살아갔습니다. 결국 가장 중요한 것은 성경의 핵심 주제인 구속자 예수 그리스도에 대한 정보와 복음의 지식을 바르게 알아가고 배워 왜곡되거나 변조되지 않도록 보존해 가는 것입니다.

조상의 전통과 유전이 성경의 핵심인 예수 그리스도보다도 더 앞설 수 없고 더 중요하지 않습니다. 유대교 '장로들의 전통'이나 '구전 율법'은 주전 538년 바벨론 포로 귀환 이후부터 서서히 싹트기 시작했습니다. 이 구전의 본격적인 체계화는 주전 2세기경(약 BC 160년경) 마카비 혁명 시기를 거치며 '바리새파'가 형성될 때 본격적으로 강조되었습니다. 성전이 파괴되거나 이방 세력에 의해 더럽혀지는 상황에서, 유대인들은 일상의 삶 속에서 율법을 철저히 지킴으로써 민족적 정체성을 유지하려 했습니다. 이것이 훗날 '미슈나'와 '탈무드'의 모태가 됩니다.

이스라엘의 멸망과 디아스포라Diaspora 유대인들이 전 세계로 흩어지게 된 결정적인 계기는 크게 두 번의 멸망 사건으로 나뉩니다.

남유다 멸망(BC 586)은 바벨론에 의해 예루살렘 성전이 파괴되며 1차 대규모 분산이 일어났습니다. 초대 교회 시기(AD 1세기)에 이미 전 세계(로마 제국 전역)에 유대인 정착지인 '회당Synagogue'이 형성되어 있었던 이유는 바로 주전 586년부터 시작된 흩어짐 때문입니다. 그리고 로마에 의한 멸망(AD 70)은 로마 장군 티투스에 의해 예루살렘이 완전히 함락되었고 이스라엘국가가 지구상에서 사라진 그 이후 오늘날까지 이어진 유대교 사상은 주후 70년 성전이 완전히 사라진 후, 유대교는 '제사 중심'에서 '율법과 회당 중심'으로 완전히 탈 바꿈했습니다.

중간사시대에 확립된 율법 해석과 전통들은 디아스포라 유대인들을 통해 전 유럽과 중동으로 퍼져 나갔습니다. 이들은 어디에 살든 안식일, 정결 예법(코셔), 절기를 지키며 수천 년 동안 혈통과 신앙을 보존해 왔으며, 이것이 오늘날 현대 유대교의 근간이 되었습니다. 간추려 설명하자면 유대교는 주전 400년경에 시작되었고, 전통의 강화는 주전 2세기 바리새파의 등장과 함께 두드러졌습니다. 이 사상은 주전 586년 첫 멸망부터 시작된 디아스포라 공동체를 통해 오늘날까지 면면히 이어져 내려오고 있습니다. 중간사시대의 신앙 지형을 이해하는 데 가장 중요한 열쇠가 바로 이 분파들의 차이점입니다. 예수님 당시 유대 사회는 크게 '바리새파, 사두개파, 에세네파, 열심당' 네 그룹으로 나뉘어 서로 갈등하며 공존했습니다.

1. 바리새파

'분리된 자들'이란 의미이며, 이들은 일상생활 속에서 율법을 완벽히 지키려 노력했습니다. 성전이 없어도 '회당'과 '성경 공부'만 있으면 신앙이 유지될 수 있다고 믿었고, 이 파의 핵심 인물은 '샴마이(엄격주의), 힐렐(온건주의), 가말리엘'이며, 훗날 기독교로 개종한 사도 바울은 가말리엘의 제자였습니다.

2. 사두개파

'성전의 주인'이란 의미이며, 솔로몬 시대 제사장 '사독'의 후예를 자처했습니다. 이들의 사상은 지극히 현실적이었으며, 성전 제사를 독점하여 경제적·정치적 기득권을 유지했고, 성전이 파괴되자 존재 근거를 잃고 역사 속에서 사라졌습니다.

3. 에세네파

'광야의 구도자'라는 뜻이며, 어원적 의미가 아니라 이들의 삶의 모습을 보고 붙인 의미입니다. 가장 유력한 가설은 아람어 '하시야 Hasayya(경건한 자들)' 또는 '아사야Asayya(치유하는 자들)'에서 유래했다는 것과, 단어의 원래 뜻은 "경건한 자들, 치유자들"에 가깝습니다. 그리고 '이사야 40장 3절'에서 "너희는 광야에서 여호와의 길을 예비하라"를 문자 그대로 실천하기 위해 쿰란 광야로 나갔기 때문에, 후대 사람들이 "광야의 구도자"라 불렀습니다. 그러나 이사야가 말한 내용은 이들과 관련이 없는 의미입니다.

이들은 타락한 예루살렘 성전 체제를 거부하고 쿰란 동굴 등 광야로 나가 공동체 생활을 했지만 신비주의적 공동체 생활을 했다는 것과, 사람을 평가할 때 '관상(신체적 특징)'을 보았다는 것은 역사적 문헌과 고고학적 발굴(사해문서)을 통해 확실한 근거가 있습니다. 쿰란 동굴에서 발견된 그들의 자체 규율집인 '공동체 규율Community Rule'을 보면, 예루살렘 성전의 제사장들을 '사악한 제사장Wicked Priest'

으로 부르며 맹렬히 비판합니다. 그들은 예루살렘 성전이 타락하고 부정해졌다고 믿어 스스로를 격려했습니다.

1세기 로마의 역사가 플리니우스Pliny the Elder는 그의 저서 『자연사』에서 '에세네파는 사해 서쪽 해변(쿰란 지역)에 군집하여 살며, 돈과 여자를 멀리하고 종려나무와 함께 사는 고독한 사람들'이라고 정확한 위치와 생활상을 기록했습니다. 유대인 역사가 요세푸스 역시 이들이 사유재산을 포기하고 철저한 공동체 생활을 했다고 기록했습니다.

이들은 신비주의적이고, 묵시록적인(종말론적)이며, 천사 숭배와 비밀주의자들입니다. 요세푸스의 기록에 따르면, 에세네파에 입교하는 자는 맹세를 해야 했는데, 그중 하나가 '천사들의 이름을 비밀로 지키겠다'는 것이었습니다. 이들은 천사들의 계보와 영적 세계에 대한 깊은 신비주의적 지식을 추구했습니다. 그리고 이들은 '빛과 어둠의 이원론'을 가졌습니다. 사해문서 중 '빛의 아들들과 어둠의 아들들의 전쟁The War Scroll'이라는 문서를 보면, 세상의 역사를 빛의 세력(자신들)과 어둠의 세력(타락한 세상과 로마)의 우주적인 영적 전쟁으로 묘사합니다. 이는 다분히 페르시아 종교의 영향을 받은 신비주의적 이원론입니다.

그리고 이 단체에 입교 시 '관상(신체적 특징)'을 보았습니다. 에세네파(쿰란 공동체)는 사람의 신체적 특징이 그 사람의 영적인 상태(빛과 어둠의 비율)를 보여준다고 믿었습니다. 이를 증명하는 확실한 고고학적 근거가 사해문서 중에 있습니다. 제4동굴 관상학/점성술 문서(4Q186 및 4Q561)와 사해 쿰란 제4동굴에서 발견된 'Q186(4QPhysiognomy/Horoscope)'이라는 문서를 보면, 사람의 허벅지 굵기, 손가락의 길이,

치아의 고른 정도, 머리카락의 숱과 형태 등을 보고 그 사람의 영혼이 '빛'과 '어둠' 중 어느 쪽에 더 많이 속해 있는지 판별하는 내용이 나옵니다.

발굴된 이들의 문서(4Q186 번역 발췌)에 내용은 '그의 허벅지가 길고 털이 적으며 발가락이 굵다면… 그의 영혼은 빛의 세계에 6파트가 속해 있고, 어둠의 세계에 3파트가 속해 있다.'라는 내용이 있습니다. 이들은 고대 점성술과 관상학Physiognomy을 결합하여, 새로운 회원이 들어오거나 회원의 공동체 내 서열을 정할 때 그 사람의 내면적 순결함과 영적인 한계치를 신체적 특징으로 평가했습니다. 육체와 영혼이 긴밀하게 연결되어 있다고 믿은 그들만의 독특하고 신비주의적인 방식이었습니다. 이들이 필사하여 보관하던 성경 두루마리가 1947년 발견된 '사해 사본'입니다.

4. 열심당(셀롯)

'행동하는 신앙'이란 뜻입니다. '하나님 외에 다른 주Lord는 없다'라는 신념으로 로마에 세금을 내는 것을 거부하고 무장봉기를 주도한 해방신학 사상을 가진 자들입니다. 예수님의 제자 중 '시몬'이 열심당원이란 주장은 근거가 불확실하고 예수님 대신 살아난 '바라바'가 열심당원입니다. 신약성경과 초기 기독교는 이들의 반로마적 갈등 속에서 태동했습니다.

특히 바리새파는 성전이 파괴된 절망적인 상황에서도 유대교를

'책의 종교'로 변모시켜 오늘날까지 살아남게 만든 주역이었고 바리 새인들은 구약 성경(특히 예언서)을 문자 그대로 믿었습니다. 따라서 그들에게 메시아는 영혼을 구원하는 존재이기 이전에, **민족을 고 난에서 건져낼 실제적인 통치자**였습니다. 그들은 메시아가 오면 다음과 같은 일이 일어날 것이라고 확신했습니다.

① **로마의 압제 종식:** 이방인 세력을 물리치고 이스라엘의 독립 을 쟁취함.
② **다윗의 왕좌 회복:** 다윗의 후손이 예루살렘에서 왕으로 등극 하여 통치함.
③ **이스라엘의 우위:** 이스라엘이 열방 위에 서는 정치적·군사적 승리.

열심당원과 바리새인의 메시아관은 '정치적 해방'을 원했다는 점에 서는 같았으나, 다음과 같이 미세하게 그 실행 방법에서 차이가 있 습니다.

구분	열심당(Zealots)	바리새인(Pharisees)
핵심 신념	"무력 항쟁만이 답이다."	"율법을 완벽히 지키면 하나님 이 보내주신다."
행동 양식	로마군 습격, 암살, 폭동.	율법 교육, 정결 예식 강조, 성전 중심 생활.
메시아 대기	우리가 전쟁을 시작하면 메시아 가 도우러 오실 것.	우리가 거룩해지면 하나님이 메 시아를 보내주실 것.

구약시대와 신약시대를 거쳐 오면서 바른 히브리 사상의 기초와 원칙은 동일하게 하나님 중심과 주권에 두었습니다. 그리고 히브리 사상의 핵심 주제는 여자의 후손을 바라보고 믿는 것입니다. 그러나 하나님이 약속하신 메시아를 갈망하는 경건한 신앙이 없는 히브리 사상은 생명이 없는 빈 껍데기인 것입니다. 죄와 사망에 빠진 택하신 자들을 대속의 핏값으로 구원하기 위해 하나님이 작정하시고 약속하신 구속자 예수 그리스도에 대한 갈망이 빠진 히브리 사상은 성경의 의도에서 벗어난 왜곡된 사상이며 다른 메시아를 신봉하는 우상숭배와 같고 천국 문을 더욱 굳게 닫아버리는 사상입니다.

하나님이 기뻐하는 히브리 사상에는 반드시 구속자 예수님이 그 중심에 반석처럼 기초해야만 합니다. 왜냐하면 성경의 핵심 주제가 구속자 예수님이기 때문입니다. 그리고 성령의 역사와 도우심으로 예수님에 대한 말씀이 들려지도록 도우시는 성령의 전적인 역사는 오직 예수님만이 우리의 구주가 되심을 믿어지게 하시고 거듭나게 하십니다. 예수님과 복음을 믿게 하여 영생을 얻는 일에 성령이 전적으로 개입하시는 분명한 사역을 배제시킨 히브리 사상은 성경에서 벗어난 왜곡된 사상입니다. 예수님이 니고데모에게 오직 **"물과 성령으로 거듭나지 아니하면 하나님 나라에 들어갈 수 없다"**고 가르친 바른 '교리'에서 벗어난 사상은 거짓입니다.

"만일 너희 속에 하나님의 영이 거하시면 너희가 육신에 있지 아니하고 영에 있나니 누구든지 그리스도의 영이 없으면 그리스도의 사람이 아니라"

(롬 8:9)

"우리를 구원하시되 우리가 행한 바 의로운 행위로 말미암지 아니하고 오
직 그의 긍휼하심을 따라 중생의 씻음과 성령의 새롭게 하심으로 하셨나
니"(딛 3:5)

"성령으로 아니하고는 누구든지 예수를 주시라 할 수 없느니라"(고전 12:3)

사도바울은 예수님과 동일하게 성령이 아니면 결단코 예수님을 나
의 구주로 믿을 수 없다고 '분명한 교리'를 가르쳤습니다. 성령(그리스
도의 영)을 모시고 있는가, 아닌가가 예수님께 속한 사람인지 아닌지
를 결정짓는 절대적인 기준임을 명시합니다.

"그러나 하나님께 감사하리로다. 너희가 죄의 종이었으나 너희에게 전달
된 **교리**의 그 틀에 마음으로부터 순종하고"(롬 6:17, 킹제임스 번역성경)

'**틀**'τύπος(5179, 튀포스)는 '흔적, 원형, 부조, 동전, 빵의 형태, 자국,
흉터, 도장'을 뜻하고,[1] 또한 '양식, 본(틀), 본보기, 표본, 형식'을 뜻
함,[2] '틀(5179, 튀포스)'의 어근은 τύπτω(5180, 튑토)입니다. '튑토(5180)'
은 '때리다, 치다, 강타하다, 가슴을 치다, 슬픔 또는 격한 감정을 나
타냄, (비유적으로) 어떤 이의 양심을 상하게 하다, (히브리어 법) 재앙
으로 치다, 벌하다, 본을 떠 놓은 것, 규범, 표준, 정식, 방식, 본이
되는 인물, 모범이 되는 양식'이라는 뜻이며,[3] 성경 시대에 동전(화

---

1)　이병철, 성경원어해석대사전 바이블렉스 10.0, 서울: 브니엘 성경 연구소, 2013, 5179.
2)　O.N.O편찬위원회, 스트롱코드 히브리어. 헬라어사전, 경기: O.N.O, 2011, p. 2117.
3)　머릿돌편찬위원회, 헬라어 어근분해사전, 서울: 도서출판 기쁜날, 1995, p. 411.

　복음적 관점으로 본 히브리 사상과 헬라 사상

폐)을 위조하고 변조시켜 사용하면 극형에 처합니다. 동전에 새겨진 원형과 모형을 조작하고 위조하는 것은 왕의 국정에 해악을 입힌 자로 엄벌에 처합니다.

교리는 반드시 영원히 변치 않을 하나님의 주권적인 생사화복의 법적이며, 효력을 가진 틀과 규칙(규범), 법칙을 의미한다. 특히 우리 대신 채찍에 맞으사 온몸이 찢기시고 십자가에 우리 대신 못 박혀 죽으신 흔적과 부활하신 표적은 영원히 변치 않는 구원의 복음의 원형 틀이며 대속의 제물에게 발생한 깊은 상처와 흘려진 핏값이 대속의 복음만이 가진 흔적입니다.

'**금형**(Mould)**과 타각**(Impression)'은 금속을 부어 물건을 찍어내는 '틀'이며, 왕의 인장을 찍어 문서의 진위 여부를 증명하는 '도구'를 뜻합니다. 문법적으로 이 단어는 '불변의 표준'을 의미하며, **틀**(금형)이 1㎜라도 왜곡되면 그 틀에서 나오는 모든 제품은 불량품이 됩니다. 마찬가지로 바른 **복음의 교리라는 '틀'**에 인간의 행위나 이방 사상을 1%라도 섞는 것은 불량 복음이며, 화폐 주조 틀을 임의로 깎아 내는 '통화 위조'(위조지폐)와 같은 불법적 범죄임을 시사합니다.

예수님의 말씀이 구원의 복음으로 들려지고 믿어지도록 하려면 반드시 성령이 전적으로 관여해야만 된다고 예수님과 사도들이 성경을 통해 분명히 증거합니다. 죄로 죽은 무능하고 눈먼 인간이 자신의 노력으로 구속자 예수를 스스로 발견 할수 없기에 성령이 오셔서 날 위해 피 흘린 예수님을 발견하게 하시고 "예수님이 나 대신 죽었다, 그래서 내가 구원받았다", "예수님이 무죄한 피를 흘려서 나 같은 죄인의 구주가 되어 주셨다"라는 신앙고백을 전적으로 도와 주셨기 때문에 가능한 것입니다. 인간이 예수님을 믿어 구원을 얻는 일에는 인간이 스스로 그 어떤 종교적 열심과 노력이 관여한 바가 없고 절대 허락하지 않으십니다. 죄인이 구원을 얻는 일에는 인간의 그 어떤 공로와 업적이 1(%)도 기여한 바 없습니다.

오직 인간의 구원은 전적으로 하나님의 주권에 의해 결정되고 선택하신 자들에게만 (토기장이 주권) 제한적으로 제공됩니다. 그래서 택하신 자들에게 성령이 오셔서 구속자 예수님의 핏값의 복음을 조명해 주셨기 때문에 내 의지와 노력이 1%도 없이 전전인 성령의 강력한 도우심으로 구속자 예수님을 발견한 것이고 믿게 하심으로 구원을 얻게 된 것입니다.

성경 신학적으로 성화 단계를 해석하면 '성도의 견인'은 '성령의 인도하심'입니다. 성령의 권능이 장악한 상태로 완전한 구원의 복음의 말씀(우리 왕 예수님)이 우리 속에 들어와 왕 노릇하시는 통치안에서 생명의 길로 목자처럼 이끌고 가십니다. 예수님의 가르침(교리, 바른 복음)에서 벗어나지 않도록 재림의 날까지 성령이 인도하시고 대속하신 신랑 그리스도를 알아가고 배운 고상한 바른 복음의 지식이 자라나게 하십니다. 결국 구원의 완전한 기쁨과 효력을 영원히 누려가고 활용해 가는 성령의 열매를 맺어 맛보고 점점 더 풍성하게 누리도록 이끌고 가십니다. 이러한 성령의 강력한 도우심과 완전한 말씀이 왕 노릇하사 강력하게 이끌고 가심의 교리를 삭제하고 배제한 히브리 사상은 빈 껍데기 사상입니다.

신구약 성경 전체에서 믿음의 선조들이 성령의 인도와 구속자 메시아의 완전한 통치를 증거합니다. 이것을 부정한 왜곡된 교리나 사상은 성경에서 벗어난 것입니다. 그러므로 성령의 전적인 역사와 메시아의 완전한 말씀통치를 배제시키고 인간 스스로의 종교적 열심으로 말씀을 듣고 순종하고 즉각적으로 실행하도록 강요받는다면 율법 행동주의와 영성 훈련을 행한 업적과 공로만 남습니다. 결국 참 공로자인 예수님과 복음의 능력은 사라지고 인간의 종교적 열심과 공로만 높이 평가받는 인본주의가 되는 것입니다, 이것은 이방 종교와 다를 바 없습니다.

"하나님이여 내 속에 정한 마음을 창조하시고 내 안에 정직한 영을 새롭게 하소서 나를 주 앞에서 쫓아내지 마시며 주의 성령을 내게서 거두지 마소서 주의 구원의 즐거움을 내게 회복시켜 주시고 자원하는 심령을 주사 나를 붙드소서"(시편 51:10-12)

"주는 나의 하나님이시니 나를 가르쳐 주의 뜻을 행하게 하소서 주의 영은 선하시니 나를 공평한 땅에 인도하소서"(시편 143:10)

다윗이 밧세바와 범죄한 후 나단 선지자의 책망을 듣고 지은 참회의 시로, 자신의 죄악을 씻어내고 영혼을 회복시킬 수 있는 유일한 근거가 '성령'에 있음을 고백하고 성령의 내주하심의 역사를 인정하는 간구입니다. 구약시대에 성령의 사역을 이토록 깊이 이해한 다윗의 놀라운 영적 상태를 보여줍니다. 창세기 1장의 "하나님의 신은 수면에 운행하심"과 창세기 3장의 생명나무의 길을 지키는 "화염검"과 횃불 언약 때 하나님은 아브라함을 깊이 잠들게 하신 후 '횃불만 쪼개진 제물 사이로 지나간 사건'은 대단한 영적의미가 있습니다. 불이 붙은 가시떨기나무에서 모세에게 말씀하셨습니다. 성화 단계의 과정을 의미하는 광야 길을 앞장서 가신 구름 기둥과 불기둥이 있었습니다. 시내산에서 돌판 십계명이 내려올 때 시내산에 불이 붙었습니다. 그리고 히브리 사상은 다윗 시대에 절정을 이룹니다. 다윗은 시편을 통해 구구절절이 성령의 도우심을 간구합니다. 성령이 예수님을 발견할 수 있도록 조명해 주심으로 다윗이 쓴 시편에는 예수 그리스도를 상징하는 증거로 하나님께 영광 돌립니다. 마침내 예수 그리스도께서 십자가에서 육체가 찢기심으로(히 10:20) 생명나무로 가는 길이 열렸고, 길을 막던 화염검과 언약을 맺던 횃불은 이제 믿는 자들의 심령 속에 들어와 '내주하시는 성령의 불'이 되어 오직 예수님과 대속의 복음을 믿고 증거하게 합니다.

히브리 사상의 핵심 주제는 오직 구속자 예수님과 그가 성취한 구원의 복음이 성도들 속에 들어가 완전하게 장악하사 상화 단계의 모든 과정에서 구원의 선물이 보관용이 아니라 누림용으로 주신 목적답게 점점 더더욱 풍성하게 구원의 기쁨을 누리게 하시고 활용하게 이끌어 주십니다. 이것이 성령과 복음 안에서 자라남이며 반드시 맺어야 할 열매입니다.

그러나 이러한 바른 메시아 사상과 핏값으로 성취된 복음에서 벗어난 인간 중심의 헬라 사상을 기초한 율법주의와 영성 훈련의 종교적 열심주의를 분석하여 그 실체를 드러내고 과연 '무엇이 다른가'를 주제넘지만 어설픈 작은 지식으로 기술할 것이며, 결국 오늘날의 주관적이고 왜곡된 히브리 사상이 반드시 돌아가야 할 곳이 어디 인지를, 그 사상적 개혁의 기준은 무엇인지를 몇 자 적어 보고자 펜을 들었습니다.

 **핵심 개념 : '사상'의 원어적 의미**

מְזִמָּה (4209, 메짐마) 계획, 의도, 분별, 계략, 음모, 꾀하다

מַחֲשָׁבָה (4284, 마하샤바) 생각, 계획, 고안, 의도, 사상

βουλή (1012, 불레) 뜻, 의지, 결심, 의도(목적), 의향, 계획

목차

I

히브리즘과 헬레니즘 들어가기

헬라식 vs 히브리식 비교 요약

구분	헬라식(Greek)	히브리식(Hebrew)
중심 요소	논리, 이성, 관념	행동, 의지, 관계
인간관	이원론 (영혼은 선하고 육체는 약함)	일원론 (전인격적인 존재)
시간관	순환적 (윤회)	직선적 (목적지를 향한 여정)
공부의 목적	이해와 정의 (Definition)	순종과 삶의 변화 (Transformation)

1.
히브리 사상은
하나님 중심 신본주의

1) 히브리 사상의 두 기둥

(1) 하나님 중심 사상Theocentricism

(2) 하나님의 절대 주권Absolute Sovereignty of God

2) 하나님 중심과 하나님 주권은 그의 백성의 기초

(1) 인간의 모든 신앙관과 인생관, 세계관과 가치관의 기초이다.

(2) 모든 삶의, 방식의 뿌리이며 신앙 전수의 기초로 삼는다.

(3) 이것은 히브리 사상과 기독교 개혁주의 사상의 기본 원칙이다. '하나님 중심'과 '하나님의 절대 주권'은 히브리 사상(성경의 원형)이 그 '뿌리'이며, 칼빈과 개혁주의는 이를 신학적 체계로 가장 완벽하게 '꽃피운 줄기'이다. 따라서 이 둘은 서로 다른 사상이 아니라 '계시의 원형'과 '신학적 정립'이라는 관계를 가진 동일한 사상이라고 보는 것이 정확하다.

(4) 단 '왜곡(변조)되지 않은 바른 히브리 사상'과 '왜곡(변조)되지 않은 바른 복음을 가졌다'라는 전제조건이 확인된 자들만이 하나님이 영광 받으실 하나님 중심과 주권 사상으로 인정받을 것이다.

하나님이 이미 결정하시고 선포하신 말씀에 인간의 생각과 의견을 더하고 빼는 것은 그 자체가 반역이며 불법을 행한 불순종이다. 이는 하나님의 징벌과 저주의 대상이 되는 다른복음인 것이다.

3) 하나님이 창조한 모든 만물이 존재하고 살아가는 목적

(1) 하나님은 천하만물을 우연히 만들지 않았고 영광을 받기 위한 목적으로 만드셨다. 그래서 세상은 우연히 존재하는 것이 아니라, 유일하신 하나님의 의지와 결정에 의해 창조되었고 그의 의도와 뜻대로만 통치되고 운영되고 다스려지는 공간일 뿐이다. 결단코 불완전하고 무능한(피조물) 인간의 의견과 의지를 하나님의 통치에 결단코 반영하시지 않으신다.

(2) 인간을 만드시고 온 땅에 생육하고 번성하여 정복하고 다스리라 명하신 것은 인간들이 하나님께 영광을 돌리고 경배하는 일에 모범이 된 자세로 천하만물이 하나님의 영광을 위해 존재하도록 다스리게 하신 것이다.

(3) 하나님이 인간을 하나님의 형상과 모양으로 만드시고 만물들보다 특별하고 지혜롭게 하사 하나님과 교제함으로 기쁨과 영광을 돌리게 하신 것이다. 특히 인간이 만물의 으뜸인 이유에 대하여 칼빈은 인간 자체의 탁월함(지능 등) 때문이라기보다도 하나님과 소통할 수 있는 영적 존재Spirit이기 때문이며 '하나님의 영광의 찬란한 극장 속의 주인공' 혹은 '소우주'라고 불렀다.

"이 백성은 내가 나를 위하여 지었나니 나를 찬송하게 하려 함이니라"(사
43:21)

(4) 만물은 다 하나님이 영광 받으실 목적으로 창조하신 주님의 소유이다. 그래서 주께서 만들어 놓으신 주님의 소유들은 마땅히 주인만을 위해 존재하고 주인을 위해 살아가는 것은 당연한 것이다. 특히 우리 대신 죽으사 우리를 죽음에서 구원하신 대속의 은혜를 입은 성도들이 마땅히 행할 일은 우리를 향한 하나님의 모든 **계시(언약의 말씀)**를 **전적으로 인정**하고 **신뢰**함으로 따를 뿐이다.

"충성된 사자는 그를 보낸 이에게 마치 추수하는 날에 얼음냉수 같아서
능히 그 주인의 마음을 시원하게 하느니라"(잠 25:13)

"그리고 맡은 자들에게 구할 것은 충성이니라"(고전 4:2)

(5) 결국 천지 만물들은 만물의 참 주인이신 하나님이 이미 결정(계획)하신 그 **뜻(의도)대로** 따라가야 한다. 만약 거절하면 주인에 대한 **불법이며 반역**이고 불순종이다. 무엇보다도 하나님의 전적인 은혜로 우리를 죄와 사망의 노예에서 구원해 주시고 그의 거룩한 자녀로 삼아 주신 이 놀랍고 측량치 못할 은총을 입은 모든 성도가 마땅히 행할 것은 오직 충성인 것이다.

"그 주인이 이르되 잘하였도다 착하고 충성된 종아 네가 적은 일에 충성하
였으매 내가 많은 것을 네게 맡기리니 네 주인의 즐거움에 참여할지어다

(6) 결국 **'말씀이 영원히 왕 노릇'**하시도록 **그의 통치 안에 머무는 것**이 히브리 사상의 **기초이며 기본 원칙**이다. 히브리 사상의 핵심 내용은 막연한 '하나님 중심'과 '하나님 주권'이 아니다. 이미 성경의 핵심 주제로 기록해 놓으신 구속자 예수님에 대한 메시아 갈망이 히브리 사상의 주제이다. 왜냐하면 모든 성경을 예수 그리스도가 성취할 마침이 되기 때문이다. 그래서 메시아 갈망사상이 성취된 예수님의, 피의 복음이 모든 성도의 삶과 영역에 가득 찬 실제적 중심이며 기초의 실체이다.

4) 히브리 사상은 인생과 신앙에 영양의 젖을 주는 뿌리

(1) 히브리 사상은 철저하게 '신본주의Theocentrism'이다. 히브리 사상은 '하나님은 누구신가?'를 질문한다. 그리고 밤낮으로 갈망하는 그 이름 하나님 아버지로부터 일용할 양식과 필요한 모든 것을 실제로 공급받고 모든 위험으로부터 실제로 보호를 받고 인애와 긍휼을 얻는다.

(2) 히브리 사상의 기초는 "태초에 하나님이 천지를 창조하시니라"(창 1:1)라는 이 선언 그 자체가 참 주인으로서 하나님의 절대 주권의 출발이며 그리스도를 통해 창조의 목적을 성취하시고 마침으로 그의 질서와 통치 안에 있는 자기 백성들과 함께 영원하실 것이다.

(3) 히브리 사상의 특징은 하나님은 관념 속의 존재가 아니라 역

사를 직접 주관하시고, 왕들을 세우시며 폐하시는 실제적 최고 통치자이시며 '만군의 여호와'로 인식된다.

(4) 히브리 사상은 모든 인생의 모든 가치관의 기준점이다. 왜냐하면 인간의 모든 삶(정치, 경제, 문화)은 하나님의 절대 통치 안에 있기로 작정되어 있기 때문이다. 결단코 단 한 사람도 벗어나거나 피할 수 없다. 모든 인간은 열외 없이 '하나의 통치 영역 안에 존재'할 뿐이다.

(5) 히브리 사상에서의 하나님은 단순히 관념적인 존재가 아니라, 실제로 역사를 직접 주관하시는 '통치자'임을 의미한다. 인간의 생사화복과 국가의 흥망성쇠가 그분의 손에 달려 있다는 사실을 당연하게 인정하고 믿는 사상이다. 단순히 '하나님이 최고다'라는 관념을 넘어, 히브리 사상을 완성하는 실제적인 주제는 언약 사상Covenant이며 이것은 히브리 사상에서 가장 특별하고 독특한 점이다. 히브리 사상은 모든 존재의 시작과 끝을 하나님으로 보는 하나님 중심 사상이며 도덕, 역사, 자연 현상 모두가 하나님과의 관계 속에서 정의된다.

5) 구원받은 성도들의 거룩한 삶을 위해 양육하시는 하나님

"나는 심었고 아볼로는 물(말씀)을 주었으되 오직 하나님께서 자라나게(능력) 하셨나니 그런즉 심는 이나 물(말씀) 주는 이는 아무것도 아니로되 오직 자라게 하시는 하나님뿐이니라"(고전 3:6~7)

"사람이 마음으로 자기의 길을 계획할지라도 그의 걸음을 인도하시는 이

는 여호와시니라"(잠 16:9)

'자라나게'αὐξάνω(837, 아욱사노)는 '자라게 하다, 증가하다, 진전시키다, 영광 받다, 칭찬받다, 지위나 권위를 높이거나 향상시키다, 명성, 세력을 얻다, 권력에 오르다, 가문의 세력 향상, (히브리어 파라 [6509]는 열매를 맺다)'를[4] 뜻하고 결국 다 **창조의 목적과 질서에 의해 성장하다**'를 의미한다.

(1) 하나님이 보잘것없는 인간과 '계약(언약)'을 맺은 것은 일방적인 은혜의 계약 방식이다. 부모와 지도자는 말씀을 가르치고 선포할 뿐이다. 자녀와 성도들의 인격과 신앙을 자라나게 하고 주님과의 친밀한 관계를 맺게 하실 수 있는 분은 오직 성령과 말씀의 영역이고 관여하실 주권이다.

(2) 인간은 본인을 포함하여 그 누구도 자라나게 할 능력도 없고 더더욱 성령의 9가지 열매를 맺게 할 능력이 0%이다. 인간은 누구나 부모이든 지도자이든 본인들 앞가림과 걸음마 하기도 빠듯하고 힘겨워서 주님께 의탁하기 바쁜 나약하고 불완전한 존재이다.

(3) 본인들의 문제도 본인들이 해결하지 못하면서 성도와 자녀들에게는 완벽하기를 강요하고 자라나라고 억지로 강조하는 것은 모순이다. 부모가 못하는 것은 자녀도 못한다. 종교 지도자 본인의 문제이든 성도들의 문제이든 다 주님이 보내주신 성령의 능력과 능치

---

4) 이병철, op. cit., 837, 6509.

못할 일이 없으신 말씀의 전적인 통치와 능력이 왕 노릇해야 주님과의 바른 관계가 회복된다.

(4) 성화 단계에서 결단코 택하신 자들을 취소하거나 버리지 않겠다는 그 약속을 지키실 것이며, 오래 참으시는 아버지의 긍휼로 다만 자라나게 할 목적으로 사랑의 채찍과 감싸 주심으로 양육하시고 길러주신다.

(5) 성화 단계에서도 날마다 하나님을 거역한 자의 범죄들을 덮어주시는 하나님의 긍휼과 오래 참으심의 열심과 성실로 자라나게 하시고 이미 받은 구원의 선물을 누리게 하신다.

(6) 대속의 피로 만들어 주신 구원의 복음을, 성령을 통해 날마다 더 깊이 발견하게 하시고 알아가고 배워 고상한 복음의 지식을 가진 증인이 되게 하사 영원히 존경할 수밖에 없는 주님의 사랑을 알아가고 배운 만큼 복음을 전파하고 가르치는 신앙 전수자가 되게 하신다. 경배와 영광을 받으시기에 합당하신 주님을 존경하고 기뻐하고 전파하는 것이 히브리 사상의 기본 신앙이다. 이러한 사상은 결단코 헬라 사상에서 찾을 수 없고 흉내도 못 낼 위대한 사랑이다.

(7) 한없는 하나님의 탕감의 은혜와 자신이 대신 죽어 극진한 사랑으로 택하신 자기 백성을 구원하신 하나님의 사랑에 빚진 자들로서 마땅히 복음이 왕 노릇 하시는 말씀 통치와 성령의 인도하심에 자신을 전적으로 맡겨드림으로 성령의 9가지 열매(사랑, 희락, 화평, 자비, 양선, 오래 참음, 충성, 온유, 절제)를 맺어 믿음의 형제들과 함께 나누고 누리는 실제적인 경험이 모든 삶의 영역 안에 가득 차고 넘쳐야 실제적으로 경험하는 히브리 체현인 것이다.

2.
헬라 사상은
인간 중심 인본주의

인간 중심인 헬라 사상이 '인간은 무엇인가?'를 질문할 때, 하나님 중심인 히브리 사상은 '하나님은 누구신가?'를 질문한다. 헬라 사상은 인간의 이성과 철학을 기초로 한 인본주의 사상이며, 논리적이며 추상적으로 분석하는 인식론을 가졌다. 인류의 역사는 순환적인 패턴과 사이클로 영원히 반복한다는 역사관을 가졌다. 이들의 세계관은 이원론으로서 영은 거룩한 것이고 육은 더럽고 추한 것임으로 영과 육을 분리하는 초대교회의 이단인 영지주의를 만들어냈다. 그리고 '인간의 이성'을 중심으로 세계를 해석한다.

인간 중심의 헬라 사상에 영향을 받은 유대교는 조상의 전통과 유전을 추종하였다. 예수님을 이들의 전통과 유전을 책망하면서 "너희는 하나님의 계명을 버리고 사람의 계명을 따른다"라고 지적하셨다. 사람들의 생각으로 만들어낸 전통과 유전으로 하나님의 말씀을 왜곡시켜 가르침으로 성경대로 오신 구속자 예수님(참 메시아)을 대적하고 흉악한 이단자로 죽인 것이다.

인간 중심과 이방종교 형태를 받아들인 중세 시대 로마 카톨릭이 인간의 종교적 열심과 공로를 구원의 조건으로 복음을 왜곡시켰을 때에도 말틴 루터와 존 칼빈이 의인은 오직 믿음으로 구원을 얻는[5]

---

5) 존 칼빈, 문병호 역, 라틴어직역 기독교강요(제3권 11장), 서울: 생명의말씀사, 2020, pp. 900-950.

성경 중심과 하나님의 주권 사상으로 종교개혁 함으로 "하나님의 영광Soli Deo Gloria"을 인간의 최종 목적이자 우주의 중심으로 못 박았다. 이는 히브리인들이 가졌던 본래 여호와 신앙을 논리적, 신학적으로 정립한 것이다.

1) 헬라(그리스) 사상

⑴ 헬라 사상은 서구 문명과 오늘날 불경건한 자들의 뿌리이다.

⑵ 헬라 사상은 '인간 중심주의Humanism'의 원형이다.

⑶ 단순히 '사람이 먼저다'라는 휴머니즘이 아니라 철저히 하나님을 배제시킨 인간끼리의 연합이며, 우리끼리 연대를 이룬 힘으로 하나님과 겨루고 대적하여 하나님을 인간 수준으로 끌어내려 동등 하려는 인본주의 사상이다.

⑷ 헬라 사상은 인간의 이성과 지식, 신체, 그리고 현세의 모든 과학을 신봉하는 긍정의 철학적 태도를 보인다.

2) 헬라 사상의 핵심 개념

⑴ "인간은 만물의 척도이다"(이성 중심) 소피스트인 프로타고라스가 남긴 이 유명한 문구는 헬라 사상의 정수를 보여준다. 세상의 가치를 판단하는 기준이 신이나 절대자가 아닌, 인간의 관찰과 이성에 있다는 뜻이다.

(2) 합리주의 헬라 사상은 초자연적인 현상보다는 논리적 사유와 증명을 중요하게 여겼다. 이는 훗날 서구 과학 철학의 기초가 된다.

(3) 지식을 추구하는 헬라 사상은 "너 자신을 알라"는 소크라테스의 말처럼, 인간 내면의 무지를 깨닫고 진리를 탐구하는 과정을 최고의 미덕으로 삼았다.

3) '아레테Arete'와 신체적 탁월함의 실체

(1) 헬라인들은 정신뿐만 아니라 육체적 아름다움과 건강 역시 인간의 존엄성을 완성하는 필수 요소로 보았다. 그러나 결국 하나님이 주인 되신 정체성과 영광 받으실 그의 존엄과 명예를 열외 시킨 인간 자신들만의 정체성의 리그전이며 자신들만을 위한 존엄성 잔치인 것이다.

(2) 탁월성 '아레테'를 믿고 추구하는 헬라 사상은 각 개인이 가진 잠재력을 최대한 발휘하는 '탁월함'을 개발해 가고 무한 가능성까지 발전해 갔지만 결국 몸부림친 만큼 하나님과 더 멀어지고 불완전하고 무능한 한계적 존재라는 인간의 실체를 발견하고 목격할 뿐이다.

(3) 신인 동형론의 헬라 사상은 그들이 믿었던 신들은 인간과 똑같은 모습과 감정을 지녔다. 이는 인간의 모습이 곧 신적이고 완벽한 형태라는 믿음의 반영인 것이다. 이러한 내용들이 "아레테"라는 개념과 의미들이다.

4) 현세 중심의 삶과 민주주의

(1) 하나님 중심과 하나님 주권인 히브리 사상은 모든 만물과 나라와 국민의 본래 주인이신 하나님의 결정에 따르는 절대 주권 통치이다. 그러나 국민이 국가의 주인이 되는 민주주의 원산지는 그리스이며 헬라 사상이 인간 중심으로 만들어낸 작품이 민주주의이다. 내세의 구원보다 현세의 삶을 강조했고 공동체 안에서 환경과 여건에 맞추어 결정한 다수결의 원칙을 따른다.

(2) 이들의 폴리스 정치관은 사회적 동물로서 도시 국가의 정치에 참여할 때 진정한 자아를 실현한다고 믿었다. 그러나 히브리 사상에서의 인간은 일반 동물들과 차별된 하나님과 사귀는 특별한 화목관계로 만드셨다. 인간을 사회적 동물로 취급한 헬라 사상의 결말은 동물의 왕국만도 못한 양육강식과 강자만 살아남는 추악하고 비열한 피바람의 정치 역사만 남겼다.

(3) 비극과 희극이 교차하는 헬라 사상은 인간이 겪는 고통과 운명조차도 회피하기보다는 예술(연극)을 통해 직시하고 카타르시스를 느꼈다. 그러나 이들이 지금까지 즐겨낸 쾌락의 문화와 사회는 창조의 목적과 질서를 벗어난 악하고 음란한 동성애와 포스트모더니즘 잔치였다.

II

1.
'사상'에 대한
원어의 의미

성경에 나타난 사상은 크게 두 가지이다. 하나님 중심 사상과 인간 중심 사상이다. 사람이 추구하는 가치관을 창조주 하나님과 그의 말씀에 두었느냐, 피조물인 인간의 사상에 두었는가에 따라 그 인생의 과정과 결과에 생사화복이 결정된다. 하나님께서 천지를 창조하셨을 때 이미 만물의 통치와 운영 방식의 목적과 질서와 규칙(틀)을 하나님의 주권과 선하신 뜻대로 결정해 놓았기 때문이다.

그 누구도 이 토기장이 주권으로 주께서 이미 세우신 창조의 목적과 질서와 룰을 바꿀 수 없다. 불가능하다. 주께서 결정하신 시스템에서 벗어나는 그 순간부터 정상에서 비정상 상태로 망가지고 불행해지도록 설계되어 있다. 창조된 본래의 상태가 유일하게 유지될 수 있는 방법은 오직 하나님의 뜻대로 설계된 그 말씀의 룰 안에 머무는 것이다.

> "생명의 말씀이 주께 있사오니 우리가 뉘게로 가오리까" (요 6:68)

주님을 떠나는 것이 왜 죽음과 직결되는지 보여주는 구절들이다.

> "나를 떠나서는 너희가 아무것도 할 수 없음이라 사람이 내 안에 거하지
> 아니하면 가지처럼 밖에 버려져 마르나니 사람들이 그것을 모아다가 불에

던져 사르느니라." (요 15:5-6/포도나무와 가지 관계)

"내 백성이 두 가지 악을 행하였나니 곧 그들이 생수의 근원되는 나를 버린 것과 스스로 웅덩이를 판 것인데 그것은 그 물을 가두지 못할 터진 웅덩이들이니라."(렘 2:13/생명의 근원)

"그 안에 생명이 있었으니 이 생명은 사람들의 빛이라." (요 1:4/오직 예수님만이 생명, 구원의 빛)

"내가 생명과 사망과 복과 저주를 네 앞에 두었은즉… 네 하나님 여호와를 사랑하고 그의 말씀을 청종하며 또 그를 의지하라 그는 네 생명이시요 네 장수이시니" (신 30:19-20/생사화복의 주관자)

"아들이 있는 자에게는 생명이 있고 하나님의 아들이 없는 자에게는 생명이 없느니라." (요일 5:12)

언제나 답이 없는 헬레니즘 인본주의 논리는 복잡하기만 하다. 히브리 사상은 처음부터 이미 하나님이 결정하시고 선언한 절대 진리를 따를 뿐이다. 그래서 논쟁과 다툼이 필요 없다.

그러므로 하늘에 속한 자인가? 아니면 땅에 속한 자인가? 에 따라 인생 전체의 결과가 다르다. "신본주의로 신앙 전수를 해왔는가" 또는 "인본주의로 신앙 전수를 해왔는가"에 따라 가문과 후손들의 미래가 결정되고 그 가문과 민족의 궁극적인 열매가 각각 다르다.

특히 히브리 사상이 다 같은 사상이 아님을 역사와 성경이 증거한다. 예수님이 명확하고 예리하게 유대교의 왜곡되고 변질된 사상과 교리에 대해 지적하고 책망하셨다.

> "너희가 하나님의 계명은 버리고 사람의 전통을 지키느니라"(막 7:8)

> "화 있을진저 외식하는 서기관들과 바리새인들이여 너희는 천국 문을 사람들 앞에서 닫고 너희도 들어가지 않고 들어가려 하는 자도 들어가지 못하게 하는도다"(마 23:13).

> "화 있을진저 외식하는 서기관들과 바리새인들이여 너희는 교인 한 사람을 얻기 위하여 바다와 육지를 두루 다니다가 생기면 너희보다 배나 더 지옥 자식이 되게 하는도다"(마 23:15)

하나님이 성경의 기록된 예언 그대로 오신 참 구속자와 그가 전파하고 가르친 참 복음을 거절하고 대적하며 증오하고 핍박하는 유대교 종교 지도자들보다 더 악한 사울 청년과 같은 괴수가 만들어져 예수님을 대적하고 기독교인을 핍박하는 악을 만들 뿐이다. 성경이 말하는 사상은 다음과 같다.

첫째, 하나님의 생각(사상, 계획)만이 완전하시다.

창조주로서 만물의 근원이신 절대 주권자로서 하나님은 항상 진실하심과 거룩한 본성의 사상이시다. 영원히 전지전능하신 하나님으로서 완전한 선과 의로 생각하시고, 계획(고안)하시는 사상이다.

하나님이 공의롭게 결정하신 그 사상을 즉각적으로 역사 속에 실제로 실행하사 열매를 맺은 사상이다.

'사상'은 히브리어로 '마하샤바, 메짐마, 불레'라고 불린다. 이 용어들은 단지 추상적인 '아이디어'를 주는 의미를 넘어서 즉각적으로 자신의 백성을 구원하시기 위해 실제로 아버지의 구원계획대로 아들이신 예수님을 이 땅에 보내주사 우리 대신 죽게 하신 그 대속의 핏값으로 우리를 죄와 사망에서 실제로 구원하신 행동하시는 사상이며, 실천하여 반드시 성취하시는 사상을 가지신 분이시다. 창세 전부터 세워진 하나님의 치밀한 "구원의 설계도"가 그대로 실행으로 성취되는 강력한 사상인 것이다.

둘째, 오직 하나님만을 경외(중심)하는 경건(주권)한 성도만이 건강하고 바른 사상이다.

성도는 구속자 예수 그리스도만을 갈망하고 알아가고 배워 후손들에게 신앙 전수하는 것만 하나님이 기뻐하시는 바른 사상이다. 성령의 도움으로 하나님 중심과 하나님 절대주권을 기초한 히브리 사상을 가진 믿음의 선조들은 성경의 핵심 주제인 예수님에 대한 계시를 기초하여 오직 구속자 예수님만 전적으로 신뢰하고 바라보고 사랑하고 가장 소중한 가치로 간직한 믿음의 사람들이었다.

셋째, 불경건한자들의 사상은 생각하고 계획하는 것이 다 악할 뿐이라 말씀하셨다(창 6:5).

하나님과 성경 말씀을 대적하는 악인들은 생각하고 계획하는 것이 악할 뿐인 인본주의 사상이다.

하나님을 반역한 불경건한 악인들의 사상은 항상 생각하고 계획(고안)하는 것이 악할 뿐이며 그 결과는 홍수 심판을 받게 된 원인이 되었다. 악인들의 생각과 계획은 악을 도모하는 속셈과 결심으로 항상 하나님을 대적하고 기독교인을 미혹하고 핍박하는 일에 연합(연대)하고 가증(교활)한 일을 꾸미고 실행하는 일에 연대하는 생명 없는 인간 중심의 무가치한 사상이다. '악인은 바람에 나는 겨와 같고 멸망의 길로 달려가는 사상'을 가진 자들이다. 성경에서 언급한 '사상'은 다음과 같다.

- "사상"מַחֲשָׁבָה(4284, 마하샤바): 생각, 사상, 계획, 의도, 고안
- "사상"מְזִמָּה(4209, 메짐마): 속셈, 뜻한바, 계획, 의도, 분별, 조언
- "사상"βουλή(1012, 불레): 칙령, 교시, 뜻, 의지, 결심, 의도(목적), 의향, 결정

> "내가 그들의 **행위와 사상을 아노라** 때가 이르면 **뭇 나라와 언어**가 다른 민족들을 모으리니 그들이 와서 나의 영광을 볼 것이며"(사 66:18)

'사상'מַחֲשָׁבָה(4284, 마하샤바)는 '생각, 사상, 계획, 의도, 고안, 발명'을 뜻하고,[6] 어근은 '하샤브(חָשַׁב, 2803)'이고 그 뜻은 '생각하다, 계획하다, 의도하다, 도모하다, 고안자, 무늬를 수놓고 짜는 사람, 평가나 판단을 하다, 고안하다'이다.[7] 하나님을 벗어나 인간 중심 사상으로

---

6) 이병철, *op. cit.*, 4284.
7) 머릿돌편찬위원회, 히브리어 어근분해사전, 서울: 도서출판 기쁜날, 1995, p. 308.

사는 '그들이 언젠가는 벌을 받게 될 것'을 선지자들이 확신하고 그들의 사상을 따르는 것을 경계하게 하며, 모든 악인에게 증거한 것이다. 이는 타락한 인간 본성에 심겨진 '종교의 씨앗'이 어떻게 타락한 사상과 전통문화(우상숭배)로 변질되는지에 대해 말한 것이며, 인간이 스스로 고안해 낸 우상숭배와 종교적 전통(사상)은 하나님 앞에서 가증한 것이고, 하나님은 이를 파멸하심으로 결국 진정한 자신의 영광을 모든 민족에게 드러내신다'라고 칼빈이 설명한다.[8]

'언어'לָשׁוֹן(3956, 라숀)는 '혀, 말하는 능력, 언어'를 의미하고, 모든 각 나라의 언어 속에 그 나라의 종교와 전통문화의 사상이 담겨 있고 그 나라가 섬기는 신의 사상과 교리가 이방 종교의 신앙 전수를 통해 후손들의 정신적 기초에 자리를 잡는다.

> "각 사람은 윗 권세에게 복종하라. 권세는 하나님으로 말미암아 세운 것이
> 니 권세에 저항하는 자는 하나님의 질서를 거스름이라."(롬 13:1)

그러나 세상 권세조차도 하나님의 사상과 계획에서 벗어나면 파멸해 버리는 하나님의 주권 안에 있다는 의미이다. 하나님의 뜻과 성경 말씀에 기초한 통치와 운영 안에서 복종하라는 의미이다.

---

8) 존 칼빈, 문병호 역, 라틴어직역 기독교강요(제1권 35장), 서울: 생명의말씀사, 2020, pp. 65-105.

"여호와께서 나라들의 계획을 폐하시며 민족들의 사상(4284)을 무효하게 하시도다"(시 33:10)

"악인은 그의 교만한 얼굴로 말하기를 여호와께서 이를 감찰하지 아니하신다 하며 그의 모든 사상에(4209) 하나님이 없다 하나이다"(시 10:4)

'사상'מְזִמָּה(4209, 메짐마)은 '속셈, 뜻한바, 계획, 의도, 분별, 꾀, 의논, 조언, 권고, 충언'을 의미한다.[9] '메짐마'의 어근은 '자암'(זָמַם, 2161)이며 그 뜻은 '곰곰히 생각하다, ~하려고 생각하다, 의도하다, 궁리하다'이다. 단순한 무지가 아니라, '자신의 탐욕을 채우기 위해 하나님의 통치를 의도적으로 거부하는 악한 계획wicked devices'을 의미한다. 악인들은 극악스러운 사악이라도 모두 고안해 내고 행동에 옮길 정도로 강퍅하기 때문에 이미 자기들의 마음으로부터 하나님을 향한 모든 경외심을 내팽개쳤다는 점이 충분히 드러난 내용이다(칼빈의 시편주석). 이는 전적으로 부패하고 타락한 악인들의 모든 도모와 궁리가 하나님을 무시하는 데 집중되어 있다는 뜻이다.

"(38절) 이제 내가 너희에게 말하노니 이 사람들을 상관하지 말고 버려두라 이 사상(boulh, 1012, 불레)과 이 소행이 사람으로부터 났으면 무너질 것이요" (39절) "만일 하나님께로부터 났으면 너희가 그들을 무너뜨릴 수 없겠고 도리어 하나님을 대적하는 자가 될까 하노라 하니"(행 5:38-39)

---

9) O.N.O편찬위원회, *op. cit.,* p. 358.

'이 사상과 이 소행이'는 '이 사상은 본인을 구속자로 증거하신 예수님의 가르침(교리)'을 뜻한다. 그 당시 가장 유명한 유대교 랍비 '가말리엘'이 예수와 복음을 증거하는 사도들에 대하여 더욱 강하게 금지할 것이냐? 내버려둘 것이냐? 에 대하여 유대교 랍비의 대표자로서 현명한 조언을 제시한 것이다. 그러나 가말리엘이 **~이면**'이란 말을 많이 사용했는데 본인도 믿지 않았음을 의미한다.

사람으로부터 났으면'은 사도들이 증거한 '예수가 하나님의 아들이 아니라, 자칭 메시아'라면, 또한 하나님이 보낸 종이 아닌 '거짓 선지자'라면 도태되고 사라질 것이라는 말이다.

하나님께로부터 났으면'은 사도들이 전파하는 이 예수와 구원의 복음이 진짜 성경에 약속하고 기록된 대로 하나님이 보내신 메시아(여자의 후손)라면 영원히 **무너뜨릴 수 없겠고** 결국 **하나님을 대적하는 자**'가 될까 봐 조심하고 신중하라고 '가말리엘'이 조언해 준 말이다(행 5:12-42).

2.
유대교의 대표적인 최고의 랍비
'가말리엘'의 사상

가말리엘'Γαμαλιήλ(1059)은 히브리어로 גַּמְלִיאֵל(1583, 가믈리엘)이

며, '하나님은 나의 보상자, 보수자'라는 뜻이다. 가말리엘은 성경 전체의 핵심 주제이며 하나님이 원하고 기뻐하시는 구속자 예수님과 복음을 거절하고 배격하는 지도자로 살았으니 하나님이 보시기에 가증한 것이며, 예수님과 복음이 없는 부정한 사람의 전통과 유전을 보존하고 발전시킨 보수자로 살았으니 그에 대한 하나님의 보응은 예수님의 생명이 없는 율법 행동주의에 눈먼 채로 살아가게 한 것이다.

'가말리엘'은 유대교의 미쉬나Mishnah에 자주 인용되는 탁월한 '타니임Tannaim', 즉 교사들의 대가족(로열 패밀리)의 우두머리이며, 유명한 현인이다. 장로 가말리엘은 토라Torah에 관한 랍비의 주석서 미쉬나의 많은 구절에 인용된다. 그는 '이중 명의로 된 이혼 증서를 무효로하는 일', '많은 누룩을 섞어 발효시킨 가루를 반죽하는 문제', '안식일 날 자비를 위한 여행 시 안식일 금령의 범위 문제'들을 다루는 일에 관여했다.

그는 교사(랍비) 중에 가장 높은 '랍바/온Rabba/on'이라는 칭호를 받았다(요 20:16). 즉 유대교 역사에서 가말리엘Gamaliel은 '랍반Rabban(우리의 스승)'이라는 칭호를 최초로 받은 인물 중 한 명으로, 유대 율법학의 거두이자 바리새파의 수장이었다. 큰 잔치와 행사 때 가장 높은 자리에 앉고 찬사를 받는 그는 유대교의 대표적 롤 모델이었다.

그러나 '가말리엘'은 온건한 실용주의자처럼 사도들의 복음 전파에 대하여 잠시 관망해 보자는 조언으로 분노에 찬 유대교 지도자

들을 설득했지만, 인도주의자 아니라 철저한 유대교 신봉자였다. 예
수와 복음을 찬성한 것이나 개방적으로 좋게 본 것이 아니다. 그는
여전히 전설적이고 미신적인 요소들과 조상의 전통과 유전을 고수
하는 유대교의 대표적인 우두머리였다. 그는 사울이 예수님과 복음
을 만나기 전의 스승이었다(행 22:3).[10]

그러나 훗날 기독교인을 잡아 죽이기 위한 앞잡이로 다메섹에
도착한 가말리엘의 제자였던 사울을 예수님이 찾아오셨고 그날 이
후 일방적인 하나님의 절대 주권의 은혜와 성령의 인도하심으로
사울의 스승이 바뀌었다. 예수님과 복음을 핍박하는 인간 가말리
엘의 제자가 아닌 죄인을 구원하시는 참 구속자요 하나님의 아들
이신 예수 그리스도의 제자가 되어 예수님과 구원의 복음 사상을
온 땅에 전파하는 충신으로 살다가 영원한 우리 왕 예수님의 품에
안기었다.

"이에 우리가 너의 사상이 어떠한가 듣고자 하니 이 파에 대하여는 어디서

든지 반대를 받는 줄 알기 때문이라 하더라"(행 28:22)

기독교로 개종한 사도 바울은 어디서든지 이방 종교 사상과 유대
교 사상을 가진 자들로부터 '사상 점검'을 요구받았다. 그래서 여기
에서 "너의 사상이 어떠한가?"를 듣고자 했던 것이다. 사도 바울은
기독교인으로 개종한 이후 자신이 과거에 핍박했던 그 예수님과 복

---

10)　이병철, *op. cit.*, 1059.

음을 전파하는 일에 앞잡이로 목숨을 다하고, 마음을 다하고, 성품을 다하여, 뜻을 다하여 충성하며 살았다.

1) 가말리엘의 사상

구분	유대교적 가치(인간적 잣대)	복음적 가치(진리의 잣대)
태도	관용적, 신중함 (가말리엘의 권고)	복음에 대한 유보적·방관적 태도
교육	철저한 율법 행동주의 교육자	복음을 박해하는 자(사울)를 길러냄
신앙	인간의 열심과 율법의 의	그리스도의 대속과 은혜를 부정

그는 조상의 전통과 유전을 추종하는 유대인들에게 학문적으로나 인격적으로는 존경받았을지 모르나, 구속사적인 신학적 관점으로는 눈먼 소경이었고 철저히 유대교 전통 수호자였으며 예수 그리스도의 복음과는 대척점에 서 있었던 인물이었다. 그의 유대교적 공로와 동시에 대속의 복음적 한계에 대한 역사적·성경적 근거는 다음과 같다.

2) 유대교 역사에서의 공로와 지위

그는 유대교 종교 지도자 중에 최고 탑이었고, 최고 '랍반'이었다. 유대교 역사에서 가말리엘 1세Gamaliel I는 단순히 뛰어난 율법학자를 넘어 유대 사회의 기틀을 세운 인물로 평가받는다.

가말리엘은 힐렐Hillel의 손자로서, 당시 유대교의 양대 산맥 중 하나인 '힐렐 학파'를 이끈 지도자였다. 그리고 율법의 보존과 개혁을 위해 그는 율법을 단순히 지키는 것을 넘어, 실생활에 적용할 수 있도록 세부 규정을 정비했다. 특히 여성의 재혼 권리 보호 등 사회적 약자를 배려하는 율법 해석Tikkun Ha-Olam(세상의 수선)으로 큰 존경을 받았다.

그리고 그는 유대교 최고 의결 기구인 산헤드린의 의장Nasi으로서 막강한 종교적·정치적 영향력을 행사했다. 그리고 유대교의 황금기 상징(미슈나Mishnah)에는 '랍반 가말리엘 노인이 죽었을 때, 율법의 영광은 사라졌고 정결과 경건이 죽었다'라고 기록될 만큼, 유대교 내에서 그의 위치는 독보적이었다.

3) '랍반Rabban'의 문자적 뜻

히브리어와 아람어에 뿌리를 둔 이 단어는 우리가 흔히 아는 '랍비'의 확장형이다.

'랍비Rabbi'는 '나의 스승My Master, Teacher'이라는 뜻이며, '랍반Rabban'은 '우리들의 스승Our Master, Teacher'이란 뜻이다. 단순히 한 개인의 스승이 아니라, 유대 민족 전체 혹은 산헤드린(유대 최고 의회) 전체의 스승이라는 공적인 권위를 담고 있다. '랍반'이란 칭호는 아무에게나 붙여지는 칭호가 아니었다. 유대 전통에서 이 칭호는 다음과 같은 특별한 의미를 갖는다.

첫째, '최고의 권위'를 의미한다. 당시 유대교의 수장인 '나시Nasi(학장, 의장)'에게만 수여되었다. 가말리엘은 이 칭호를 받은 역사상 첫 번째 인물로 기록되기도 한다.

둘째, '모든 학파와 온 유대교의 통합적 스승'이란 의미이다. 가말리엘은 유명한 율법학자 '힐렐'의 손자로, 힐렐 학파의 수장이었다. '랍반'이라는 호칭은 그가 특정 분파의 스승을 넘어 유대교 전체의 정신적 지주였음을 인정하는 표현이다.

셋째, '관용과 지혜를 가진 자'라는 의미이다. 그는 율법에 엄격하면서도 '백성을 위해 율법을 어떻게 적용할 것인가'를 고민한 인물이다. 신약성경(사도행전 5장)에서도 기독교인들을 박해하려는 이들에게 '이 사상이 하나님으로부터 왔으면 막을 수 없다'며 관용을 베풀 것을 권고하는 지혜로운 모습으로 등장한다.

랍비 호칭에 대한 표

호칭	의미	특징
랍(Rav)	스승	바빌론 지역 학자들에게 주로 사용
랍비(Rabbi)	나의 스승	팔레스타인 지역 학자들의 일반적 호칭
랍반(Rabban)	우리들의 스승	산헤드린 의장 등 최고 권위자 전용

4) 가말리엘은 '반복음적' 지도자

많은 사람이 사도행전 5장에 나오는 그의 '온건한 발언' 때문에 그를 기독교에 우호적인 인물로 오해하곤 했다. 하지만 성경적·역사적 맥락을 보면 그는 철저히 반예수적·반복음적이었다.

'가말리엘의 권고'는 진리가 아닌 '정치적 관망'이었다. 사도행전 5:34-39에서 그는 복음을 인정해서가 아니라, 당시 유대 사회의 혼란을 막기 위한 정치적인 신중론일 뿐이었다. 그는 복음을 진리로 확인하려 하지 않았고, 단지 '시간이 지나면 가짜는 사라질 것'이라는 막연한 태도로 복음의 시급성을 외면했다.

그는 '박해자 사울'의 스승이었다(행 22:3). 바울은 자신이 '가말리엘의 문하에서 우리 조상들의 율법의 엄한 교훈을 받았다'라고 고백한다. 사울(바울)이 다메섹 도상에서 예수님을 만나기 전, 기독교인을 잡아 죽이는 데 앞장섰던 광기 어린 열심은 어디서 배운 것인가? 바로 가말리엘의 가르침 안에서 나온 것이다. 가말리엘이 가르친 율법주의는 그리스도의 복음을 '이단'으로 규정하고 멸절시켜야 할 대상으로 보게 만드는 토양이었다.

유대교의 율법주의 체제를 수호했다. 가말리엘은 인간의 전통과 장로들의 유전을 신성시했다. 예수님께서는 바리새인들의 이러한 태도를 **"사람의 계명으로 교훈을 삼아 가르치니 나를 헛되이 경배하는도다"**(마 15:9)라고 책망하셨다. 가말리엘은 바로 그 회칠한 무덤과 같은 종교 체제의 정점에 있었던 인물이다.

예수님과 구속의 복음적 관점에서 보면 그는 결국 말씀의 참된 의도에서 벗어난 실패한 지도자이다. 가말리엘은 인간적인 잣대로는 '지혜로운 스승'이었을지 모르나, 영적 측면에서 볼 때 구속자 예수님과 대속의 복음을 거부하고 불신하도록 가르친 선동에 앞장선 자였다.

3.
하나님 중심 사상에서 벗어난
악인의 사상과 심판

"하나님이여 일어나사 세상을 심판하소서 모든 나라가 주의 소유이기 때문이니이다"(시 82:8)

'**심판**'שָׁפַט(8199, 샤파트) '재판하다, 판결하다, 결정하다, 둘 사이를 결정하다, 다스리다, (어떤 사람의) 소송을 변호하다, 옹호하다 혹은 정죄하다, 재판관 앞에서 논쟁하다'를 의미한다.[11]

"우리의 연수가 칠십이요 강건하면 팔십이라도 그 연수의 자랑은 수고와 슬픔뿐이요 신속히 가니 우리가 날아가나이다"(시 90:10)

'**날아가나이다**'עוּף(5774, 우프) '사라지다, 잠시 머물 짧은 인생,[12] 흑암으로 덮이다'를 뜻한다.[13]

"한 번 죽는 것은 사람에게 정해진 것이요 그 후에는 심판이 있으리니"(히 9:27)

---

11) 머릿돌편찬위원회, *op. cit.*, p. 787.
12) 이병철, *op. cit.*, 5774.
13) 머릿돌편찬위원회, *op. cit.*, p. 638.

‘정해진 것’ἀπόκειμαι(606, 아포케이마이) ‘임하다, 신의 명령에 의해 그에게 정해진 것’이다.[14]

‘개인과 가정과 국가와 우주’는 다 하나님이 창조한 하나님만의 소유이다. 만물의 우두머리 왕이요, 주인이신 하나님은 모든 피조물에 대한 ‘생사화복의 결정권’을 갖는다. 태초 이후 인류의 모든 역사와 과거 현재 미래를 통해 이 세상에 태어나 잠시 살다가 떠날 모든 인간은 결국 하나님으로부터 와서 하나님께로 돌아간다. 이것을 피할 자 없고 하나님의 주권으로 각자에게 결정하신 그 작정대로 하나님의, 창조의 목적과 질서와 영광을 위해 살다가 반드시 떠나게 되는 것이다.

인간들이 스스로 설계한 대로 사는 것처럼 느끼는 것은 눈먼 자기만족이요 착각할 뿐이다. 각자의 능력과 소견대로 사는 것처럼 느껴지는 모순 속에 갇힌 것이다. 작고 초라한 근시안적 인간이 인지할 수 없을 만큼 하나님의 무한한 통치 영역의 구조 안에 있기에 못 보는 것은 당연하다.

인간의 눈으로 감지할 수 없을 만큼 치밀하고 신비로운 하나님의 구속의 설계이기에 시공간의 제한 속에 갇힌 인간들은 초등학문 수준으로 모든 것을 왜곡할 수밖에 없고 그 거짓된 지식으로 더더욱 눈과 귀가 닫혀 바르게 볼 수가 없다. 짧고 얇은 인간의 지식으로 측량치 못할 하나님의 높고 넓은 구원의 계획(생각)을 어찌 인지해 낼 수 있겠는가? 불가능한 것이다. 오직 성령의 조명으로 보여주셔

---

14)   이병철, *op. cit.*, 606.

야 볼 수 있고, 조금씩 조금씩 크고 놀라운 하나님의 생각과 신비로운 구원의 계획을 발견해 가고 알아갈 뿐이다.

만세전에 하나님의 전적인 주권과 기쁘신 뜻대로 택하신 자들은 구원받기로 작정하신 대로 성령의 배려와 설득과 도우심을 통해 예수님을 구주로 믿게 하신다. 그리고 마지막 그 날에 천국 혼인 잔치에 그리스도의 신부로 초청하신다. 그러나 믿지 않는 불경건한 자들은 영벌에 처하신다.

> "여호와께서 말씀하시기를 **나의 생각은 너희의 생각**과 다르며, **너희의 길은 나의 길과 다르니**, 하늘이 땅보다 높은 같이 **나의 길은 너희의 길보다 높고 나의 생각은 너희의 생각보다 높**으니라."(사 55:8-9)

'높으니라'ㅁㄱㅎ(1361, 가바) '높다, 하늘, 존(고)귀하다, 위엄, 매우 높아질, 크다'를 뜻한다.[15]

하나님의 '높으신 생각(사상)'은 '구원의 계획'이다. 하나님에게 있어서 가장 중요한 생각과 계획은 택하신 자녀들을 구원하기 위해 예수님의 피로 구원을 성취하는 일을 생각하고 실행하시는 것뿐이다. 그러므로 죄인들의 '어리석은 생각, 부패한 계획, 이루지도 못할 타락한 경영'을 버리고 절대 주권자이신 하나님의 선하신 생각과 완전하신 지혜로 설계하신 구속의 초청 안으로 들어와 완전한 구원의 밥상을 먹고 마시고 누리라는 요청인 것이다.

---

15) O.N.O편찬위원회, *op. cit.*, p. 116.

　하나님의 완전한 지혜로 결정하사 이 땅에 보내주신 구속자 예수님을 '나의 구주'로 받아들이고 '구원의 길, 진리의 길, 생명의 길'을 따라가라는 것이다. 피조물들의 헛된 사상과 대조되는 완전한 지혜로 설계하신 하나님의 구원계획이 구속자 예수님의 대속의 핏값으로 완전하게 성취된 구원의 복음을 전적으로 믿고 따르라는 것이다.

"주께서는 못 하실 일이 없사오며 무슨 계획이든지 못 이루실 것이 없는

줄 아오니"(욥 42:2)

　여기에서 하나님의 선하신 의도와 계획으로 규정한 하나님의 결정을 따르는 '하나님 중심사상'은 그 누구도 막을 수 없고 방해받을 수 없는 하나님 홀로 절대 주권으로 세우신 창조의 목적과 질서이며. 규정한 사상적 체계임을 선언하셨다. 하나님 외에 다른 신이 없고 존재하지 않는다. 다른 신이 있다면 그것은 분명 악한 영들에 영향을 받은 불경건한 인간들이 만들어낸 거짓 신일 뿐이다.

　하나님이 세상을 만드실 때 처음부터 세우시고 설계하신 통치 방식의 사상적 체계와 룰(법)을 대적하고 왜곡시킬 권세는 존재하지 않으며 변조시키는 일은 불가능한 일이다. 간혹 불경건한 악인들이 하나님이 세우신 창조의 목적과 질서를 규정한 사상에 대하여 대적해 왔지만 결국 하나님에 의해 멸망을 당했고, 인간들의 인본주의 사상으로 세운 나라는 멸망당했거나 사라졌다. 인간들이 끊임없이 하나님의 사상에 대하여 반발해 왔으나 하나님이 본래부터 세우신 사상체계로 진행하셨다.

"여호와께 능하지 못한 일이 있겠느냐 기한이 이를 때에 내가 네게로 돌아

오리니 사라에게 아들이 있으리라"(창 18:14)

"대저 하나님의 모든 말씀은 능하지 못하심이 없느니라"(눅 1:37)

'능치 못할 일이 있겠느냐(무소불능)' פָּלָא(6381, 팔라)는 '분리하다, 구별하다, 비범하다, 위대하다, 경이롭다, 큰 친절을 보여주다, 대단히, 몹시, 훌륭하게 하다, 감탄할 만하게 하다'란 뜻이다.[16]

주께서는 못 하실 일이 없다는 전지전능하신 창조주 하나님이라는 뜻이며 인간이 역사상 평생에 걸쳐 수없는 헛된 생각으로 계획을 세우나 결국 이미 결정하신 하나님의 계획대로 경영해 가실 뿐이다. 그러므로 하나님의 뜻을 떠나 무너질 바벨성과 탑을 포기하고 하나님이 핏값으로 세우신 영원한 하나님의 나라에 들어와 구원의 기쁨과 승리를 함께 누리자고 초청하신다. 하나님은 단순히 힘쎈 분이 아니라 완전한 지혜와 능력으로 완전한 평화를 주시는 통치자로서 해악을 끼치는 인간의 사상과 모든 악하고 음란한 경영을 깨뜨려 무효가 되게 하실 것이다.

---

16) 머릿돌편찬위원회, *op. cit.*, p. 673.

III

히브리 사상의
본질과 변질

'성경을 기초한 히브리 사상'이 전적인 하나님에 의해 특별하게 선택하신 아브라함과 이삭과 이스라엘을 언약 백성 삼아 하나님이 양육 통치를 시작한 때부터 다윗 시대에 최고 정점을 이루었고 열왕기 시대에 하향길에 접어들다가 이스라엘의 불순종으로 북이스라엘이 흩어지고 남유다가 바벨론 포로 70년을 살다가 하나님의 열심과 인내의 성실로 포로 귀환하여 에스라와 느헤미야를 통해 종교개혁이 일어난 때까지 성경을 기초한 히브리 사상은 외줄타기처럼 이어왔다.

그러나 히브리 사상이 하나님이 선지자를 보내시지 않은 중간사 400여 년 동안 인본주의 원산지인 헬라 제국들에게 정복당해 수백 년을 지배받아 오면서 히브리 사상에는 혼합과 왜곡이 시작된다.

'족장 시대와 다윗 왕을 거쳐 열왕기 말기(포로 귀환)시대'까지의 히브리 사상은 성령의 인도와 도우심과 하나님의 종들을 통한 종교개혁으로 건전하게 유지해 왔다. 그러나 '하나님이 파송한 선지자가 없는 상태에서 인본주의 헬라 강대국들의 정복과 다스림'이 있었던 중간사시대를 통해 왜곡되고 변질된 유대교의 히브리 사상이 있었다. 이러한 이유로 하나님의 계명을 버리고 조상의 전통과 유전을 신봉한 유대인들은 예수님과 천국 복음을 거절하고 원수처럼 대적한 것이다. 이러한 두 가지 형태의 '히브리 사상'에 대하여 알아보도록 하겠다.

1.

족장과 다윗(열왕기-포로 귀환)시대
히브리 사상의 본질

고대근동 족장시대에서 바른 신앙의 모델링은 하나님도 인정한 바 모든 왕을 세우실 때마다 당부한 명령이 '다윗의 길로 가라'였다. 다윗왕과 열왕기 시대와 포로귀환 후 느헤미야와 에스라를 통한 종교개혁까지의 히브리 사상은 하나님이 세우시고 파송한 종들이 처음부터 하나님이 가르치고 약속하신 말씀으로 종교개혁함으로 여자의 후손 메시아(구속자)를 알아가고 갈망하는 신앙 전수를 이어 갔다.

이 시대에도 물론 언약 백성들이 약속한 말씀을 잊고 중간에 불순종함으로 이방 종교와 이방 풍조에 혼합되어 이들의 여호와 경배 사상이 왜곡되고 혼합된 죄악에 자주 빠져있었다. 그럼에도 불구하고 하나님은 결단코 영원히 버리지 않겠다는 언약에 성실하셔서 범죄한 자기 백성을 버리거나 포기하지 않으셨다. 하나님은 말씀에 능한 선지자와 왕들을 지속적으로 세워 오직 말씀으로 이방 종교와 혼합된 사상을 제거하는 종교개혁으로 여호와 경배 사상과 히브리 사상을 회복해 가셨다.

자기 백성들이 하나님이 보낸 선지자들을 핍박하고 죽일지라도 하나님은 포기하지 않으시고 자신의 종들을 계속 보내셨고 자기 백성들에게 돌이킬 기회를 주셨다. 그래서 돌이키지 않으면 결국 사랑의 채찍과 징벌로 회개하고 돌이키게 하사 기어코 언약하신 축복이 내려지는 경건한 하나님 중심과 하나님의 주권 사상 안으로 초대하셨다. 택하신 자들의 타락과 회개는 수천 년 동안 셀 수 없이 반복되었음이 분명하게 보여주듯이 하나님은 지극한 사랑으로 택하신 자기 백성을 사랑으로 징벌하실지언정 결코 버리시지 않으신다. 하나님 홀로 인내하신 열심으로 자기 백성을 죄악에서 생명으로 이끌어내신 구속사를 성경 전체가 증거한다.

2.
중간사와 초대 교회시대의
변질된 히브리 사상

하나님이 선지자를 보내지 않은 400여 년이 넘는 중간사시대에는 그리스 인본주의 사상(헬레니즘)을 가진 강대국(헬라제국) 알렉산더대왕이 헬라 사상으로 세상을 정복하겠다는 정복 이념으로 이스라엘을 정복했고 연이어 동일한 인본주의 사상을 가진 로마 제국에게 정복을 당해 수백 년 동안 인본주의 사상을 가진 로마 황제들에게 통치를 받았다. 그 당시 지배자들은 정복한 나라의 중요한 핵심 지역에 헬라식 도시를 건설하고 헬라 학교를 세워 이곳에서 공부하지 않으면 국가 운영의 요직과 높은 신분의 관료직을 얻을 수 없게 하는 통치구조로 운영했다.

이스라엘은 강대국들에게 수백 년 동안 통치를 받는 과정에서 인본주의 사상의 원산지인 헬라 사상과 혼합되어 하나님의 계명을 버리고 사람의 계명인 조상의 전통과 유전을 추종하고 신앙 전수하는 왜곡된 히브리 사상의 관점으로 성경대로 오신 구속자 예수님과 복음을 거절하고 대적한 것이다.

아담의 타락으로 모든 인류는 죄와 사망에 빠졌고 하나님은 즉각적으로 여자의 후손을 구속자로 보내어 주실 것을 약속하셨다. 이것이 원시 복음이며, 이 최초 복음의 약속대로 예수님을 보내어 주사 죄인들을 구원하신 것이다. 죽음에 처한 죄인들은 스스로 자신의 구원을 이룰 수 없고 인간은 그 어떤 종교적 열심으로도 자신의 죄를 씻을 수 없는 완전한 절망 속에서 빠져있을 때 유일한 소망은 하나님이 약속하신 구속자 여자의 후손(예수 그리스도)밖에는 없었던 것이다.

아담 이후로 죄와 죽음에 처한 모든 인류를 구원해 주시기 위해 이 땅에 구속자로 오신 메시아에 대하여 기록된 성경을 바르게 알아가고 배운 고상한 바른 복음의 지식이 여호와 경외사상과 메시아 대망 사상이 히브리 사상의 소망이며 목적인 것이다. 그래서 예수님 도 가장 위험하고 경계해야 될 것이 이방 종교 형태인 성경의 핵심 주제인 구속자 예수님의 피의 복음보다도 종교적인 기적과 표적만 을 추구하는 것을 악하고 음란한 감각(감성)주의와 기복주의라 책망 하셨고 오직 예수님 자신은 요나의 표적 외에는 증거할 것이 없고 소망이 없다고 말씀하셨다. 대속의 핏값으로 우리 대신 죽어 우리 를 그 핏값으로 구원하신 것 외에는 중요한 것이 없다.

우리 인류는 무엇 때문에 죄와 사망에 빠지게 되었는지를 성경을 통해 바르게 알아야 한다. 죄로 죽은 죄인이 스스로 자신을 구원할 수 없다는 무능한 실체임을 성경적 근거로 바르게 알아야 한다. 하 나님이 만세전에 지극한 사랑으로 택하신 자녀들을 왜 버리지 못하 시고 반드시 구속자 예수님을 통해 우리를 구원해야만 하는 지를 성경을 통해 확실한 근거를 찾아내고 바르게 알아야 한다.

인류 역사 전체로 구속자를 언제 약속하셨고 왜 약속하셨지, 어 떤 방식으로 구속자를 보내시고, 약속대로 오신 예수님이 어디로 오시고 어떻게 구속의 사역을 펼치시고 어떻게 우리 대신 십자가에 못 박혀 돌아가셨고 우리를 위해 흘리신 대속의 핏값은 어떤 효력이 기에 이 피의 공로를 믿는 자는 어떻게 영원히 취소되지 않는 완전 한 구원을 얻게 되는 지를 성경을 통해 그 확실한 근거를 성령의 도 움으로 발견하고 알아가고 배워 가르치는 바른 복음의 지식을 가진 복음 전파자가 될 때만이 하나님이 가장 기뻐하시고 좋았더라 평가 하신다.

예수님이 제자들에게 마지막으로 승천하시기 전에 가장 중요하다 강조하신 첫 명령은 **"내가 너희에게 분부한 모든 것을 가르쳐 지키게 하라"**(마 28:20)였다. 원문을 그대로 직역하면 "가르쳐 지키게 하라"를 제일 먼저 강조하여 명령하셨다. '가르쳐'διδάσκω(1321, 디다스코)는 '가르치다, 받아들이게 하다, 지지하게 하다'라는 뜻이다. '지키게 하라'τηρέω(5083, 테레오) (법적 요구로) '보존하게 하다, 보호하다, 복종하게 하다'라는 뜻이다. 예수님이 처음부터 가르치신 '바른 복음을 왜곡시키지 말고 그대로 가르쳐서 계속 변조(혼합)되지 않도록 보존해 가면서 신앙 전수하라'는 의미이다.

처음부터 예수님과 사도들이 가르친 바른 복음을 왜곡이나 변조시키거나 이방 나라의 종교와 거짓 풍조와 사상과 섞이지 않도록 그대로 계속 재림의 날까지 보존시하라는 명령인 것이다. 천국 문을 더욱 굳게 닫아버리는 왜곡되고 변절 된 복음을 아무리 열심히 전파하고 많은 영혼을 얻어보았자 다른 예수, 다른복음을 증거했으니 심판의 대상이 되므로 헛수고라는 것이다.

종교개혁을 통해 거짓 사상과 교훈들을 걸러내고 완전히 제거함으로 완전한 대속의 복음만 남겨 후손에게 전수하는 것이 가장 하나님이 기뻐하시는 제일 중요하고 가장 거룩한 직무이다. 예수님이 가르치신 원형 그대로의 복음을 수호하고 복음 전파의 과정 속에서 변질(왜곡, 혼합)되지 않도록 종교개혁의 작업으로 세속적인 인본주의(헬레니즘) 사상을 완전히 제거하는 개혁이 얼마나 중요한지를 다음과 같이 강조하셨다.

"예수께서 이르시되 그러므로 천국의 제자된 서기관마다 마치 새것과 옛
것을 그 곳간에서 내오는 집주인과 같으니라"(마 13:52)

구약시대에 하나님이 임명한 서기관은 평생 '히브리 원어 성경'이
'왜곡(변조, 혼합)'되지 않도록 목숨 걸고 충성을 다해 깨어서 필사본
하고 바르게 해석하는 신학자로서 원어 성경과 바른 해석의 지식을
보존하고 지켜내어 자자손손 완전한 말씀 그대로를 전수해 주는 직
무를 가진 자들이다.

52절에서 예수님이 말씀하신 '천국의 제자 된 서기관'이란 의미는
구약시대부터 원어 성경을 필사본 한 서기관들처럼 단순히 문자적
인 율법에 매여 있는 기존 서기관과 전혀 다른 천국의 제자인 것이
다. 예수님이 친히 선택하사 임명한 새로운 천국의 서기관인 제자들
을 언급한 것이다.

예수님이 택하여 부르신 제자들은 천국의 제자 된 서기관(마
13:52)으로서 예수님이 처음부터 가르치신 바른 복음(구원의 교리)을
왜곡(혼합)이나 변조되지 않도록 증거하게 하셨다. 성경 전체를 통해
증거된 구속자 예수 그리스도에 대한 예표와 상징, 모형과 그림자,
신의 현 현들을 찾아내어 예수님이 모든 성경에서 핵심 주제로 증거
되신 구속자이심과 기록된 성경대로 우리의 구원을 완전하게 성취
해 주신 구원자라고 4복음에 기록하고 서신서들을 기록하여 땅끝
까지 복음을 전파하게 하셨다.

여기서 말한 '옛것'은 구약의 구속자 예수님에 대한 상징적이고 예
표 적인 증거들을 성령의 도움으로 분명하게 발견하고 예수님이 대
속의 핏값으로 완성하신 구속의 복음을 기록한 4 복음과 사도행전

과 로마서와 서신들을 기록한 거룩한 직무자요, 천국의 서기관, 사도들인 것이다.

'새것'은 예수님을 통해 성취된 복음을 뜻하고 히브리원전으로 기록된 구약성경이란 보물 창고 속에 감추어진 구속자 예수님을 성령의 조명을 받아 바른 복음 관점으로 능숙하게 찾아내어 택하신자들에게 전파하고 가르쳐 지키게 한다는 의미이다. 절대적 절망에 빠진 인류에게 구속자 예수님이라는 생명줄을 던져줄 보물과 같은 예수(구원자)님은 유일한 인류의 소망(갈망)이다. 창 3:15에 약속하고 선언하신 "여자의 후손"밖에는 구원을 얻을 길이 존재하지 않는다. 하나님이 약속하신 그대로 구원자 예수님은 이 땅의 역사적 중심에 임마누엘 하셔서 "내가 곧 길이요 진리요 생명이라" 선포하셨다. 보물찾기하듯이 성경 66권이라는 보물창고(상자) 안에서 예수님을 찾아내어 구속자를 갈망하기에 목마르고 상하고 찢긴 탕자들에게 전달해 주는 천국의 서기관이요, 제자들인 것이다.

IV

하나님의 절대 주권에 기초한다.

하나님의 절대 진리인 성경 말씀에 기초한다.

하나님이 구속자로 결정한 메시아 갈망사상에 기초한다.

하나님만 홀로 영광 받기에 합당한 분임을 인정(믿음)함에 기초한다.

히브리 사상이 '바르게 이어져 왔다는 근거'는 다음과 같이 **히브리 사상의 뿌리와 근원**이 하나님의 **절대주권**이 되어 있어야 하고, 성경을 무오한 하나님의 말씀으로 인정하고 믿는 전제조건이 확인된 **성경 중심 사상**이어야 한다. 그리고 모든 **성경의 핵심 주제가 '구속자 예수 그리스도'**라는 사실을 인정하는 사상이어야 한다. 그리고 **모든 영광을 하나님께만 돌려드리는 사상**이어야 한다.

이렇게 바르고 건강한 '히브리 사상의 기초'에 대하여 다음과 같이 알아보겠다.

1.

히브리 사상의 근원(기초)은
하나님의 절대 주권이다

　히브리 사상은 인간들이 원하는 세상을 만들어내기 위한 도구가 아니다. 인간들의 소원 성취를 위한 도구로 만들어지고 가르치는 인간을 위한 사상이 아니다. 절대 주권자이신 하나님이 전적으로 원하시고 기뻐하시는 의도와 선하신 뜻대로 이미 결정하시고 선포하신 법정 판결문을 기초로 한 사상이다.

　천하만물을 창조하신 참 주인이 되신 하나님이 창조의 목적과 기쁘신 뜻대로 통치하시는 것은 만물의 소유권자로서 지극히 당연한 것이며 마땅한 것이다. 하나님의 주권에서 벗어난 사상은 더 이상 히브리 사상이라 말할 수 없다. 인간이 결정하고 인간들끼리 서로 의논하여 운영하는 사람의 생각과 인본주의를 기초한 이방 나라와 이방 풍조의 헬레니즘은 그 자체가 하나님이 보시기에 몹시 싫어하고 미워하시는 가증한 것이다.

　'하나님의 절대주권Absolute Sovereignty of God'은 하나님을 인간의 소망이나 들어주는 수단이 아니라, 온 우주의 통치자이자 모든 존재의 원인으로 선포했다.[17] 이것은 칼빈 신학의 심장인 『기독교강요』 전체를 지탱하는 기초석이다. 이것이 칼빈이 주장한 사상이기 때문이 아니라 칼빈이 하나님과 성경에 대하여 문법과 언어학적으로 가장 바

---

17)　존 칼빈, 문병호 역, 기독교강요(제1권 16장), 서울: 생명의말씀사, 2020, pp. 285-305.

르게 해석했기 때문에 그의 사상을 인정하고 존중하는 것이다.

절대 주권의 하나님이 선포하심으로 구속자를 약속하셨기에 반드시 성취될 것이며 결국 그리스도의 대속의 피로 완벽하게 성취하셨다. 그 어떤 방해나 공격이나 장벽도 하나님의 주권적 선언을 막지 못한다. 대적할 자가 존재하지 않는 하나님의 절대 주권과 전능하신 권세와 능력으로 자기 백성을 덮어버린 죄와 사망을 짓밟아 영원히 멸하시고 자기 백성을 구출해 내셨다.

누가 하나님의 절대주권을 막을쏘냐? 인류 역사상 수많은 악인이 하나님과 그의 구속사를 훼방하고 대적해 왔지만 모두 다 멸망당했다. 하나님의 주권으로 진행한 구속의 역사를 대적하여 성공한 자들은 존재하지 않았다. 주권에 의해 오신 예수님의 초림과 십자가에서 대속의 제물로 우리 대신 죽으시고 다시 살아나신 부활과 성취하신 구원을 아무도 막아내지 못했다. 결국 하나님의 주권으로 계획하시고 실행하신 구속사가 완벽하게 성취되었고 영원히 영광 받으실 것이다.

하나님 중심의 신앙관과 세계관의 기초는 하나님이 창조주라는 것과 지금도 생사화복의 주관자로 통치하고 계심을 인정하는 것이다. '하나님은 자기가 창조한 세상을 권능으로 양육하고 보존하시며, 섭리로 그 모든 부분을 다스리신다'. 하나님을 '창조주'라고 부르는 것만으로는 부족하다. 그분은 모든 피조물의 움직임 하나하나를 다스리시는 '섭리자'이시기 때문이다. '하나님의 허락 없이는 나뭇잎 하나도 떨어지지 않으며, 그분의 주권은 인간의 모든 생각과 역사를

주관'하신다.[18]

히브리 사상의 본질과 기초는 하나님의 기쁘신 뜻이 모든 존재의 목적임을 강조한다. 하나님께서 만물을 창조하신 목적은 오직 자신의 영광을 나타내시기 위함이다. 인간은 자신을 위해 사는 존재가 아니라, 하나님의 뜻을 받들기 위해 지음 받았다. 그러므로 성도의 삶은 '나의 뜻이 아니라 하나님의 뜻에 순복'하는 데 있다.[19]

하나님 주권의 핵심은 '하나님이 원하시고 기뻐하시는 의도'가 모든 삶의 기초가 되어야 한다는 칼빈과 히브리 사상이 일치한다. 그래서 하나님의 주권적 창조의 목적과 질서에 인본주의와 인간의 생각과 신념이 섞이는 것을 싫어하시며 칼빈은 이것을 '영적 간음'이자 우상으로 만드는 것과 예배의 부패로 보았다. 인간의 마음은 우상을 만들어 내는 공장과 같다.[20]

인간은 하나님의 말씀에 머물지 않고 끊임없이 자기 생각과 이방의 방식을 섞으려 한다. 그러나 하나님의 영광에 인간이 고안해 낸 사상을 섞는 순간, 그것은 더 이상 참된 예배가 아니며 하나님을 대적하는 일이 된다. 기도는 하나님을 우리 뜻에 맞추는 것이 아니며, 인간의 욕망을 채우는 도구가 아니라 하나님의 주권을 인정하는 방편이며, 우리를 하나님의 주권에 굴복시키는 과정이다.[21] 이러한 칼

---

18) 서철원, 교의신학2 하나님론(삼위일체 하나님과 그의 사역), 서울: 그리심, 2018, pp. 438-458.
19) 존 칼빈, 원광연 역, 기독교강요 상·하(전 2권), 서울: 생명의말씀사, 2003, pp. 195-200.
20) 존 칼빈, 원광연 역, 기독교강요 상, 서울: 생명의말씀사, 2003, pp. 145-155.
21) 존 칼빈, 성귀갑 역, 기독교강요(전 4권), 서울: 크리스천다이제스트, 2003, pp. 170-190.

빈의 가르침은 히브리 사상의 본질과 동일하다.

만물은 하나님의 주권적 섭리 아래 있다. 모든 존재의 목적은 하나님의 영광이다. 인간의 생각과 혼합된 신앙은 우상숭배이다. 성도는 자기 부인을 통해 하나님의 통치를 받는다(제3권 7장).[22] 하나님은 자신이 기뻐하는 뜻을 따라 모든 것을 행하신다. 하나님의 절대주권을 빼버린 사상은 껍데기만 남은 인본주의에 불과하다. 하나님의 절대주권에 기초한 세계관은 성경 전체를 지탱하는 거대한 기둥과 같고. 인간의 소원 성취가 아닌 하나님의 기쁘신 뜻을 목적으로 하는 칼빈의 가르침은 '히브리 사상'의 정수를 뒷받침한다.

> "여호와여 위대하심과 권능과 영광과 승리와 위엄이 다 주께 속하였사오니 천지에 있는 것이 다 주의 것이로소이다. 여호와여 주권도 주께 속하였사오니 주는 높으사 만물의 머리심이니이다. 부와 귀가 주로부터 말미암고 또 주는 만물의 주재가 되사"(대상 29:11-12)

이 말씀은 모든 **만물의 주권**이 하나님께 있으며, **그분이 원하시는 대로 다스리신다**는 사실을 증거한다.

> "오직 우리 하나님은 하늘에 계셔서 원하시는 모든 것을 행하셨나이다"(시 115:3)

---

22) 존 칼빈, 원광연 역, 기독교강요 상·하, 서울: 생명의말씀사, 2003, pp.l 130-135.

"땅의 모든 사람들을 없는 것 같이 여기시며 그는 하늘의 군대에게든지 땅의 사람에게든지 자기 뜻대로 행하시나니 그의 손을 금하든지 혹시 이르기를 네가 무엇을 하느냐고 할 자가 아무도 없도다"(단 4:35)

"내 이름으로 불려지는 모든 자 곧 내가 내 영광을 위하여 창조한 자를 오게 하라 그를 내가 지었고 그를 내가 만들었느니라"(사 43:7)

"우리 주 하나님이여 영광과 존귀와 권능을 받으시는 것이 합당하오니 주께서 만물을 지으신지라 만물이 주의 뜻대로 있었고 또 지으심을 받았나이다 하더라"(계 4:11)

창조의 목적은 인간의 욕망을 이루기 위한 것이 아니며 하나님의 기쁘신 뜻과 하나님의 영광을 위해 세상이 존재함을 엄중하게 선포하신 것이다. 하나님이 세상을 '창조하신 목적은 인간의 필요에 의한 것도 아니며, 어떤 결핍을 채우기 위함도 아니다. 오직 하나님의 절대 주권에 의한 자충족성Self-sufficiency위해 오직 하나님 자신의 자유로운 기쁘신 뜻에 있다'고 칼빈은 말했다(자기 계시의 장The Theater of His Glory). 소유권의 원리를 언급한 대상 29:11-12의 말씀처럼 만물이 주에게서 나왔기에, 그 존재의 의미와 목적 또한 당연히 주인에게 귀속된다는 논리이다.

그 이유와 목적은 웨스트민스터 소요리문답 제1문에서 '사람의 제일 되는 목적은 하나님을 영화롭게 하는 것과 영원토록 그를 즐거워하는 것'이며, 결단코 '인간 중심주의'의 부르심이 아니라 하나님의 영광을 반영하는 '형상'으로 부름받은 것이다. 하나님 자신의 기쁘신 뜻의 성취를 위한(시 115:3, 단4:35) 계획을 한 치의 오차 없이 실행하신다. 이는 인간의 선택이나 노력이 하나님의 작정Decree을 앞설 수 없음을 의미한다. '사 43:7와 계 4:11'에서 선포하셨듯이 만물은 오직 하나님의 속성(거룩, 사랑, 정의, 전능)을 찬양하기 위해 존재한다.

> "사람의 마음에는 많은 계획이 있어도 오직 여호와의 뜻만이 완전히 서리라"(잠 19:21)

> "누가 철학과 헛된 속임수로 너희를 사로잡을까 주의하라 이것은 사람의 전통과 세상의 초등학문을 따름이요 그리스도를 따름이 아니니라"(골 2:8)

> "이는 내 생각이 너희의 생각과 다르며 내 길은 너희의 길과 다름이니라 여호와의 말씀이니라 이는 하늘이 땅보다 높음 같이 내 길은 너희의 길보다 높으며 내 생각은 너희의 생각보다 높음이니라"(사 55:8-9)

히브리 사상의 본질과 기초인 하나님의 주권이 살아서 역사하심으로 모든 인본주의를 멸하시겠다고 성경을 통해 선포하셨다. 인간 중심의 생각과 세속적 혼합주의를 경계하고, 오직 하나님을 바르게 알아가고 배운 바른 교리의 지혜로 반석 위에 세워진 믿음의 사람이 되기를 요구하신다.

개혁주의는 '오직 성경Sola Scriptura'을 강조하며, 성경의 권위 위에 인간의 전통이나 철학을 두는 것을 엄격히 경계한다. 골로새 교회를 위협했던 영지주의나 유대교적 전통주의는 '그리스도만으로는 부족하다'는 인본주의적 유혹이었다. 바울은 이것을 '초등학문' 즉,

세상의 유치한 원리라고 일축한다. 하나님을 아는 지식이 없는 철학
은 결국 자아 숭배로 흐르게 된다.

이 구절들의 목적은 '그리스도의 충족성Sufficiency of Christ'을 보호하
고, 신앙의 순수성을 지키는 데 있다. 반석 위에 세워진 믿음은 처
음부터 예수님이 가르친 바른 교리에 기초한 것이다. 하나님을 바르
게 알지 못하면 우리는 반드시 거짓 가르침에 속게 되고 결국 우상
을 섬기게 된다.

2.
히브리 사상은
하나님의 말씀에 기초한다

모든 인생의 삶의 기초가 하나님의 말씀(성경)에 기초해야만 '반석
위에 세운 집'처럼 그 모든 인생의 삶과 생명이 든든하게 보존된다.
말씀을 듣고 믿는 것이 하나님이 가장 기뻐하시는 일이다. 그 말씀
의 언약 속에서 나와 후손이 누릴 영생과 모든 축복이 흘러나오며,
평생의 모든 순간마다 하나님이 기뻐하시는 구원과 안식의 길로 인
도하시고 가장 탁월한 지혜자의 길로 인도하신다.

인간의 모든 역사와 영역, 사상과 인생관, 가치관과 신앙관, 세계
관과 모든 삶의 목적과 방식이 성경 말씀 위에 세워져야 성경의 약

속대로 은총을 누린다. 그러나 성경에 기초하지 않고 말씀을 벗어나 인본주의 중심으로 살아가는 결과는 뼈아픈 징벌의 고통과 불행뿐이다. 기록된 성경의 본질과 본래 의도를 벗어난 자극적이고 감각적인 신비주의(환상, 음성, 기적)를 엄중히 경고하신다.

> "너희로 하여금 기록된 말씀 밖으로 넘어가지 말라 한 것을 우리에게서 배워 서로 대적하여 교만한 마음을 가지지 않게 하려 함이라"(고전 4:6)

여기서 말한 **'말씀 밖으로 넘어간다'**라는 의미는 성경의 본질과 본래의 의도에서 벗어나 왜곡되고 변조된 혼합주의와 인간들의 자의적인 해석들을 말한다. 성경이 의도적으로 나타내고 증거하는 것은 오직 구속자 예수 그리스도이시다. 그러나 그의 피로 완성하신 대속의 복음에서 벗어난 해석과 가르침은 말씀의 본질 밖으로 넘어가는 다른복음(유사복음, 거짓복음)인 것이다.

> "너는 나를 밀쳐 넘어뜨리려 하였으나(5307) 여호와께서는 나를 도우셨도다"(시 118:13)

'넘어뜨리려 하였으나' נָפַל (5307, 나팔)은 '떨어지다, 넘어지다, 눕다, 엎드러지다'란 뜻이다.[23] 히브리 사상에서 '넘어지는 것'은 죄를 짓는 것이고 죄는 사망에 이르게 하는 것이다. 반대로 히브리 사상에서 '일어나는 것'은 죽음에서 살아나는 것을 의미한다.

---

23)　이병철, *op. cit.*, 5307.

'성실하게 행하는 자는 구원을 받을 것이나 굽은 길로 행하는 자는 곧 넘

어지리라'(잠 28:18)

'성실하게' תָּמִים(8549, 타밈)은 '완전한, 완벽한, 건전한, 온전한 사람에게 사용, 온전한 행동이 바른, 비난할 수 없는, 생의 온전한 길, 하나님을 향하여 올바른, 온전히 헌신된, 정결한, 흠 없는, 종일토록, 진실로, 정직한, 건전한'이란 뜻이다.[24] '타밈'의 어근은 '타맘'(תָּמַם , 8552, '완전한 자')이다. '타맘'은 '완성되다, 완성하다, 수가 차다, 정직하다, 끝이 되다, 그만두게 하다, 옮기다. 계산하다, 지불하다, 완전해지다, 결점이 없는, 완전함을 보여주다'라는 뜻이다.[25]

성경에서 하나님이 '타암(완전한 자)'이란 용어를 사용한 자는 '노아, 욥, 야곱'이다. 이들이 스스로 노력해서 '탐'이 된 것이 아니다. 애초부터 완전한 자들이라서 너는 '완전한' 자라고 판결받은 것이 아니다. 오직 대속의 핏값의 공로를 전적으로 의지하고 믿었기 때문에 '의롭다, 완전하다(탐)' 법적 판결문을 받은 것이다. 완전한 대속의 효력을 가진 예수님의 핏값을 하나님의 법정에 믿음으로 제출한 그 피의 효력만 보시고 '완전(의롭, 무죄)하다'라고 선언한 법정 판결문이다.

'굽은 길' עָקַשׁ (6140, 아카쉬)는 '정죄하다, 굽게 하다, 굽은 (길로) 행하다,[26] 뒤틀다, 비틀어 구부리다, 괴팍하다, 사악하다'를 의미한다.[27] 여기서 말한 '구부리다'는 성경의 본래 의도와 핵심 주제인 '구

---

24) O.N.O편찬위원회, *op. cit.*, p. 723.
25) 머릿돌편찬위원회(히브리어), *op. cit.*, pp. 816-817.
26) O.N.O편찬위원회, *op. cit.*, p. 531.
27) 이병철, *op. cit.*, 6140.

속자(여자의 후손/메시아)'에 대한 해석과 가르침을 인본주의와 자의적인 해석으로 왜곡시키고 이방 종교의 거짓 신으로 대처한 혼합주의로 변질시킨 거짓 가르침들은 결단코 구원에 이르지 못한다.

하나님의 계명을 버리고 사람의 계명(조상의 전통과 유전)을 가르치는 바리새인들을 향하여 천국 문을 가로막고 자신도 못 들어가고 남도 못 들어가게 하는 자들이라고 예수님이 책망하셨다. 세례자 요한이 '주의 길을 곧게(평탄) 하라'는 의미는 성경 전체에 상징과 예표와 모형과 그림자로 예수님이 대속의 피로 자기 백성을 구원하시려고 다윗 왕의 족보를 통해 오실 메시아를 증거한 것이다.

구속자 예수님에 대한 예언들이 모든 성경 속에 이어지고 연결되어 기록된 것들이 구속의 주께서 오실 왕의 대로인 것이다. 왕의 대로의 모든 과정에 기록된 예수님에 대한 말씀을 인간의 주관적인 생각과 이방 종교 형태를 섞어 혼합시킨 해석들이 왕께서 걸어 온 구속의 길을 왜곡하고 변조시킨 교리들이며 조상의 전통과 유전인 것이다.

하나님이 결정하고 원하신 예수님이 아니라 인간이 원하는 가짜 메시아를 만들어 놓고 다른 예수(메시아)를 갈망하지 말라는 뜻이다. "구부러뜨린 해석들"을 "바른 구속사로 바르게 펴서" 그리스도를 바르게 알아가고 배운 바른 복음의 고상한 지식을 가진 든든한 반석의 위에 뿌리내린 믿음의 사람이 되라는 것이다.

"풀은 마르고 꽃은 시드나 우리 하나님의 말씀은 영원히 서리라 하라"(사 40:8)

"그러나 우리나 혹은 하늘로부터 온 천사라도 우리가 너희에게 전한 복음

외에 다른복음을 전하면 저주를 받을지어다"(갈 1:8)

'다른복음' παρα(3844, 파라)는 '~의 곁으로부터, (반의적인 뜻으로) ~

을 대항하여, 반대로, ~을 거스려, ~넘어(서), ~에 반하여, 일치하지

않는 것'을 의미한다. 히브리어 원어 사전에서 '다른' זוּר(2114, 주르)는

'모르는 사람이다, 다른, 음녀, 타인, 외국인, 창녀, (법과) 다른 (불법

적인)'란 뜻이다.[28] 어근 사전에서 '주르(2114)'는 '몹시 시달리다. 누르

다, 눌러, 짜내다, 재앙이 계속됨을 상징'한다. 어근 사전에서 '주르

(זוּר, 2115)'는 '싫다, 싫어하다, 빗나가다(죄), 낯설다, 남이 되다, 잃어

지다, 매춘부, 외인, 창녀, 돌아서다, 배반하다, 떠나다, 멀어지다, 지

긋지긋하다, 혐오하다, 정떨어진 것이 되었다, 내 숨이 내 아내에게

지긋지긋한 것이 되었다. 부정에 의해 숨소리조차 싫다'라는 의미이

다.[29] 다른복음은 하나님 앞에서 이방 종교와 같이 가증한 것이며

심판의 대상인 것이다. 히브리 원어에서 '가증하다(혐오)'라는 뜻이

'주르'와 유사하고 동일한 의미들이 많다.

"마땅히 율법과 증거의 말씀을 따를지니 그들이 말하는 바가 이 말씀에

맞지 아니하면 그들이 정녕 아침 빛을 보지 못하고"(사 8:20)

---

28) O.N.O편찬위원회, *op. cit.*, pp. 175-176.
29) 머릿돌편찬위원회, *op. cit.*, p. 266.

"거짓 그리스도들과 거짓 선지자들이 일어나 큰 표적과 기사를 보여 할 수

만 있으면 택하신 자들도 미혹하리라"(마 24:24)

"스스로 지혜 있다 하나 어리석게 되어 썩어지지 아니하는 하나님의 영광

을 썩어질 사람과 새와 짐승과 기어다니는 동물 모양의 우상으로 바꾸었

느니라"(롬 1:22-23)

인간이 타락하여 하나님과 세상을 바르게 볼 수 없게 되었으므로, 성경이라는 안경을 통해서만 바른 가치관과 세계관을 가질 수 있다. 하나님께서는 말씀이라는 수단을 더하셔서, 자기를 아는 지식이 희미해지지 않게 하셨다. '마치 노안인 사람이 안경의 도움을 받아 희미한 글자를 선명하게 읽듯이, 성경은 혼란에 빠진 우리 마음을 밝혀 참된 하나님을 보게 한다'라고 칼빈이 말했다. 이는 인생의 모든 가치관(세계관)이 성경에 기초해야만 혼란 없이 삶을 보존할 수 있음을 뜻한다.[30]

'우리는 우리의 것이 아니라 주님의 것이다. 그러므로 우리의 이성이 우리 삶의 판단자가 되지 않게 하고, 오직 하나님의 말씀이 우리 인생의 모든 행동을 다스리는 유일한 원리가 되게 해야 한다.'[31] 이 말은 이미 예수님의 대속의 핏값으로 산 주님의 것이니 살아도 주

---

30) 존 칼빈, 원광연 역, 기독교강요 상(원제: Institutio Christianae Religionis), 서울: CH북스, 2003, pp. 133.

31) 존 칼빈, 성귀갑 역, 기독교강요 하(Institubio Christianae Religionis), 서울: 신교출판사, 2003, pp. 28-30.

를 위해 죽어도 주를 위해 먹어도 마셔도 주를 위해 살아야 한다.

'우리는 더 이상 주님의 소유가 아닙니다', '내 인생은 나의 것, 그냥 이대로 내버려두세요'라고 말할 수 없다. 주님의 소유로 있을 때만 주님의 완전한 사랑과 보호 속에서 가장 빛나는 보석처럼 건강하고 정상으로 보존된다. 그러나 '주님을 떠나 내 뜻대로 살래요'라고 말하는 순간 주님의 보화인 자신을 망가뜨린 어리석은 자가 되는 것이다. 자신의 소유를 목숨값처럼 지켜내시고 영원히 보존하시는 주님의 소중한 소유로 주님 곁에 영원히 남아있는 것이 가장 현명하고 지혜로운 자이다.

자기 백성을 죄악의 노예에서 구원해 내시려고 죽기까지 핏값을 치르신 우리 왕 예수님의 종으로 산다는 것은 그 자체로 영광이며 영원히 존경하고 사랑함으로 섬기기에 합당하신 왕이시다. 그러므로 내 모든 인생을 말씀이 왕 노릇하심이 마땅하고 감사하다. 영원히 복종하기에 합당할 만큼의 증거는 무궁하고 확실하며 순종하기에 합당한 증거는 측량치 못할 만큼 넘치도록 존재한다.

"이 율법책을 네 입에서 떠나지 말게 하며 주야로 그것을 묵상하여(으르렁거리다) 그 안에 기록된 대로 다 지켜 (보존하며) 행하라 그리하면 네 길이 평탄하게 될 것이며 네가 형통하리라"(수 1:8)

'떠나지 말게'מוּשׁ(4185, 무쉬) '떠나다, 제거하다, 물러나다, 옮기다'

이며,[32] '양도하다, 포기하다, 넘겨주다, 없애게 하다, 취소하다, 철회하다, 굴복하다, 폐하다, 그치다, 벗어나다'를 뜻한다.[33] 이는 생명의 말씀을 제거하거나 떠나는 것은 물고기가 물을 떠남 같기에 베드로가 예수님께 '생명의 말씀이 주께 있사오니 우리가 뉘게로 가오리까'라고 고백함과 같다.

'묵상하여'הָגָה(1897, 하가)는 (생명의 양식을 놓고)는 '으르렁거리다, 신음하다, 깊이 생각하다, 중얼거리다'라는 뜻이다.[34] 이는 하나님이 하늘에서 내려주신 '구속자 예수님(생명의 양식)'을 먹지 못하도록 방해하고 빼앗아 가려는 거짓 선생과 미혹하는 자들을 쫓아내는 '으르렁거림이며' 진리에 대한 갈증과 목마른 간절함과 굶주림으로 구속자를 갈망하는 '신음소리'인 것이다.

"주의 말씀은 내 발에 등이요 내 길에 빛이니이다"(시 119:105)

'내 발에 **등**'נֵר(5216, 니르)는 '등불, 등잔, 등잔대'란 뜻이다.[35] נִיר(5215,니르)는 '경작하기에 알맞은 땅, 묵은 땅',[36] 처음 경작하는 땅, 들보, 멍에'를 뜻한다.[37] '니르'는 개간하다, 개척하다, 경작하지 않은 땅, 혹은 황무지를, 개척(개간)한 농지(땅)'란 뜻이다.[38] 경작하기에 알

---

32) 이병철 *op. cit.*, 4185.

33) O.N.O편찬위원회, *op. cit.*, p. 356.

34) 이병철, *op. cit.*, 1897.

35) O.N.O편찬위원회, *op. cit.*, p. 443. 23.

36) 이병철, *op. cit.*, 5215.

37) 머릿돌편찬위원회, *op. cit.*, p. 592.

38) Wilhelm Gesenius, 이정의 역, 게제니우스 히브리어 아람어사전, 서울: 생명의말씀사, 2021, p. 507.

맞은 땅(옥토)을 경작함으로 양식이 많아진다. 그러나 악인은 죄를 좋아하기에 묶은 땅을 추구한다. '묵은 땅'은 '미숙한 도덕적 행위'를 가리킨다(렘 4:3, 호 10:12). 불경건한 자들은 하나님과 성경을 떠난 인본주의 길가 밭에 예수님과 생명이 없는 초등학문(헬레니즘)의 씨를 뿌리는 자들이다. 이들의 수고는 헛되고 추수(심판) 때에 쭉정이만 남는다.

'니르'(5216)의 어근은 נרר(5135, 누르)이다. '누르(5135)'는 '빛나게 하다, 불, 빛, (비유)번영, 행복, (은유)주님의 빛, 등대(촛대), 빛나다, 불, 타다'라는 의미이다.[39] 이는 상징적으로 대속의 복음의 빛을 비추는 성전의 등대를 의미하고, 말씀을 밤새 연구(분석, 묵상)하려고 켜놓은 등잔불이며, 성전의 등대와 말씀 맡은 종들은 가정집 등잔불을 밝혀 밤새 연구하는 것을 의미한다.

불을 밝히게 하는 에너지 올리브기름은 진리의 영(성령)이 말씀을 연구하는 자의 눈에 말씀 속에서 감추어진 값진 보화이신 구속자 예수님을 발견하도록 조명하신다. 그래서 구속자 예수님을 전파하게 하시는 진리의 영이시다.

'빛'אור(216, 오르)는 '빛, 광명, 아침, 광선, 햇살, 대낮, 밝다, 동트다, 비추다',[40] '나타나다, 행운이나 번영의 빛, 생명의 빛, 교리나 교훈에 대한 빛'을 뜻한다.[41] 여기서 말한 '빛'은 먼저 해, 달, 별을 창조하신

---

39) 머릿돌편찬위원회, *op. cit.*, p. 586.

40) 이병철 *op. cit.*, 216.

41) O.N.O편찬위원회, *op. cit.*, p. 23.

구원(생명)의 빛이신 예수 그리스도를 상징하고 특히 모든 만물(생물)의 필요불가결한 원동력을 묘사한다. 그리고 '빛'은 땅을 밝히는 피조물 해, 달, 별(광명체)을 의미하기도 한다. 빛의 근원이신 하나님이 땅을 밝힐 피조물(광명체들, 해, 달, 별)을 창조하신 상징적 의미를 성경에서는 참 빛의 근원이신 구속자 예수님과 구원의 복음을 어두운 이 세상에 전파하는 등대와 같이 쓰시는 주의 종들을 의미한다.

'빛'(오르, 216)은 '오르(אוֹר, 215)'에서 유래했다. '오르(215)'는 '밝아지다, 빛나다, 빛나게 되다, 영광스러운, 밝게 하다, (환유적) 기쁘게 하다, 기운을 북돋아 주다, ~의 얼굴빛, ~에게 호의(자비)를 베풀다, 번개 불, 발광체, 번영의 빛, 주의 빛, 성막의 등대'를 뜻한다.[42]

> "그러므로 누구든지 나의 이 말을 듣고 행하는 자는 그 집을 반석 위에 지은 지혜로운 사람 같으리니"(마 7:24)

'반석 위에'πέτρα(4073, 페트라)는 '바위, 반석, 바윗덩어리'를 뜻한다. 히브리어 '셀라'는 '바위, 반석, 울퉁불퉁한 바위, 절벽'을 의미하고, '추르'는 '바위, 큰 바위 조각'을 의미한다.[43] 반석은 성경 전체로 변치 않는 하나님의 속성과 말씀을 상징한다. 특히 택하신 자들을 대속의 피로 구원하실 구속자 예수 그리스도를 상징하고 핏값으로 성취하신 구원의 복음을 상징한다. 이 믿음으로 든든하게 뿌리를 내리고 건축된 신앙과 믿음의 가문은 무너지지 않는다.

---

42) 머릿돌편찬위원회천하만물, *op. cit.*, p. 15.
43) 이병철 *op. cit.*, 4073.

"모든 성경은 하나님의 감동으로 된 것으로 교훈과 책망과 바르게 함과 의

로 교육하기에 유익하니 이는 하나님의 사람으로 온전하게 하며 모든 선

한 일을 행할 능력을 갖추게 하려 함이라"(딤후 3:16-17)

"너희는 이 세대를 본받지 말고 오직 마음을 새롭게 함으로 변화를 받아

하나님의 선하시고 기뻐하시고 온전하신 뜻이 무엇인지 분별하도록 하라"

(롬 12:2)

"하나님 아는 것을 대적하여 높아진 것을 다 무너뜨리고 모든 생각을 사

로잡아 그리스도에게 복종하게 하니"(고후 10:5)

성경 말씀에서 벗어난 사상은 그 순간부터 부정하고 가증한 심판
의 대상이 되는 것이다. 왜냐하면 성경 말씀은 자유주의 신학자들
이 주장하는 바와 같이 단순한 신화나 설화나 사상집이나 소설이나
문학작품이 아니다. 성경에 기록된 모든 말씀 자체가 세상의 주인이
신 하나님이 영원한 최고 통치자요, 만물의 참 주인으로서 왕명으
로 선포하신 법정 판결문이기 때문이다.

"기록한 판결대로(4941) 그들에게 시행할지로다 이런 영광은 그의 모든 성

도에게 있도다 할렐루야"(시 149:9)

'판결대로'מִשְׁפָּט (4941, 미쉬파트)는 (하나님의 판결문, 법) '판단, 판결,
(재판행위) 선고, 판결문, 법령, 법규, 정관, 특권, 정의, 법, 공의, 율례,

양식, 판결법, 계명, 방식, 바르게 하다',[44] '미쉬파트'의 어근은 שָׁפַט
(8199, 샤파트) '판단하다, 재판을 베풀다, 둘 사이에 결정하다, (재판
관) 재판하다, 통치하다, (어떤 사람을) 변호하다, 옹호하다, 혹은 정죄
하다, 소송하다'라는 뜻이다.[45] 이는 하나님의 말씀이 곧 왕의 법령
이며 판결이라는 관점에 대하여 히브리서 주해를 통해 가장 명확하
게 드러냈다고 본다(히브리서 주해(4:12), 저자: 칼빈).[46]

고대 근동 시대의 왕들이 입으로 말한 것은 법이었다. 하물며 만
왕의 왕이신 하나님의 말씀에 모든 피조물이 순종하는 것은 마땅
한 하나님의 뜻이며 법적 판결문이다. 하나님이 창조하신 그 목적과
질서대로 공의로운 통치를 위해 하나님이 선포(선언)하신 모든 언약
의 말씀을 기초한 히브리 사상만이 하나님이 인정할 사상이다. 하
나님의 절대 주권의 말씀에서 벗어나서 하나님을 인간 수준의 생각
(사상, 헬레니즘)의 관점으로 왜곡하고 변조시킨 인간 중심의 이방 종
교와 풍조는 하나님 앞에 가증한 것이며 특히 이러한 인간들의 헬
레니즘과 혼합된 히브리 사상도 역시 부정한 것이다.

"태초에 말씀이 계시니라 이 말씀이 하나님과 함께 계셨으니 이 말씀은
곧 하나님이시니라."(요 1:1)

---

44)   O.N.O편찬위원회, *op. cit.*, pp. 413-414.
45)   머릿돌편찬위원회천하만물, *op. cit.*, p. 787.
46)   존 칼빈, 성귀갑 역, 칼빈 주석(히브리서: 신약주석 제12권), 서울: 신교출판사, 2000, pp. 115-120.

'말씀은 단순히 종이에 적힌 글자가 아니라, 하나님의 본질이자 인격(그리스도)이다. 따라서 성경을 읽는 것은 곧 하나님을 대면하는 것과 같다'라고 칼빈이 말했다(『기독교강요』 제1권 6~9장).

> "하나님의 말씀은 살아 있고 활력이 있어 좌우에 날선 어떤 검보다도 예리하여… 마음의 생각과 뜻을 판단하나니"(히 4:12)

'말씀은 과거의 기록(신화)이 아니라, 지금도 독자의 심령을 수술하고 판결하는 살아 있는 통치 도구이다'. 칼빈은 성경을 '하나님의 입'으로 표현하길 즐겼다. 왕이 입을 열어 법령을 선포하듯, 성경은 만왕의 왕이신 하나님의 직접적인 선언이라는 것이다.[47]

> "모든 성경은 하나님의 감동으로 된 것으로"(딤후 3:16).

여기서 '감동'은 하나님의 숨결을 의미한다. 성령에 의해 완전히 사로잡힌 완전 통제와 완전 장악 상태에서 전혀 실수와 오류가 발생하지 않고 완전한 하나님의 말씀으로 기록하도록 하신 축자 영감인 것이다.

칼빈은 성경의 기록자들이 하나님의 성령에 의해 붙들린 마치 '대필자Amanuenses'와 같은 역할을 했다고 보았고, 그 내용은 곧 최고의 법적 권위를 가진 왕의 조서와 같다고 강조했다. 그리고 자유주의 신학자들은 이성으로 성경을 분석하려 했지만, 칼빈은 성경이 하나

---

47) 존 칼빈, 원광연 역, 기독교강요 상, 서울 ; 생명의말씀사, 2003, pp. 105-125.

님의 말씀이라는 확신은 오직 '성령의 내적 증거'를 통해 온다고 가르쳤다.

> "내 위에 있는 나의 영과 내 입에 둔 나의 말이 이제부터 영원하도록 네 입에서와… 네 후손의 후손의 입에서 떠나지 아니하리라"(사 59:21)

왕의 판결문이 효력을 발휘하려면 성령께서 우리 마음속에서 그것이 진리임을 도장 찍어 주셔야 한다. 성령의 인치심이 있을 때, 성경은 단순한 고대 문헌이 아니라 나를 향한 하나님의 법정적 선언이 된다.[48] 성경 말씀이 판결문이 되는 이유는 하나님께서 창조주로서 피조물과 '언약'을 맺으셨기 때문이다.

> "여호와의 말씀으로 하늘이 지음이 되었으며 그 만상을 그의 입 기운으로 이루었도다"(시 33:6)

'하나님은 말씀으로 세상을 만드셨고, 그 말씀으로 세상을 다스리신다. 따라서 성경에 기록된 도덕법과 복음의 선포는 인간이 임의로 수정할 수 없는 우주적인 법령이다.'[49]

성경은 신화가 아닌 '하늘 법정의 기록Public Records of Heaven'이다. 하나님은 시공간 역사 속에서 실제로 말씀하셨다. 성경은 설화가 아니며, 인간의 교훈을 위한 이야기가 아니라, 심판과 구원을 결정하

---

48) 존 칼빈, 원광연 역, 기독교강요 상, 서울: 생명의말씀사, 2003, pp. 108-112.
49) 존 칼빈, 성귀갑 역, 기독교강요(전 4권), 서울: 생명의말씀사, 2003, pp. 135-150.

는 법정적 선언이다. 성경은 문학이 아니다. 말씀이 곧 하나님이시기에, 말씀을 거역하는 것은 왕의 통치를 거부하는 반역과 같다.[50]

'우리는 하나님께서 성경을 통해 마치 하늘에서 직접 말씀하시는 것처럼 성경을 받아들여야 한다. 이렇게 철저히 성경 말씀을 기초한 사상은 '히브리 사상과 일치하고'(시편 149:9)의 말씀처럼 기록된 판결대로 시행하시는 하나님의 공의를 신뢰하는 것이 개혁주의 사상의 핵심이다.

3.
히브리 사상의 핵심 주제는 여자의 후손〔예수님〕

오직 예수 그리스도만이 생명을 주실 생명의 근원이시고 창조주이기 때문이다. 히브리 사상의 핵심 주제도 역시 죄로 인해 사망에 빠진 인류에게 유일한 소망이 되신 구속자(여자의 후손) 예수 그리스도 한 분밖에 없기 때문이다. 아담 이후 구속자는 오직 예수님 밖에 없다는 교리를 기초한 사상만이 참 기독교이며, 참 히브리 사상이다. 예수님과 복음이 없는 사상은 죽은 사상이다. "규가 유다를 떠나지 아니하며 통치자의 지팡이가 그 발 사이에서 떠나지 아니하기

---

50) 존 칼빈, 원광연 역, 기독교강요 상·하, 서울: 생명의말씀사, 2003, pp. 100-105.

를 실로가 오시기까지 이르리니 그에게 모든 백성이 복종하리로다"
(창 49:10). 다윗에게 주어진 계약적 약속이라는 것에 대한 역사적 계
약 관계와 그에 수반되는 약속들로 인해 메시아에 대한 대망은 참
으로 필요한 것이 된다.[51] 메시아는 '기름 부음을 받은 자'라는 뜻으
로, 신익성경에서는 일반적으로 '그리스도'로 번역되었다.[52] 그리스
도에 관한 것을 다룰 때 하나님 말씀에 기록된 것 외에는 어떤 것도
알려고 하지 않도록 경외의 자세로 임하여야 한다. 우리 자신의 생
각으로 그리스도에 관한 어떤 것을 주장하는 것은 합당치 않다.[53]

구약성경(토라)은 히브리 사상의 관점에서 목숨처럼 사랑하는 자
녀들이 영원히 생명의 근원인 아버지 곁에서 그 생명을 보존하고 머
물기를 원하서서 자녀들에게 생명의 법(률, 교리)을 가르치는 '아버지
의 교훈(생명의 교리)'이란 의미를 가진다. 예수님이 제자들과 따르는
성도들에게 생명의 말씀을 가르치는 모든 생명에 대한 교리(교훈)를
왜곡시키지 않고 그대로 보존하여 후손에게 그 구원(생명)의 교리(법,
교훈)를 신앙 전수하라 명하셨다.

기독교는 '교리가 중요하지 않고 성경이 중요하다'라고 말하는 자
는 성경에서 강조한 교리(교훈)에 대한 무지를 스스로 드러낸 것이
다. 성경 전체의 핵심 주제가 오직 구속자 예수님을 통해 성취된 구
원(생명)의 법(교리)을 증거 했고 이 구원론이 세상의 거짓된 교리에
혼합되고 왜곡되지 않고 반드시 바른 복음이 바르게 전파되게 하라

---

51) 한영제, 기독교대백과사전(6권 메시아-바이), 서울: 기독교문사, 1990, p. 20.
52) 하용조, 바존성경사전, 서울: 도서출판 두란노, 2001, p. 369.
53) 정성구, 설교자를 위한 칼빈의 신학사전, 서울: 총신대학교출판부, 2000, p. 73.

고 엄중히 경고하고 부탁하셨다.

그러나 안타깝게도 각 나라의 언어로 여러 단계를 거쳐 성경이 번역되는 과정에서 수많은 왜곡과 번역자들의 주관적인 생각이 더하고 삭제하는 조작의 오류가 발생해 왔다. 히브리 원전에 대한 충분한 전문성과 히브리적 사고에 대한 무지와 무분별한 번역의 비극이 아닐 수 없다. 그러므로 모든 번역성경을 마치 팩트처럼 생각하고 해석하는 것을 경계하고 가르치는 학자나 설교하는 지도는 반드시 원전을 분석함으로 성경의 본래 의도를 찾아내어 가르쳐야 할 것이다.

킹 제임스 성경은 하나님과 예수님의 가르침들을 '교리'라고 바르게 번역하고 있다. 사도들의 가르침에도 '교리'라고 번역해 놓은 것을 볼 수 있다. 유대교 지도자들은 자신들이 신봉하는 조상의 전통과 유전의 교리(가르침) 사상과 너무 다른 예수님의 가르침(교리)을 거절하고 대적한 것이다. 이는 하나님과 성경을 해석하는 교리 사상과 특히 메시아를 해석하는 교리 사상이 전혀 달랐기 때문이다. 유대교 교리 사상은 사람의 생각인 조상의 전통과 유전을 기초한 사람의 계명이며 천국 문을 닫아버리는 인본주의 사상이라고 예수님께 책망을 받았다. 킹제임스 성경에 언급한 교리는 다음과 같다.

1) 구속자 예수 그리스도를 기초한 바른 교리 사상

"그러나 하나님께 감사하리로다. 너희가 죄의 종이었으나 너희에게 전달된 **교리**의 그 틀에 마음으로부터 순종하고"(롬 6:17)

‘**틀**’τύπος(5179, 튀포스)는 ‘자극, 흔적, 원형, 모형, 부조, 동전, 빵의 형태, 자국, 흉터, 도장’을 뜻하고,[54] 또한 ‘형상, 양식, 모형, 본(틀), 본보기, 표본, 찍힌 자리, 빚어진 것, 맞은 자리, 표, 형식, 모범, 귀감’을 뜻한다.[55] ‘틀’(5179, 튀포스)의 어근은 τύπτω(5180, 튑토)이다. ‘튑토(5180)’는 ‘때리다, 치다, 강타하다, 가슴을 치다, 슬픔 또는 격한 감정을 나타냄, (비유적으로) 어떤 이의 양심을 상하게 하다, (히브리어 법) 재앙으로 치다, 벌하다, 상처 입은 자국, 본을 떠 놓은 것, 규범, 표준, 정식, 방식, 본이 되는 인물, 모범이 되는 양식, 상징적으로’라는 뜻이다.[56] 성경 시대에 동전(화폐)을 위조하고 변조시켜 사용하면 극형에 처한다. 동전에 새겨진 원형과 모형을 조작하고 위조하는 것은 왕의 국정에 해악을 입힌 자이다.

교리는 반드시 영원히 변치 않을 하나님의 절대적인 생사화복의 법적 효력을 가진 틀과 규칙(규범), 법칙을 의미한다. 특히 우리 대신 채찍에 맞으사 온몸이 찢기시고 십자가에 우리 대신 못 박혀 죽으신 흔적과 부활하신 표적은 영원히 변치 않는 구원의 복음의 원형 틀이며 대속의 제물에게 발생한 깊은 상처가 대속의 복음만이 가진 흔적이다.

‘**금형**Mould**과 타각**Impression’은 금속을 부어 물건을 찍어내는 ‘틀’이나, 왕의 인장을 찍어 문서의 진위 여부를 증명하는 ‘도구’를 뜻한다. 문법적으로 이 단어는 ‘불변의 표준’을 의미한다. **틀(금형)**이 1㎜라도

---

54) 이병철, *op. cit.*, 5179.
55) O.N.O편찬위원회, *op. cit.*, p. 2117.
56) 머릿돌편찬위원회(헬라어), *op. cit.*, p. 411.

왜곡되면 그 틀에서 나오는 모든 제품은 불량품이 된다. 마찬가지로 **복음의 교리라는 '틀'**에 인간의 행위나 이방 사상을 섞는 것은, 화폐 주조 틀을 임의로 깎아내는 '통화 위조'(위조지폐)와 같은 법적 범죄임을 시사한다.

예수님이 구속자로 예언된 성경의 흔적들을 왜곡시키지 말고 그대로 해석하여 가르치는 것이 바른 교리이다. 예수님의 초림에 대한 말씀의 틀과, 구속의 사역에 대한 말씀의 틀과, 우리 대신 맞은 채찍과 십자가에 못 박혀 우리 대신 죽으신 말씀의 틀과 죄인을 덮은 사망을 깨뜨려 멸하시고 우리와 함께 부활하신 말씀의 틀이라는 원형에서 벗어난 해석들은 다른복음이며 거짓 가르침인 것이다.

예수님에 대한 구약의 모든 예언의 모형과 상징과 예표와 그림자들의 원형 틀에서 벗어난 해석들은 성경 전체의 핵심 주제인 예수님(여자의 후손) 관점에서 이탈한 거짓된 교리들인 것이다.

'신의적 전달Divine Delivery'은 '수동태'로서 이 교리의 주권이 인간에게 없음을 증명한다. 즉, 인간이 고안해 낸 것이 아니라 하나님으로부터 '수탁(맡겨짐)'받은 것이다. 법적 효력은 법정에서 원본 서류가 수정 없이 그대로 전달되어야 증거물로써 채택되고 법적 효력을 발휘한다. 하늘 법정에 효력 있는 증거물로 채택될 수 있고 하늘 법정에서 법적인 효력을 발휘할 수 있는 교리는 왜곡되거나 변조되지 않은 오리지널 '원본 교리'이어야 한다.

하나님으로부터 구속자 예수님에게, 사도들에게, 사도에게서 성도에게 전파되고 가르쳐지기까지 '왜곡(변조) 되거나 손상되지 않은 상태로' 전달되어야만 구원의 법적 효력을 발휘한다. 만약 중간에 인간의 생각이 가미되었다면, 그것은 '변조된 공문서'가 되어 하늘 법정에서 무효 처리된다.

성경에 예언된 예수님에 대한 구속의 흔적들을 그대로 보존하여 바르게 가르친 교리만 믿고 순종하라는 의미이다. 성경에 기록된 예수님과 바른 복음의 교리를 변조시켜 가르치는 거짓 교리들을 멈추지 않는 종교개혁으로 제거하고 원형의 복음과 교리를 원상복구하고 보존해야 한다. 하나님의 주권으로 작정하신 자들만 단 한 명도 버리지 않고 반드시 성령을 통해 바른 복음의 교리를 듣게 하시고 믿게 하사 구원하신 것이며, 아버지 집 천국을 상속물로 주신 것이다.

오직 예수님의 핏값을 믿음으로만 구원을 얻는다는 대원칙의 교리대로 구원하셨다. 반드시 만세 전에 택하신 자들만 제한적으로 구원하신다는 대원칙의 교리(틀, 룰, 규칙)를 그대로 지키셨다.

이 교리의 법은 칼빈이 만든 법(교리)가 아니라 절대 주권자 하나님의 입에서 나온 법적 판결문인 것이다. 절대 진리이며 절대 법이신 하나님 자신의 입에서 선포된 법을 하나님 스스로가 지키지 않고 하나님 스스로 중간에 왜곡하고 변조시키면 하나님 자신의 명예로운 이름이 불명예를 당하기 때문에 절대로 이 하나님 교리의 성경 말씀을 변개하지 않으신다. 칼빈은 단지 하나님의 은혜로 보내주신 성령의 도우심으로 성경의 원본과 원형의 교리를 바르게 발견하고 바르게 해석함으로 구원론 교리에 변질된 교회와 성도들을 본래 원형의 복음(교리)으로 원상복구 한 것이다.

피조물인 인간의 생각으로 이미 왕권으로 결정된 교리를 감히 조작하거나 손을 대어 인간이 원하는 교리로 결단코 변조시켜선 안 되는 이유는 교리를 결정하는 것은 인간의 주권도 영역도 권리가 아니기 때문이다. 인간은 주께서 주신 교리를 그대로 보존하고 가르칠 의무만 부여받았다. 교리대로 자라나게 하고 열매 맺게 하시는 분은 오직 하나님의 몫이요 영역이다. 교리의 결정권과 열매는 하나님만이 하실 수 있는 능력이고 영역이며 주권이기 때문이다.

인본주의 사상과 인간의 생각이 추가된 다른복음의 교리에는 구원의 효력이 없다. 예수님이 처음부터 가르친 천국 복음을 그대로 보존하고 가르치는 바른 교리에만 구원의 효력이 있기에 이것을 믿고 순종할 때만이 하나님께서 아벨의 제사처럼 받으실 영광이 되고, 바른 교리에 기초한 감사만이 받아 주신다. 예수님이 가르친 복음의 교리에서 벗어난 예배와 찬양과 감사는 가증한 것임으로 거절하신다.

오직 '예수님의 피로만 속죄와 구원이 이루어진다'는 대원칙이 조작되지 않고, 절대적 가치의 진리를 왜곡시키지 않는 바른 교리의 규칙과 틀이 유지될 때만이 대속의 핏값으로 완성하신 완전한 구원의 열매가 맺는다. 절대적 가치인 예수님이 흘린 대속의 피로 체결된 은혜와 생명의 법만이 단절된 탕자들이 하나님 아버지께로 복귀는 법적 효력을 나타낸다.

원칙이 조작되고 왜곡된 법적 서류는 법적 효력이 상실되고 이에 대한 징벌이 엄중할 것이다. 절대 주권자인 왕이 왕명으로 백성들을 구원할 생명의 법 조항의 문서들을 신하들이 중간에 '은혜와 생명법'을 변조시켜 '율법의 열심'으로 가르친 사실이 왕에게 보고되면 왕의 국정에 치명적인 손실을 끼친 대가로 왕의 판결법을 조작한 자는 극형에 처한다. 예수님이 가르친 천국 복음의 교리는 결코 변개되어서는 안 될 '하늘나라의 법적 표준Standard'이자 '생명의 원형Proto-type'을 의미한다.

여기서 말한 '교리의 틀'이 어떤 뜻인지 바로 알아야 한다. 예수님이 가르친 대속의 복음을 왜곡시키지 않고 그 내용 그대로 가르치고 그 의미 그대로 신앙 전수하는 보존의 원칙을 의미한다. 결단코 예수 외에 다른 구원자가 없고 대처할 수 없는 유일한 구원의 철칙이란 의미이다. 영원히 변치 않는 반석과 같은 하나님의 속성과 주권으로 선포한 은혜의 법이며 조작할 수 없는 생명의 법(판결문서)을 의미이다. 만왕의 왕이신 예수님이 가르친 복음의 원칙을 바꾸고 내용의 틀을 변조시킨 자는 심판의 대상이다. 왕명으로 선포된 교리는 그 자체가 절대자의 법정 판결문이다.

그러므로 현재 하나님의 주권과 성경 중심을 따르는 개혁주의 자들이 가진 모든 교리는 인간이 스스로 자신들의 원하는 생각대로 만들어낸 교리가 아니라 이미 하나님이 결정하여 성경에 기록해 놓으신 예수님에 대해 가르친 교리(교훈)를 성령을 통해 발견하고 주님이 의도하신 뜻대로 벗어나지 않고 바르게 지켜가기 위한 개혁 작업을 지속해 가는 것이 가장 중요한 직무이다.

‘우리의 죄와 죽음 문제를 멸하시고 부활하신 가장 큰 표적의 사건’을 직접 목격한 제자들과 500여 성도들이 자신들이 목격한 성경의 성취를 그대로 증거한 내용들이 교리인 것이다. 예수님을 통해 모든 성경이 응하고 성취되어 택하신 자들이 죄와 사망에서 자유를 얻은 것과, 하나님의 자녀가 되고 아버지 집 천국을 상속받게 된 것은 성경에 기록된 하나님의 판결 문서가 가진 법적 효력이 절대 룰이며, 절대 틀이기 때문이다.

모든 성경이 예수님에 대한 가르침들이며 구속자 예수 그리스도가 성경의 핵심 주제인 사실을 그대로 가르치는 그 원칙과 오직 예수님의 대속의 핏값으로만 구원이 성취된 룰과 택하신 자들에게만 구원하신다는 틀이 교리인 것이다. 이 틀과 룰과 원칙에서 벗어나 교리는 거짓 복음인 것이다.

바른 교리는 성경을 통해 이미 하나님이 자기 백성들을 가르치기 위해 기록해 놓으셨고 그 교리를 오늘날 성도들이 그대로 발견하고 그대로 지킬 교리인 것이다. 장로교 개혁주의자들이 인간 중심의 이득을 얻기 위해 특별히 고안해 낸 생각으로 만들어낸 교리가 아니다. 성경 자체가 오직 예수님만이 생명의 근원이며 구원의 길이라고 가르치고 있는 교리인 것이다. 하나님의 의도에서 벗어나지 않고 본래 성경의 의미 그대로 증거하고 가르쳐서 하나님의 뜻에서 벗어난 삶을 경계(예방)하고 철저히 하나님이 가르친 은혜와 생명의 법인 바른 교리 안에 영원히 머물고자 하는 것이다.

"그러므로 우리가 그리스도의 **교리**의(로고스) 기초 원리들을(아르케) 떠나

완전함으로 나아가서 죽은 행위들로부터의 회개와 하나님을 향한 믿음과"

(히 6:1)

'**교리**의'λόγος(3056, 로고스)는 '말, 진술, 연설'을 뜻한다.[57] 로고스 (3056)의 어근은 λέγω(3004, 레고)이다. '레고(3004)'는 '말하다, 글로 써서 말하다, 구별된, 전하다, 선포하다, 선언하다, 확신하다, 언급하다, 분부하다, 설명하다, 제출하다, 의도하다, 명명하다, 지명하다, 해석하다, 네 말이 옳다, 질문에 대한 긍정적인 대답의 형태'를 의미한다.[58]

로고스는 그리스도가 가르친 말씀이 절대 진리의 틀과 원칙과 원형의 규범에서 벗어날 수 없는 왕명이라는 교리를 의미한다. 믿음의 기초가 반석 언약이 좌우로 흔들림이 없어야 하고 소금 언약처럼 변함이 없어야 하는 그리스도께서 절대 진리로 가르친 교리인 것이다. 왕의 입에서 선포된 이 구원의 교리만이 완전한 생명으로 나아가게 하는 구원의 효력이 발휘되기에 자기 백성을 사망에서 생명으로 인도하는 왕의 가르침(교리)인 것이다.

'**기초 원리들을**'ἀρχή(746, 아르케)은 '태초, 시작, 출발, 모든 것의 기원, 원동력, 새로운 시작의 시점(기점)'을 의미한다.[59] 어근 사전에서 '아르케'는 '시작, 끝, 구석, 붙여진 끈, 첫 번째 지위, 우두머리직,

---

57) 이병철, *op. cit.*, 3056.
58) 머릿돌편찬위원회(헬라어), *op. cit.*, p. 249.
59) 이병철, *op. cit.*, 746.

높은 지위, 고위직, 행정관, 권위, 원래부터, 처음부터, 전적으로, 변치 않는, 노련한, 통치하다, 능력과 위엄을 구비한 사람, 옛날부터, 초창기부터'라는 뜻이다.[60]

출발 기점에서 1도만(교리) 틀어져도 도착지에서는 수 킬로미터의 오차가 생긴다. 교리의 기초 원리가 잘못되면 열심을 낼수록 하나님과 멀어지는 비극이 발생한다. 여기서 말한 기초가 '태초'에 말씀으로 세상을 창조하신 '새로운 시작'이란 의미이다. 천지를 창조하신 시작부터 세우신 창조의 목적과 질서의 원칙과 통치 운영의 룰과 원리이며 하나님이 만드신 통치 운영의 기초가 되는 교리를 의미한다.

세월이 지날수록 경건한 삶이 변질된다. 기독교가 오염된 원인은 신앙의 기초인 교리가 왜곡되고 땅의 사상(인본주의)과 섞였기 때문이다. 그래서 부정한 땅의 사상들을 제거하는 지속적인 정결례와 반복적인 종교개혁을 통해 타락하기 전에 말씀으로 가르쳐 주신 아버지의 본래 교리(교훈)로 되돌아가야만 치유의 효력과 회복이 발휘된다.

성경은 교리를 단순한 지식 Gnosis이라 하지 않고 '로고스'라고 부르는 결정적인 이유는 요한복음 1장에서 '로고스'는 곧 예수 그리스도 자신이며, '교리의 로고스'는 죽은 문자가 아니라, 살아계신 그리스도의 인격과 사역에 대한 모든 선포를 의미한다. 구원의 도리를 무질서하게 던져주지 않으시고 '로고스(체계적인 말씀)'라는 그릇에 담아 우리에게 전달하셨다. 말씀(로고스)으로 세상을 창조하셨

---

60)　머릿돌편찬위원회(헬라어), *op. cit.*, p. 54.

듯, "생명과 구원의 법정 판결문인 교리의 로고스"는 우리 안에 새로운 생명을 창조하고 질서를 세우는 "완전하고 무한한 능력의 원천"이다.

'떠나… 나아가라' ἀφίημι(863, 아피에미) 히브리서 기자는 기초를 '버리라'라고 말한 것이 아니라, 기초를 '놓았으니Aphente' 그 위에 건물을 올리듯 성숙의 단계로 전진하라고 권고한다. 로고스(말씀)의 기초는 예수님의 피의 대속, 회개, 믿음이라는 불변의 원칙을 확고히 세운 구원의 선물을 받은 성도는 성화 단계에서 성숙하게 자라나야 한다. 바른 교리를 공급받아 영적으로 양육 받은 결과(완전함)로 하나님의 뜻을 분별하고 행하는 선한 자녀로 성장한다.

결국 바른 교리는 하나님과 우리를 잇는 유일한 법적 계약서이자 생명선이다. 이 원칙이 보존된 상태에서만 우리의 믿음은 비로소 하나님 앞에 유효한 '산 제사, 산 제물'이 된다. 주님의 영광을 위한 삶은 그 자체로 드려진 산 제물이다.

> "형제들아, 이제 내가 너희에게 간청하노니 너희가 배운 **교리**에 역행하여 분쟁을 일으키거나 실족하게 하는 자들을 주목하고 그들을 피하라."(롬 16:17)

처음부터 배운 "바른 복음의 교리"에서 벗어나면 "다른 교리"를 추종하는 자들의 편에 서서 바른 복음의 교리와 대립하고 분쟁을 일으키는 것은 결국 거짓 복음의 교리로 형제와 본인을 죄를 짓게 만드는 '실족(넘어뜨려 죄를 짓게 함)'하게 하는 비극적인 결과만 초래한다. 바른 교리는 하나님을 중심에 두지만, 거짓 교리는 인간의 욕망이나 철학을 중심에 둔다. 복음의 절대적 권위보다 자신들의 거짓 가르침을 신격화함으로 화목을 깨뜨리고 분쟁과 다툼을 일으킨다.

> "이 **교리**는 내게 맡기신 복음 곧 찬송 받으실 하나님의 영광스러운 복음에 따른 것이니라."(딤전 1:11)

여기서 말한 "교리"는 '영광스러운 복음이며, 찬송'이라는 것이다. '바른 교리'는 '복음에 따른 것'이라고 분명히 말했고 여기서 '따른 것'은 교리와 복음이 일치됨을 의미한다.

따라서 교리를 배운다는 것은 잃어버린 탕자가 아버지께 돌아오는 복음의 영광을 알아가는 과정이다. 교리가 변질되면 길을 잃은 영혼들은 가짜 안식처로 향하게 된다. 오직 바르게 보존된 복음만이 죄인을 회개시키고 하나님께로 돌이키는 불가항력적인 은혜의 효력을 발휘하게 된다.

> "네가 형제들에게 이것들을 기억하게 하면 네가 도달한 믿음의 말씀들과 선한 **교리**의 말씀들로 양육 받은 예수 그리스도의 선한 사역자가 되리라."(딤전 4:6)

'선한 교리 Good Doctrine**'는 단순한 지식을 익히는 교리가 아니라 선하신 하나님의 자녀로 빚어내고 변화시켜 내시는 '양육의 교리'이며 '생명의 설계도'인 것이다.**

'양육 받은'ἐντρέφω(1789, 엔트레포)는 '기르다, 양육하다, 교육하다'라는 뜻이다. '**엔**(en, 안에서)'와 '**트레포**(trefw, 기르다, 영양을 공급하다)'의 합성어이다. 즉, 겉모양만 바꾸는 것이 아니라 내면 깊숙한 곳에 영적인 영양분을 지속적으로 공급함을 뜻한다.[61]

문법적으로 '**현재분사 수동태**'로 쓰였다. '**현재형**'은 양육이 한 번으로 끝나는 것이 아니라, 숨을 쉬듯 끊임없이 지속되는 과정임을 의미한다. '**수동태**'는 내 힘으로 자라는 것이 아니라, '**선한 교리**'라는 '**생명의 젖줄**'이 공급원이 되어 하나님의 어린 자녀를 장성하게 자라게 만드는 주체임을 보여준다. 히브리어에서 '교리'는 레카흐(לֶקַח) '받아들인 것, 전수된 보물'을 뜻한다.

잠언 4:2에서는 이를 '선한 도리'라고 표현한다. 히브리 관점에서 하나님의 가르침은 길이다. 길 위에 서 있는 사람은 결국 목적지에 도달하듯, 선한 교리로 양육 받는 의인의 길에 선 자녀는 그 본질이 '선함'으로 동화될 수밖에 없다. 히브리어에서 '선함'은 기능적으로 '제 역할을 다하는 상태'를 뜻하므로, 선한 교리는 우리를 하나님이 창조하신 원래의 목적대로 작동하게 만드는 아버지의 양육교육과 같다.

> "네 자신과 **교리**에 주의를 기울이고 그것들 가운데 거하라. 네가 이것을
> 행함으로 네 자신과 네 말을 듣는 자들을 구원하리라."(딤전 4:16)

이 교리는 예수 그리스도의 복음이며, 그 힘은 하나님의 권위에서 나온다. 우리가 이 가르침에 주의를 기울이고 그 안에 거할 때, 복음의 교리를 전파하는 도구로 사용하사 우리 주변 사람들의 생명을

---

61)　이병철, *op. cit.*, 1789.

건지시는 놀라운 축복을 베푸신다.

바른 교리는 거친 세상의 파도 속에서 영혼들이 파선하지 않고 구원의 항구로 들어오게 하는 등대와 같다. 교리가 사람을 구원한다는 말은 교리의 핵심 주제가 구원의 유일한 통로가 되시는 예수 그리스도를 완전한 생명과 진리로 바르게 가르쳐(교리)주고 정확히 밝혀주고 있기 때문이다.

"내 **교리**가 비처럼 내리며 내 말이 이슬처럼 맺히되 연한 채소 위에 내리는 가는 비와 풀에 내리는 소나기 같으리니"(신 32:2)

"내가 너희에게 선한 **교리**를 주나니 너희는 내 법을 버리지 말라."(잠 4:2)

"누구든지 죄를 지으며 그리스도의 **교리**에 거하지 아니하는 자에게는 하나님이 없고 그리스도의 **교리** 안에 거하는 자에게는 [아버지]와 [아들]이 둘 다 있느니라."(요이 1:9)

"어떤 사람이 너희에게 오면서 이 **교리**를 가져오지 아니하거든 그를 너희 집에 받아들이지 말고 그에게 축복 인사도 하지 말라."(요이 1:10)

"그분께서 누구에게 지식을 가르치시려는가? 그분께서 누구에게 **교리**를 깨닫게 하시려는가? 젖을 떼고 젖가슴에서 물러난 자들에게로다."(사 28:9)

"영으로 잘못하던 자들도 깨닫게 되고 불평하던 자들도 **교리**를 배우리라."(사 29:24)

"예수님께서 이 말씀들을 마치시매 사람들이 그분의 **교리**에 깜짝 놀라니"
(마 7:28)

"무리가 이 말씀을 듣고 그분의 **교리**에 깜짝 놀라더라."(마 22:33)

"그들이 그분의 **교리**에 깜짝 놀라니 이는 그분께서 권위를 가진 자로서 그들을 가르치시고 서기관들같이 하지 아니하셨기 때문이더라."(막 1:22)

"그들이 다 놀라며 자기들끼리 물어 이르되, 이것이 무슨 일이냐? 이것이 무슨 새로운 **교리**냐? 그가 권위를 가지고 심지어 부정한 영들에게 명령하니 그들이 그에게 순종하는도다, 하더라."(막 1:27)

"그분께서 비유로 많은 것을 그들에게 가르치시며 자신의 **교리**로 그들에게 이르시되,"(막 4:2)

"그들이 그분의 **교리**에 깜짝 놀라니 이는 그분의 말씀에 권능이 있었기 때문이더라."(눅 4:32)

"예수님께서 그들에게 대답하여 이르시되, 내 **교리**는 내 것이 아니요 나를 보내신 분의 것이니라."(요 7:16)

"어떤 사람이 그분의 뜻을 행하려 하면 그 **교리**가 하나님에게서 왔는지 혹은 내가 스스로 말하는지 알리라."(요 7:17)

"그들이 흔들리지 아니하며 사도들의 **교리**와 교제 안에 머물고 빵을 떼며 기도하더라."(행 2:42)

"이르되, 너희가 이 이름으로 가르치지 말라고 우리가 너희에게 엄히 명령하지 아니하였느냐? 그런데, 보라, 너희가 너희 **교리**를 예루살렘에 가득하게 하였으며 또한 이 사람의 피를 우리에게 돌리고자 하는도다, 하니라."(행 5:28)

"만일 어떤 사람이 다른 식으로 가르치고 온전한 말씀들 곧 우리 [주] 예수 그리스도의 말씀들과 하나님의 성품에 따른 **교리**에 동의하지 아니하면 4) 그는 교만하여 아무 것도 알지 못하고 변론과 언쟁을 좋아하는 자니 이로써 투기와 분쟁과 비방과 악한 생각이 나며"(딤전 6:3)

"모든 성경 기록은 하나님의 영감으로 주신 것으로 **교리**와 책망과 바로잡음과 의로 교육하기에 유익하니"(딤후 3:16)

"때가 이르리니 그들이 건전한 **교리**를 견디지 못하며 귀가 가려워 자기 욕심대로 자기를 위해 선생들을 쌓아 두고"(딤후 4:3)

"자기가 가르침을 받은 대로 신실한 말씀을 굳게 붙들어야 하리니 이것은 그가 반박하는 자들을 건전한 **교리**로 능히 권면하고 확신시키게 하려 함이라."(딛 1:9)

"오직 너는 건전한 **교리**에 합당한 것들을 말하여"(딛 2:1)

"훔치지 말고 전적으로 선하게 충성하는 것을 보이게 하라. 이것은 그들이

모든 일에서 하나님 곧 우리의 [구원자]의 **교리**를 빛내게 하려 함이니라."

(딛 2:10)

2) 구속자 예수님과 대속의 복음이 없는 거짓된 교리 사상

(1) 바른 복음이 없는 거짓 가르침을 경계하고 제거하라

기록된 성경 말씀의 바른 의도와 뜻에서 벗어난 자유주의 신학과 왜곡(혼합)된 종교 통합과 이방 종교 형태인 기복신앙과 신념의 신학, 신비주의 환상과 음성 듣기, 직통계시와 거짓 가르침의 미혹을 경계하라는 엄중하게 경고하시고 제거하라고 명령하신 말씀들은 다음과 같다.

"오직 그들은 다 짐승 같고 어리석으니 나무줄기는 헛된 것들의 **교리**이니 이다."(렘 10:8)

"그러나 그들이 사람들의 명령들을 **교리**로 가르치며 내게 헛되이 경배하 는도다, 하였느니라, 하시니라."(마 15:9)

"그제야 그들이 그분께서 빵의 누룩이 아니라 바리새인들과 사두개인들의 **교리**의 누룩을 조심하라고 명하신 줄을 깨달으니라."(마 16:12)

"그러나 그들이 사람들의 명령들을 **교리**로 가르치며 내게 헛되이 경배하는도다, 함과 같으니라."(막 7:7)

"이것은 우리가 이제부터 더 이상 아이가 되지 아니하여 사람들의 속임수와 몰래 숨어서 속이려 하는 자들이 사용하는 간교한 술수로 말미암아 **교리**의 모든 바람에 이리저리 흔들려 밀려다니지 아니하고"(엡 4:14)

"이 모든 것은 사용하는 대로 없어질 것이요 사람들의 명령들과 **교리**들에 따른 것이라."(골 2:22)

"내가 마케도니아로 갈 때에 에베소에 여전히 머물 것을 내가 네게 간청하였나니 이것은 네가 어떤 사람들에게 명하여 그들이 다른 **교리**를 가르치지 못하게 하며"(딤전 1:3)

"이제 성령께서 분명히 말씀하시기를 마지막 때에 어떤 사람들이 믿음에서 떠나 유혹하는 영들과 마귀들의 **교리**들에 주의를 기울이리라 하시는데"(딤전 4:1)

"여러 가지 이상한 **교리**에 끌려 다니지 말라. 은혜로 마음을 굳게 함이 선한 일이요, 음식으로 할 것이 아니니 음식에 전념하는 자들에게 음식이 유익을 끼치지 못하였느니라."(히 13:9)

"그러나 백성 가운데 거짓 대언자들이 있었던 것 같이 너희 가운데도 거짓 교사들이 있으리니 그들은 정죄 받을 이단 **교리**들을 몰래 들여와 심지어

자기들을 사신 [주]를 부인하기까지 하고 자기들 위에 신속한 파멸을 가져 오리라."(벧후 2:1)

"그러나 내가 너를 책망할 것이 몇 가지 있나니 이는 거기에 발람의 **교리**를 붙잡는 자들이 네게 있기 때문이로다. 그가 발락을 가르쳐 이스라엘 자손 앞에 걸림돌을 놓게 하고 우상들에게 희생물로 바친 것들을 먹게 하며 또 음행하게 하였느니라."(계 2:14)

"이와 같이 네게도 니골라당의 **교리**를 붙잡는 자들이 있거니와 내가 그것을 미워하노라."(계 2:15)

"그러나 내가 너희와 두아디라에 있는 남은 자들 곧 이 **교리**를 가지지 아니하고 그들이 말하는 대로 사탄의 깊은 곳을 알지 아니한 모든 자들에게 말하노니 내가 어떤 다른 짐도 너희에게 지우지 아니하리라."(계 2:24)

(2) 바른 복음과 거짓된 다른복음을 바르게 분별하라

예수님이 처음부터 가르친 바른 복음에서 벗어난 다른(유사, 혼합) 복음과 거짓 복음을 분별해 내고 제거할 지혜와 능력은 바른 복음의 교리에서 나온다. 그리고 성경 전체의 핵심 주제인 구속자 예수 그리스도에 대한 바른 해석의 지식을 갖추는 것이다. 성경의 바른 의도와 구속의 은혜를 알아가고 배워 가르치고 전파하는 신앙 전수를 버리고 육체의 정욕과 감성적이고 자극적인 신비적 체험과 표적과 기적만을 추구하는 기복주의와 은사주의를 엄히 경고하셨고 속지 않도록 주의하라 명하셨다.

① 하나님의 말씀을 왜곡 변조 혼합시킨 거짓 선지자에 대한 경고

피조물이 하나님 노릇을 하는 것과 인간의 본질적 한계를 지적하신다. 이 세상은 가짜가 너무 많다. 죄인들을 구원해 낼 능력도 없는 피조물들이 피조물을 구원할 수 있다고 거짓으로 미혹한다. 환상을 보고 음성을 듣는 체험과 자극적인 기적과 표적을 경험하는 신비주의와 거짓 사상의 미혹들이 멈추지 않고 계속 침투해 들어온다.

> "거짓 그리스도들과 거짓 선지자들이 일어나 큰 표적과 기사를 보여 할 수
>
> 만 있으면 택하신 자들도 미혹하리라"(마 24:24)

> "스스로 지혜 있다 하나 어리석게 되어 썩어지지 아니하는 하나님의 영광
>
> 을 썩어질 사람과 새와 짐승과 기어다니는 동물 모양의 우상으로 바꾸었
>
> 느니라"(롬 1:22-23)

칼빈은 '인간의 모든 사상과 신비로운 체험은 풀의 꽃처럼 사라지지만 오직 하나님의 기록된 말씀만이 우리 인생의 영원한 기초가 된다'고 말한다. 기독교강요에서 하나님의 영광을 가로채는 모든 시도를 '우상숭배'로 규정하고, 기록된 성경 말씀 밖에서 기적이나 환상을 쫓는 자들을 매섭게 비판했다. '오직 하나님께 영광Soli Deo Gloria'과 그에 반하는 '인간적 인본주의 및 거짓 신비주의에 대해 경계'했다. 자신의 아들을 희생시켜 우리를 구원하신 '하나님 아버지로서

의 명예'와 '왕으로서의 위엄'을 잊어선 안 된다.

　세상의 주인도 아니면서도 창조주인 척 사기 치며 전적으로 부패한 피조물이면서도 신의 경지에 도달한 양 신비로운 도인처럼 성자처럼 사기 치고 다 해결해 줄 만능 신처럼 미혹하는 거짓 선지자와 거짓 선생들이 너무 많고 멈추지 않고 지속적으로 나타난다.

　거짓 선지자와 적그리스도의 특징을 하나님의 영광과 은혜보다도 자신의 의를 드러내고 높이며 영광 받기를 요구한다. 우리가 받은 구원에는 단 한 방울의 공로도 우리 자신에게 속한 것이 없다. 만약 우리가 우리의 구원에서 아주 작은 부분이라도 우리 자신에게 돌린다면, 그것은 하나님의 영광을 도둑질하는 것이다. 하나님은 구원의 시작이자 끝이시며, 오직 그분만이 모든 찬양을 받으셔야 한다. 그리스도의 구속 사역(핏값으로 사심)이 너무나 완벽하기 때문에 인간의 어떤 공로나 다른 대상을 섞는 것은 하나님의 명예를 훼손하는 일임을 강조한다(『기독교강요』 제3권 13장).

　칼빈은 '인간의 전적 부패를 강조하며, 그 어떤 인간도 신적인 경지에 도달할 수 없음을 분명히 했다. 하나님께만 합당한 영광이 우상에게 돌아가지 않도록 해야 한다. 사람들은 자기의 공로나 능력, 혹은 어떤 눈에 보이는 피조물을 의지하려 한다. 이것은 하나님께만 드려야 할 예배를 피조물에게 나누어 주는 행위이다. 모든 인간은 전적으로 부패하였으므로 오직 중보자 그리스도 외에 그 누구도 신뢰의 대상이 될 수 없다. 도인이나 성자처럼 행세하며 사람들을 미혹하는 자들은 결국 하나님의 자리를 찬탈하려는 사탄의 도구라는 점을 지적한다'(『기독교강요』 제1권 12장).

② 말씀을 바르게 해석한 바른 복음 안에 있는 '반석 위에 세운 집'

헬라철학에서 진리는 '논리적 타당성'을 의미하지만, 히브리 사상에서 진리는 '견고함과 신실함'을 뜻한다. 출 33:21에서 하나님은 모세에게 '내 곁의 한 장소인 반석'에 서라고 하신다. 여기서 반석은 인간의 요동함과 대비되는 하나님의 불변하시는 성품을 상징한다. 헬라식의 추상적인 하나님이 아니라, 고난의 광야에서 실제로 발을 딛고 설 수 있는 '안전한 토대'로서의 하나님을 의미한다.

"여호와께서 또 이르시기를 보라 내 곁에 한 장소가 있으니 너는 그 반석 위에 서라"(출 33:21)

"그러므로 누구든지 나의 이 말을 듣고 행하는 자는 그 집을 반석 위에 지은 지혜로운 사람 같으리니, 비가 내리고 창수가 나고 바람이 불어 그 집에 부딪치되 무너지지 아니하나니 이는 주추를 반석 위에 놓은 까닭이요 나의 이 말을 듣고 행하지 아니하는 자는 그 집을 모래 위에 지은 어리석은 사람 같으리니 비가 내리고 창수가 나고 바람이 불어 그 집에 부딪치매 무너져 그 무너짐이 심하니라"(마 7:25-27)

"여호와는 나의 반석이시요 나의 요새시요 나를 건지시는 이시요 나의 하나님이시요 내가 그 안에 피할 나의 바위시요"(시 18:2)

"풀은 마르고 꽃은 시드나 우리 하나님의 말씀은 영원히 서리라 하라"(사 40:8)

"다 같은 신령한 음료를 마셨으니 이는 그들을 따르는 신령한 반석으로부

터 마셨으매 그 반석은 곧 그리스도시라"(고전 10:4).

마 7:25-27에 언급한 '반석 위에 세운 집'은 단순히 도덕적인 순종을 강조하는 것이 아니라, '어떤 사상적 토대 위에 인생을 건축하는가'에 대한 준엄한 선포이다. 히브리적 관점에서 반석 위에 집을 짓는다는 것은 하나님의 언약과 그 본질적 의도에 삶의 뿌리를 내리는 것이다. '비, 창수, 바람'은 하나님 중심사상과 말씀을 떠난 땅의 사상과 세속의 인본주의 거짓 사상의 유혹들의 공격을 의미한다.

그러나 마지막 날에 이러한 땅의 거짓 사상들과 추종자들은 심판을 받게 될 것을 보여준 것이다.

헬라식 사고(모래)로 성경을 해석하면 환난의 때에 그 논리가 무너진다는 것을 보여준 것이며, 히브리적 원형(반석)으로 해석된 복음은 어떤 시대적 풍조 속에서도 흔들리지 않음을 보여준다.

모래 위에 지은 집(인본주의적 해석으로 신앙 전수하는 자와 그 집)은 겉보기에 반석과 비슷해 보이지만 죽은 사상이기에 결속력도 없고 붙잡아줄 힘도 없다. 이는 하나님의 말씀을 인간의 이성과 철학으로 재해석하여 자기들 입맛에 맞게 변개하는 '헬라식 인본주의 복음'을 상징한다. 겉은 화려한 종교의 모양을 갖추었으나, 실제 삶의 위기(창수)가 닥치면 그 기초가 허물어지게 된다.

연약하여 스스로 생명의 말씀을 알 수 없는 인간에게 하나님이 진리의 영(성령)을 보내주사 돕게 하시고 구원의 길로 인도하게 하셨

다. 성령은 성경의 뜻을 벗어나 역사하지 않으며 반드시 말씀과 일치하여 역사하신다. 말씀을 떠난 성령의 음성이라는 것은 사탄의 속임수이며 광기일 뿐이다(『기독교강요』제1권 9장 1절). '거짓 신비주의와 환상을 보고 음성을 듣는 미혹'에 대해 칼빈은 매우 단호했다. 그는 성령의 역사가 반드시 '기록된 말씀'과 함께 가야 함과 말씀 중심의 신앙을 가르쳤다. 말씀을 버리고 계시로 비약하는 광신자들은 경건의 원리를 파괴함이다(『기독교강요』제1권).

(3) 복음 전파만큼 '바른 복음의 보존과 개혁'이 중요하다

예수님과 사도들이 거짓 교훈을 경계하고 '종교 개혁적' 태도를 강조한 이유는 복음의 순수성이 무너지면 구원의 길 자체가 왜곡되기 때문이다. 제자들이 단순히 정보를 전달하는 배달원이 아니라 진리가 왜곡되지 않도록 보존하는 보관자이자 바르게 해석하여 가르치는 말씀에 능한 해석자가 되길 원하셨기 때문이다.

바른 복음의 보존과 그 보존을 위한 개혁은 하나님 나라가 하나님 나라답게 되어 하나님이 기뻐하시는 뜻대로 반드시 구속자 예수 그리스도가 핏값으로 완성하신 대속의 복음 위에 세워져야 하는 정체성을 강조한 왕명인 것이다.

① 작은 왜곡과 혼합된 거짓 가르침이 교회 전체를 오염시킨다.

작은 양의 왜곡(변조)과 혼합된 거짓 가르침의 누룩이 순식간에 교회 전체를 오염시킨다. 예수님은 제자들에게 **"바리새인과 사두개인들의 누룩을 주의하라"**(마 16:6)고 경고하셨다. 여기서 누룩은 하나님의 계명을 버리고 조상의 전통과 유전을 추종하는 유대교 교리를 의미한다. 이들은 '진리를 벗어난 잘못된 사람의 교리'을 뜻한다. 아무리 많은 사람에게 복음을 전해도, 그 안에 거짓 사상이 섞이면 결국 전체 공동체가 부패하게 된다.

② 다른복음은 저주와 심판의 대상이다(갈 1:7-8).

성경 전체에서 '다른 복음'은 원어 사전과 어근 사전에서 '이교도와 이방인의 모습이며 창녀와 음행하는 것'으로 나타난다. 그리고 다른 복음은 '하나님이 매우 싫어하고 미워한다'라는 뜻을 가진다.

사도 바울은 **"다른복음은 없나니 다만 어떤 사람들이 너희를 교란하여 그리스도의 복음을 변하게 하려 함이라"**고 했다. 복음이 혼합되거나 왜곡되면 그것은 더 이상 사람을 구원하는 능력이 없다. 따라서 전파하는 것보다 '무엇을 전파하는가'를 점검하는 개혁이 우선되어야 한다.

③ 양의 옷을 입은 이리를 삼가하라(마 7:15).

예수님은 겉으로는 신실해 보이나 속은 노략질하는 이리인 '거짓 선지자들'을 조심하라고 하셨다. 분별력 없이 수용하는 것은 양 떼(성도)를 위험에 빠뜨리는 일이기 때문에, 거짓을 걸러내는 작업은 영적 생존의 문제이다.

④ 우리의 싸움은 혈과 육이 아니요 복음 보존과 거짓 제거이다.

우리의 싸움은 혈과 육이 아니다. 바른 복음을 수호하고 보존하는 일이며 거짓을 제거하는 것이다. '복음의 수호와 보존'에 관한 통찰은 성경 전체를 관통하는 핵심적인 주님의 명령이며 성도들의 중요한 사명이다. 특히 헬라적 인본주의와 이방 종교의 혼합주의가 복음의 순수성을 위협하는 오늘날, 우리가 왜 날마다 '영적 정결례'로서의 종교개혁을 멈추지 말아야 하는지 성경적 상황에 비추어 상세히 살펴볼 것이다.

유다서 1:3에서 '단번에 주신 믿음의 도'는 헬라 사상과 대립되는 반대 사상이다. 여기서 '단번'이라는 말은 보충이나 수정이 필요 없는 완전한 계시라는 뜻이다. 인간의 생각과 의논이 끼어들거나 참견할 수 없는 절대주권으로 선언하고 완전하게 성취한 생명과 구원의 도(절대적 교리, 진리)이다.

히브리 사상은 변하지 않는 하나님의 말씀을 보존하는 것에 생명을 건다. 반면 헬라 사상은 끊임없이 새로운 철학적 가설을 세우고 수정하는 노력의 논쟁(다툼)을 미덕으로 삼는다. 그러나 그럴듯하게 포장된 미덕일 뿐이다. 절대 진리가 되시는 하나님을 떠난 불경건한 자들의 사상과 인생에는 미안하지만 진리 자체도 없고 답 자체가 없고 생명도 없고 구원의 길로 존재하지 않는다.

히브리 사상과 헬라 사상 사이에는 타협도 없고 영원한 원수일 뿐이다. 그러나 하나님은 이 거룩한 분리를 위한 싸움과 거룩한 분리를 '완전하고 아름다운 분열'로 해석하시고 '의롭고 선한 나눔'이라고 얼마나 기뻐하시는지 보시기에 좋았더라 탄사를 보내신다. 오히려 히브리 사상과 헬레니즘이 서로 의기투합하여 평화조약을 맺고 사랑하고 좋게 지내자고 뒤섞여 사는 것을 가증히 여기시고 역겨워서 토해 내신다.

목숨값처럼 소중하고 사랑스러운 하나님의 자녀들이 강도의 굴혈에서 거짓 교훈에 속고 빼앗기고 죽임을 당하고 불행해지는 왜곡과 혼합의 장소에서 제발 완전히 분리되기를 간절하게 열망하신다. 그러나 마귀와 불경건한 자들은 평화와 사랑으로 미화시킨 연합을 이루자고 감성적 자극으로 유혹하고 미혹한다.

> "우리 안에 거하시는 성령으로 말미암아 네게 부탁한 아름다운 것을 지키라"(딤후 1:14)

> "이 **교리**(교훈)를 가지지 않고 너희에게 나아가는 자를 집에 들이지도 말고 인사도 하지 말라"(요2서 1:10)

> "너희는 이 세대를 본받지 말고 오직 마음을 새롭게 함으로 변화를 받아"
> (롬 12:2)

'아름다운 것'은 사도들이 전해준 순수한 복음의 원형Pattern이다. 이를 성령의 도우심으로 지켜내는 것이 사명자의 막중한 직무이다. 복음을 왜곡시키는 주범은 성경을 '인간 중심Humanism'으로 해석하려는 시도이다. 헬라적 사고와 철학의 위험성은 인간의 이성으로 하나님을 이해하려는 것이다.

　복음적 관점으로 본 히브리 사상과 헬라 사상

그 결과 하나님을 추상적인 관념으로 만들거나, 인간의 도덕적 수준으로 격하시킨다. 이는 결국 '복음을 하나의 철학'으로 변질시킨다.

이방 종교의 형태를 가진 당시 유대 사회에 들어온 헬라 신화적 요소는 기복주의와 신비주의를 낳았다. 하나님을 '나를 위해 존재하는 신'으로 전락시키는 것이 바로 이방 종교의 본질이다.

혼합사상을 제거하기 위해 요한이 **"인사도 하지 말라"**(요이 1:10)고 경고한 것은 복음에 인본주의적 독소가 섞이는 순간, 그것은 더 이상 사람을 살리는 복음이 아니기 때문이다. 여기서 말한 '인사를 하지 말라'는 의미는 가족과 신앙공동체 구성원으로 받아들이지 말라는 것이다.

⑤ 종교개혁의 영적 정결례가 날마다 진행되어야 하고 멈추지 말아야 한다.

예수님과 사도들이 처음부터 가르친 바른 복음의 교리를 수호하고 보존하기 위해 거짓 복음과 다른복음과 이방 종교 형태와 땅의 인본주의 사상들에 왜곡되고 변조된 혼합사상들을 버리고 떠나며 완전하게 제거하는 종교개혁의 영적 정결례가 날마다 진행되어야 하고 멈추지 말아야 한다.

히브리 전통에서 '정결례(미크바)'는 부정한 것을 씻어내는 의식이다. 이 정결례의 본질적인 영적 의미는 부정한 땅과 접촉을 했느냐 분리된 상태인가를 중요하게 여기는 의식이다. 영적으로 땅은 하나님의 말씀을 떠나고 배신한 가증한 땅의 사상과 불경건한 인간의 인본주의 사상을 의미한다. 이러한 부정한 사상들을 씻어내고 거룩함을 회복하라는 의도에서 주신 의식이지 단지 건강 요법으로 주신 의식이 결단코 아니다. 오늘날 우리에게 필요한 종교개혁은 바로 이 사상적 정결례이다.

"이 세대를 본받지 말고"(롬 12:2)에서 인본주의적 가치관이 지배하는 세상의 사상들을 제거하고 하나님 중심 사상과 말씀 중심의 사상을 보존하라는 것이다. 하나님 중심과 말씀 중심에는 지성소와 같이 속죄하는 예수 그리스도가 대속의 피로 통치하는 왕좌가 있고 용서의 왕이 계신다. 복음 수호의 첫걸음은 내 안에 스며든 헬라식 사고방식(자기중심성, 기복성, 이성, 만능주의)을 날마다 버리고 제거하는 종교개혁 정결례를 멈추지 않는 것이다.

복음의 보존을 위한 우리의 영적인 싸움은 누군가를 미워하는 것이 아니라, 내 영혼 속에 침투한 거짓 복음의 독소를 제거하는 것이다. 복음의 원형을 그대로 회복해야 구원의 효력이 열매를 맺기 때문이다. 헬라어 문맥에 갇히지 않고, 성경 저자들의 히브리적 사상의 원형(하나님 절대 주권)으로 돌아가야 한다. 복음의 정체성을 흔드는 인본주의 사상에 대해서는 단호한 분별력(요2서 1:10)이 필요한 것이다. 지식으로만 복음을 지키는 것이 아니라, 우리 안에 거하시는 성령을 의지하여 그 거룩한 복음의 원형을 그대로 전파하고 증거해야 한다.

　복음적 관점으로 본 히브리 사상과 헬라 사상

4.

히브리 사상은
모든 영광을 오직 하나님께만 돌린다

1) '오직 하나님께만 영광'Soli Deo Gloria 돌리기에 합당하다

전적인 하나님의 열심과 성실과 대신 죽으신 핏값의 은혜로 구원을 얻었기 때문이다. 우리의 공로가 아닌, 오직 전적으로 그리스도의 핏값으로 구원을 받았으니 영원히 찬송과 감사와 존경과 영광을 받으시기에 합당하신 것이다. 하나님의 은혜로 구원받았음을 선포한 말씀은 다음과 같다.

"이는 만물이 주에게서 나오고 주로 말미암고 주에게로 돌아감이라 그에게 영광이 세세에 있을지어다 아멘"(롬 11:36)

"너희는 그 은혜에 의하여 믿음으로 말미암아 구원을 받았으니 이것은 너희에게서 난 것이 아니요 하나님의 선물이라 행위에서 난 것이 아니니 이는 누구든지 자랑하지 못하게 함이라"(엡 2:8-9)

"나는 여호와이니 이는 내 이름이라 나는 내 영광을 다른 자에게, 내 찬송을 우상에게 주지 아니하리라"(사 42:8)

"하나님이 자기 피로 사신 교회를 보살피게 하셨느니라"(행 20:28)

"우리가 아직 죄인 되었을 때에 그리스도께서 우리를 위하여 죽으심으로

하나님께서 우리에 대한 자기의 사랑을 확증하셨느니라"(롬 5:82)

외아들을 아끼지 아니하시고 우리를 위해 아들을 내어주심으로 하나님의 사랑을 확증하셨다. 약속에 진실하신 하나님은 반드시 그 약속을 지키려고 외아들을 대속의 제물로 죽어야 하는 십자가에 형벌로 내어주사 택하신 탕자들을 구원하신 것이다. 하나님은 목숨을 다 바친 행동으로 약속을 지켰고, 결국 언약 백성들에게 구원의 열매가 맺게 하셨으며 구원의 기쁨을 영원히 누리게 하신 것이다.

2) 우리를 구원하신 명예로운 그 이름은 영광 받기에 합당하다

(1) '이름'שם(8034, 쉠)의 어원적 의미

"내 영혼을 소생시키시고 자기 이름을 위하여 의의 길로 인도하시는도다"

(시 23:3)

'자기 이름을'שם(8034, 쉠) '이름, 명성, 평판, 기념비, 고명함으로, 주민의 이름, 지식의 명성, 찬양의 이름, 고지의 파수꾼'이란 뜻이며 [62], '이름, ~에 표를 하다to mark, ~에 소인을 찍다'라는 뜻이다.[63] 어

---

62)   머릿돌편찬위원회천하만물, *op. cit.,* p. 774.
63)   이병철 *op. cit.,* 8034.

떤 자의 이름은 그에게 걸맞은 가치의 의미를 담아 불릴 수 있는 부여된 표시이다. 이름은 남과 구별된 특별한 그의 존재성을 나타낸 이니셜이다. 그 사람의 전인격적인 정체성을 나타낸 대표성의 마크와 같다. 그러므로 완전하시고 절대 주권자이신 하나님의 이름은 측량치 못할 가치와 의미를 가진 가장 높고 위대한 이름으로 영원히 불려지고 경배받기에 합당하신 이름이다.

하나님이 '인류의 첫 사람'이라는 대표성에 걸맞은 뜻이 담긴 가치로 '아담'이라는 이름을 붙여 주셨다. 하나님은 아담에게 천하만물의 이름을 지어 왕 같은 제사장 같이 정복하고 다스릴 통치권을 아무 공로도 없는 아담에게 통치적 직무를 부여해 주신 것이다. 고대 근동에서 이름을 가진 자는 왕과 귀족들뿐이었다. 왕과 국가에 충성한 업적과 공로가 있는 신하에게 왕이 이름을 지어주고 그 신하에게 다스릴 고을과 땅을 하사한다. 왕이 신하에게 이름을 붙여 준다는 것은 소유권 행사이면서 통치권을 선포하는 법적 행위였다.

이름은 브랜드brand(도장을 찍다, 낙인을 찍다)를 뜻하는 아랍어 어근 'wsm'에서 유래했고, 어떤 사물이나 사람을 다른 사물이나 사람과 구별시켜 주는 외적인 표시이다. 그러나 하나님의 이름은 그 어떤 타인이 붙여 준 이름이 아니다. 영원 전부터 영원까지 스스로 계신 유일한 신이며 스스로 여호와라 선언하셨고 영원 전부터 영원까지 유일한 경배의 대상으로 불려지는 하나님이시다.

여호와의 이름은 종종 여호와에 대한 '찬양과 영광'의 의미로 사용되고 있다(출 15;3, 사 12;4, 26;8, 렘 10:16, 암 4;13, 105:1-3). '여호와의 이름을 위하여' 혹은 '여호와는 그의 이름이시로다'라고 먼저 택한 이스라엘과 이방 나라에 택하신 자들로부터 영광을 받으실 위대한 창조주 하나님으로 알리고 증거 할 이름인 것이다.

(2) 하나님은 자신의 명예로운 이름값을 위해 우리를 구원하신다

'(자기 이름을) 위하여' לְמַעַן(4616, 레마안) (전치사) '~ 때문에, ~을 이유로, ~할 목적으로, ~의 응답으로, 어떤 사람이 움직이게 되는 이유'라는 뜻이다.[64] 이것은 인간의 행위가 원인Cause이 되는 것이 아니라, 하나님의 이름 자체가 행동의 동기Motive이자 최종 목적 Purpose이 됨을 문법적으로 명시하고 있다. 또한 재귀적 표현으로 하나님이 자신을 주어로 삼고 자신을 목적으로 삼으시는 구조는 인 간 사회에서는 '이기심'으로 보일 수 있으나, 신학적으로는 '절대적 자충족성'을 의미한다. 하나님만이 유일한 선이시기에, 자신을 위하 는 것이 곧 피조물에게 가장 선한 결과를 가져오는 구조이다.

하나님의 '이름'이 가진 소유권과 통치권, 그리고 그 이름값의 명예 로움을 스스로 지키기 위해 베푸신 '구속사적인 열심'을 깊이 있게 통찰하고 있다. 천하만물을 창조하신 하나님은 전권을 가진 소유자 로서 자신의 소유된 백성들에게 광야의 백 가지 이상의 어여쁜 백 합화 꽃들의 이름을 지어주심으로 아름다운 아버지와 아들이신 예 수님의 이름을 전파하게 하셨다.

---

64)　O.N.O편찬위원회, *op. cit.*, p. 389.

목자들은 광야에 핀 백 가지 이상의 꽃들의 예쁜 이름들을 자신의 양들에게 붙여 주어 꽃처럼 어여쁜 양들을 이름을 불러 먹이고 마시우게 하고 살찌워 아버지 집으로 인도해 간다. 하나님도 아브람의 이름을 아브라함으로, 사래의 이름을 사라로 바꾸어 주셨고 야곱의 이름을 이스라엘로 바꾸어 주셨다. 예수님도 제자들의 이름을 다시 지어주셨고 그 이름에 걸맞은 직무를 행하게 하셨고 그 이름 값대로 살게 하셨다.

자신의 뜻대로 사용하기 위해 명령하시고 요구하심은 소유권을 가진 절대자로서 마땅한 주권이다. 하나님이 우리를 구원하시는 이유는 하나님의 속성(사랑, 공의, 신실함)을 가진 그 이름이 결코 변하지 않는 명예로운 이름임을 증명하기 위해 문법적 강조가 담겨 있다.

구속사의 핵심인 '하나님의 열심'과 '신실하심Fidelity'을 나타낸다. 하나님의 명예로운 이름이 수치를 당해 더럽혀지지 않기 위해 자기 백성과 맺은 모든 언약에 대한 의무 사항들을 불성실하게 깨뜨린 인간의 몫까지 대신 치르신 하나님의 무한 책임과 무한 성실과 무한 열심이 약속된 하나님 편에서 불공평한 조약인 것이다. 그러나 우리 편에서 볼 때는 은혜가 넘치는 언약인 것이다.

하나님은 이것을 다 알고도 우리와 기쁨으로 언약을 맺으신 것이다. 아예 그렇게 하시기로 작정하신 언약이다. 본능적으로 부모는 자식이 우선이며 조건 없이 본능적으로 무조건 사랑한다. 자녀들이 보답을 해주든 안 해주든 부모의 마음은 언제나 자식을 위한 무한한 사랑과 긍휼이 발사되고 자비심이 쏟아져 나온다. 왜 그런지 계산도 하지 않는다. 손해 본다고 생각하지 않는다. 생명공동체로 하나 된 한 가족으로서 그냥 본능적으로 사랑해지는 것이다.

제물을 반으로 쪼개서 드린 것이 횃불 언약이었다. 횃불 언약을 어긴 자는 이 제물처럼 쪼개질 것이라는 계약 조항이 있다. 그러나 하나님은 아브라함을 깊이 잠재우신 후 쪼개진 제물 사이로 하나님 홀로 지나가셨다. 이는 장차 하나님 홀로 이 언약을 완성하기 위해 십자가에 홀로 못 박혀 우리 대신 쪼개져서 우리를 구원하실 것을 보여주신 것이다. 우리가 불이행한 그 죄 값을 대신하여 대속의 제물로 쪼개져 죽으심으로 우리의 구원이 이루어 진 것이다. 주님의 몸이 휘장처럼 반으로 찢어지심으로 지성소 안에 계신 생명나무 되신 예수님을 만나 영생을 얻게 된 것이다.

'(내 영혼을) 소생시키시고' שׁוּב (7725, 슈브)(되) '돌아가(오)다, 회복하다'를 의미한다. 하나님에 의해 주어질 '슈브'는 '기한이 이를 때에 내가 네게(사라)로 돌아오리라'(창 18:14). 인간이 불순종으로 깨뜨려버린 언약을 대속의 핏값으로 원래의 자리로 돌아가게 하셨다. '슈브'는 우리를 구원하려는 강한 방향성을 가진 동사이다. 단순히 기운을 차리게 하는 정도가 아니라, 사망의 음침한 골짜기에서 생명의 근원이신 하나님 곁으로 강권적으로 되돌려 놓으신 강력한 회복을 의미한다.[65]

---

65)　이병철 *op. cit.*, 7725.

(3) 하나님의 열심과 주권적 선택으로 예수님을 발견하고 믿는다

하나님의 주권적 선택과 열심과 성령의 도우심으로 죄인들의 닫힌 눈과 귀를 활짝 열어주셔서 구속자 예수님을 발견하게 하셨고 믿게 하사 예배를 드리게 하신 것이다. 성경 내용의 문법들이 어떻게 작용하고 있는지를 전혀 볼 수가 없고 원어의 의미가 반영되지 않은 각 나라의 언어로 번역된 성경들을 읽고 있으면 성경의 본래 의도와 상관없는 방향으로 벗어난 해석을 하게 된다.

마치 인간이 무한 경쟁의 선상에 서서 종교적 열심의 주체가 되어 본인의 노력으로 구원을 쟁취해야만 하는 착각에 빠지게 할 만큼 번역 성경들은 원문의 의도를 그대로 반영할 수 없는 한계를 가지고 있다. 그래서 원문의 바른 의미와 배경 문화, 히브리 사상과 히브리 문법적 관점과 그리고 성경의 핵심 주제인 구속자 예수님 관점으로 바르게 해석하지 않으면 결국 율법 행동주의와 인간의 공로와 열심을 강조하는 빗나간 성경 왜곡이 발생하게 되는 것이다.

인간의 눈과 오감으로 볼 수 없는 배후에서 전적인 하나님의 열심으로 구원받을 자들을 선택하시고 하나님을 경배할 자로 초청하신다. 성령을 통해 생명의 양식으로 오신 구속자 예수님에 대한 말씀을 들려주시는 예배의 자리로 하나님이 허락하신 자들만 인도해 오신다. 성령께서 예수님의 핏값으로 성취하신 복음의 능력으로 복음의 일꾼으로 조각해 가시고 자라나게 하신다.

"내(아브라함) 아이(이삭)와 함께 저기(모리아산) 가서 경배하고 너희에게로
돌아오리라"(창 22:5)

하나님이 극진한 사랑으로 택하신 모든 예배자의 발걸음을, 성령을 통해 친히 인도하사 하나님이 정하신 그곳(대속의 피로 구원을 성취하신 십자가)에서 우리 대신 죽으시고 부활하신 예수님을 왕으로 섬기게 하실 것이다.

하나님 자신의 이름값이 불명예를 당하지 않기 위해 택하신 자들의 불순종과 불성실한 몫까지 예수님 홀로 담당하게 하셔서 우리 대신 죽으신 그 핏값으로 우리를 구원하셨다는 것이다. 언약을 맺어놓고 제일 먼저 배신한 인간들의 불순종으로 언약이 깨져 버렸지만 하나님 아버지라는 이름값이 손가락질 당하지 않기 위해 인간이 저지른 죄 값까지 대신 감당하사 결국 언약을 완성시킨 것이다. 이렇게 하나님 자신의 신실하신 명예로운 그 이름값 지켜내신 모든 백성에게 존경받기에 합당하신 위대하신 하나님의 이름은 경배받기에 마땅하신 분이시다.

다시 말해서 죄인들의 구원을 위해 죽기까지의 하나님 혼자만의 열심과 성실로 우리를 구원하셨다는 것은 진실로 가장 높은 곳에서 높임 받으시고 영광과 존경을 받으시기에 합당하신 명예로운 이름값인 것이다.

시편 23편 3절의 "자기 이름을 위하여 의의 길로 인도하시는 도다"는 하나님은 나의 어떠한 공로 때문이 아니라, 하나님 자신의

영광스러운 이름과 그 명예를 지키기 위하여 나를 포기하지 않으신다. 내가 비록 불순종할지라도, 당신의 이름이 부끄러워지지 않도록 나를 '슈브(회복)'시키시며 끝내 의의 길로 이끌어 가신다.

언약의 법대로라면 인간이 죽어 마땅하지만, 하나님은 당신의 이름이 '실패한 이름'이 되지 않도록 독생자 예수 그리스도를 보내셨다. 하나님은 당신의 명예로운 가장 높고 존귀한 이름값을 지키기 위해, 스스로 비천한 인간의 몸을 입으셨다. 불성실한 인간의 의무를 대신 짊어 지시고 피를 흘리심으로써, "하나님은 공의로우며 동시에 사랑이시다"라는 당신의 이름값을 십자가에서 완성하셨다.

출애굽 사건에서 하나님께서는 이스라엘이 10일 달력(10일째만 쉬는 날로 정함)을 쓰는 애굽에서 안식일도 못 지켰다. 제사와 절기와 예배를 드릴 수 없는 노예 생활로 죄를 짓고 살았음에도 불구하고 그들을 멸절하지 않으셨다. 이스라엘이 홍해 앞에서 원망할 때도, 하나님은 그들의 자격이 아닌 '죄인 된 자기 백성을 끝까지 버리지 않으시고 끝까지 사랑하신 하나님 자신의 이름'을 열방에 알리기 위해 바다를 가르고 길을 활짝 열어 내신 것이다.

"그러나 여호와께서는 자기의 이름을 위하여 그들을 구원하셨으니 그의 큰 권능을 알게 하려 하심이로다"(시편 106:8)

"그러나 내가 내 이름을 위하여 행하였나니 내 이름을 그 이방인의 눈 앞에서 더럽히지 아니하려고…"(겔 20:9)

남 유다가 바벨론 포로에서 자유를 얻어 귀환하게 된 이유가 이들의 열심과 노력의 공로가 인정되어 포로에서 해방된 것이 아니다. 하나님이 선지자들을 통해 이들이 바벨론으로 끌려가기 이미 70년이 지나면 고국으로 되돌아올 것을 약속하신 그 말씀에 신실하신 하나님의 열심에 의해 포로에서 해방되어 약속의 땅으로 돌아오게 된 것이다. 말씀으로 자기 백성들과 약속한 것은 이스라엘 백성들의 업적과 상관없이 하나님의 명예로운 이름을 걸고 약속한 변치 않는 말씀의 권위에 의해 해방된 것이다.

"이스라엘 족속아 내가 이렇게 행함은 너희를 위함이 아니요 너희가 들어간 그 여러 나라에서 더럽힌 나의 거룩한 이름을 위함이라"(겔 36:22)

"내 이름을 위하여 내가 노하기를 더디 할 것이며 내 영광을 위하여 내가 참고 너를 멸절하지 아니하리라… 나는 나를 위하며 나를 위하여 이를 이룰 것이라 어찌 내 이름을 더럽히게 하리요"(사 48:9-11)

"여호와여 나의 죄악이 크오니 주의 이름을 위하여 사하소서"(시 25:11)

"나 곧 나는 나를 위하여 네 허물을 도말하는 자니 네 죄를 기억하지 아니하리라"(사 43:25)

시편 기자는 죄 사함의 근거에 대하여 자신의 선함이 아니라 하나님의 이름을 근거로 용서를 구한다고 증거한다. 우리 인간들은 근시안적이고 초등학문적 관점에서 흔히 구원이 '나'를 너무 사랑하셔서 일어난 사건으로만 이해하려고 한다. 성경은 그보다 더 근원적인 동기로 '하나님의 이름(명예)과 영광'을 제시한다.

'이름'은 하나님의 성품과 언약의 집약체이다. 고대 근동 세계에서 '이름'은 단순한 호칭이 아니라 그 존재의 본질, 인격, 명예를 상징한다. 하나님의 본성 그 자체가 변치 않는 존재이기에 하나님 자신이 택하신 자기 백성을 어떤 상황에서도 결단코 영원히 버리지 않게노라 약속하셨고 언제나 그들의 신실한 왕이 되시고 아버지가 되시기로 영원한 소금(반석)언약을 맺으셨기 때문이다.

영원히 변치 않는 왕이 될 것이고 아버지가 될 것이라 약속해 놓고 자신의 백성들이 멸망당하도록 내버려둔다면, 열방들이 '그들의 신이 능력이 없어서 자기 백성을 지키지 못한 왕이라'고 비웃을 것이며, 또는 '자기 백성들과 맺은 영원한 약속을 저버린 아버지라'고 조롱할 것이다. 에스겔 36장 22절에서 강조하듯, 하나님이 자기 백성을 수없이 용서하고 억압의 고통 중에서 구원하사 회복시켜 주시는 이유는 이스라엘의 선함 때문이 아니라, 자기 백성들의 죄와 허물로 실추된 하나님의 거룩한 명예를 회복하기 위한 것이다.

구원은 하나님이 얼마나 신실한 분Faithful인지를 온 우주에 선포하는 사건이다. 백성과 맺은 언약은 대속의 피를 흘려서라도 반드시 지켜내사 확증하시는 '명예로운 왕'이시며, 약속하신 대로 영원한 안식과 완전한 평안으로 신실하게 통치하시는 무한 책임으로 만백성들에게 존경과 영광을 받으시기에 합당하신 분이시다. 자녀가 엇나갈 때 부모가 끝까지 책임지는 이유는 그것이 부모 자신의 이름(가문)에 걸린 일이기 때문이다. 하나님은 우리를 '하나님의 자녀'라 일컬어 주셨다. **이사야 43장 25절에서 "나를 위하여 네 허물을 도말한다"**라는 말씀은, 하나님이 우리를 용서하시는 동기가 우리에게 있지 않고 하나님 자신에게 있기에, 우리의 어떠함과 상관없이 그 용서가 절대 취소되지 않는다는 가장 강력한 위로가 된다.

하나님은 우리를 구원하심으로써, 자신이 얼마나 자비로우며, 신실하시고, 능력이 있는 왕인지를 온 세상에 알리신다. 이것이 죄인에게는 가장 큰 복음이다. 나의 자격이 아닌, '변치 않는 하나님의 명예'에 나의 구원이 달려 있기 때문이다.

인간의 초등학문적 관점과 하나님 중심적 관점

구분	인간 중심적 관점	하나님 중심적 관점(성경적 근거)
구원의 근거	인간의 회개나 선행	하나님의 이름과 영광(사 48:9)
용서의 목적	인간의 행복과 안녕	하나님의 거룩함 회복(겔 36:22)
확신과 소망	나의 열심에 따라 흔들림	하나님의 신실하심에 근거하여 견고함
하나님의 이미지	단순히 감상적인 신	명예와 언약을 지키시는 통치자

⑷ 문법적 관점에서 본 '하나님 자신의 이름을 위하여'

'히브리어/헬라어'에서 '이름을 위하여'는 단순한 목적 이상의 의미를 가진다.

구분	문법적 핵심	구속사적 의미
이름(Shem)	소유권, 통치권, 정체성	하나님의 주권과 절대적 명예
소생(Shuv)	되돌리다, 회복하다	타락한 죄인을 하나님께로 돌이키는 은혜
자기 이름을 위하여	행동의 동기	하나님 자신의 신실하심을 증명하기 위한 구원 활동

시편 23편 3절에 언급된 히브리어 לְמַעַן שְׁמוֹ(레마안 쉐모)는 '~ 때문에, 어떤 사람이 갖고 있는 목적이나 의도에 대해 사용한다'라는 뜻이며,[66] '목적, 의도, 의향, 의지'를 위한 전치사 'לְ (레)'와 함께 전치사와 접속사로 사용되며, '~을 위하여, ~하기 위해, ~때문에, ~하는 목적을 위하여(으로)'를 의미하며,[67] '~의 평판을 유지하기 위해, ~의 본성에 일치하게'라는 뜻을 내포한다. '재귀적 영광'의 문법적 의미는, 하나님이 행하시는 모든 구속 사역의 출발점(원인)과 종착점(목적)이 오직 하나님 자신에게만 수렴된다는 것을 뜻한다. 인간 중심적 사고(헬라적)로 해석하면 '인간이 불쌍해서'라는 원인 때문에 '그를 구원하기 위해(목적) 일하신다'라고 주장한다.

그러나 히브리 재귀적 사고관점으로 해석하면 "하나님은 언약의 말씀에 신실하신 그 본성이 원인이 되어 그분 자신의 영광과 평판을 증명하기 위해(목적) 일하신다."라고 가르친다.

---

66) O.N.O편찬위원회, *op. cit.*, p. 389.
67) 이병철, *op. cit.*, 4616.

문법적으로 '레마안'이 쓰일 때, 행위의 동기는 인간의 외부적 조건(행위, 자격)이 아니라 하나님 내부의 필연성에 의해서 발생한다. 이것이 바로 인간의 행위가 개입할 틈을 차단하는 첫 번째 문법적 장치이다. 문법에서 '재귀Reflexive'란 '주어'의 행동이 다시 '주어' 자신에게로 돌아오는 것을 말한다. 성경의 구속사적 문맥에서 '하나님의 이름'은 곧 '하나님의 현존과 본성' 자체를 의미한다.

하나님은 행하시는 주체(분)가 되신다. 하나님의 이름이 영광을 받으시는 객체와 목적(분)Object이시다. 결국 주어와 목적어가 동일한 구조를 이룬다. 하나님이 구원을 베푸시는 행위의 최종 수혜자가 결과적으로는 인간이지만 문법적 관점에서 보면 궁극적으로는 '하나님 자신의 이름'이 되는 것이다. 이를 통해 구원은 인간을 향한 '서비스'가 아니라, 하나님이 우주 가운데 자신의 공의와 사랑을 확증하시는 '자기 증명Self-vindication'의 사건이 된다.

(5) 문법적 관점에서 '이름을 위하여'의 세 가지 재귀적 의미

① 본성과의 일치Consistency

하나님은 거짓말을 하실 수 없다. 한 번 택하신 백성을 끝까지 구원하시는 이유는 그들이 어떤 공로나 열심을 나타낸 예쁜 행동을 했기 때문이 아니라, 그들을 구원하겠다고 선포하신 하나님의 이름(평판)에 흠집이 나지 않게 하기 위함이다(민 23:19).

② 구원의 유일한 근거Sole Basis

인간의 행위(헬라적 인본주의)는 결코 '반석'이 될 수 없다. 오직 변하지 않는 하나님의 이름만이 구원의 근거가 된다.

> "내가 나를 위하며, 내가 나를 위하여 이를 이룰 것이라 어찌 내 이름을 욕
>
> 되게 하리요 내 영광을 다른 자에게 주지 아니하리라"(사 48:11)

여기서 '내가 나를 위하여'가 두 번 반복되는 것은 영원한 원칙이며 하나님이 행하신 확실한 이유와 목적임을 강조한 '강력한 재귀적 강조'이다.

③ 영광의 보존Preservation

바벨론 포로기나 광야 시절, 이스라엘이 멸절될 위기마다 모세와 선지자들이 붙들었던 기도는 "주의 이름을 위하여(레마안 쉐모)"였다. "만약 여기서 우리를 죽이시면 이방 민족들이 하나님의 능력이 없다 할 것이 아닙니까?"라는 논리이다. 즉, 하나님의 영광을 보존하는 것이 인간의 생존보다 우선되는 히브리적 가치이다.

만세전에 택하심도 예정하신 자들을 구원하시기 위한 계획도 구속자 예수님을 통해 구원하심도 전적으로 하나님이 주체이시며 동시에 목적이 되신다. 인간의 어떠함(행위)이 구원의 조건이 될 수 없음을 문법 구조 자체가 차단하고 있다. 특히 죄로 죽어있는 인간은 스스로 자신의 죄 문제를 해결할 수 없고 무엇보다 자신을 사망 가운데서 스스로를 구원해 낼 수 없다. 불가능하다. 오직 하나님의 은혜가 필요하고 예수 그리스도의 핏값의 공로가 필요하다.

왜냐하면 인간은 피조물이며 소유권도 결정권도 없다, 무에서 유를 창조할 능력과 지혜가 전혀 없는 무능한 존재이다. 그리고 인간은 불완전한 피조물이기에 공격 능력 0%의 양과 같고 방어 능력 0%와 같은 어린아이와 같다. 목자가 없는 양은 물 떠난 물고기와 동일하다. 그래서 하나님의 선하시고 의로우신 능력과 완전한 지혜에 전적으로 100% 의탁해야만 생명을 보존하며 아버지 곁에서 영원히 살아가는 어린 자녀와 같이 무한 보살핌과 완전한 보호를 받을 수 있다.

(6) 하나님의 명예로운 이름을 위한 전적인 구속의 은혜

구속사Redemptive History는 하나님이 타락한 인류를 어떻게 회복해 가고 누구를 통해 구원해 가시는지를 보여주는 역사이다. 이 관점에서 '하나님 자신의 이름을 위함'은 매우 중요한 열쇠이다.

언약의 신실성을 약속하신 그대로 홀로 성취하신 하나님은 아브라함과 이삭과 야곱과 이스라엘과 다윗과 언약을 맺으셨다. 만약 이스라엘이 죄를 지었다고 하나님이 이들과 맺은 약속과 구원계획을 포기하셨다면, 하나님은 '약속을 지키는 분'이 아니라 언약의 말씀에 불성실하신 분으로 그 이름값의 붙어있는 명예가 실추된다. 따라서 하나님은 자신의 이름을 지키기 위해서라도 우리를 끝까지 포기하실 수 없다.

'여호와 이레'의 완성이란 '여호와의 산에서 준비되리라'라는 뜻이다. 결국 그 모리아산에서 희생의 제물로 죽은 것은 아브라함도 아니며 이삭도 아닌 구속자 예수님을 상징(예표)하는 양이 택하신 모

든 자들을 대신하여 죽은 것이다. 인류의 모든 역사의 희망인 하나님의 외아들, 독생자 예수 그리스도를 희생 제물로 준비하심으로 구속사의 절정에 도달하여 십자가에서 구원의 마침을 이루신 것이다. 아들을 내어주기까지 자기 이름을 건 약속을 지키신 것이다.

인간의 소망은 '구원의 근거가 나에게 있지 않고 하나님의 이름'에 있다는 것은 우리에게 큰 위로가 된다. 나의 연약함에도 불구하고 하나님의 명예가 걸려 있는 한, 우리의 구원은 취소되지 않기 때문이다.

결론적으로, 하나님께서 "자기 이름을 위하여" 행하신다는 것은 우리를 향한 가장 강력한 안전장치이며 대속의 피로 확증된 사랑의 보증수표와 같다.

V

모든 성경은 '예수 그리스도'를 증거한 기록

위격	구속사적 역할	증거의 방식
성부 (Father)	설계자 (Planner)	구약의 예언과 하늘의 음성을 통해 아들을 메시아로 공인함.
성자 (Son)	성취자 (Accomplisher)	십자가와 부활이라는 역사적 사건(역사)을 통해 아버지의 뜻을 이룸.
성령 (Holy Spirit)	적용자 (Applier)	성경을 깨닫게 하고 신자의 마음에 예수를 구주로 확신시킴.

1.
예수님은 본인이
구속자(메시아)임을 증거하셨다

1) 모든 성경은 예수 그리스도에 대한 기록이다

"또 이르시되 내가 너희와 함께 있을 때에 너희에게 말한 바 곧 **모세의 율법과 선지자의 글과 시편에 나를 가리켜 기록된 모든 것**이 이루어져야 하리라 한 말이 이것이라 하시고"(눅 24:44)

"이에 모세와 모든 선지자의 글로 시작하여 **모든 성경**에 쓴 바 **자기에 관한 것**을 자세히 설명하시니라"(눅 24:27)

"너희가 **성경에서 영생을 얻는 줄** 생각하고 성경을 연구하거니와 **이 성경이 곧 내게 대하여 증언하는 것**이니라"(요 5:39)

성경 전체의 주인공이 예수 그리스도이며, 그를 통한 구속사Salvation History가 하나님의 계획대로 성취됨을 보여주는 핵심적인 본문이다. 성경의 목적어 눅 24:27의 '자기에 관한 것' τα περι ἑαυτοῦ에서 '자기himself'는 전치사구의 목적어이다.

성경의 수많은 사건들인 '율법, 5대 제사 제도와 7대 절기와 안식일 법과 할례와 정결법'들은 전부 성경의 핵심 주제인 '구속자 예수 그리스도를' 상징과 예표와 모형과 그림자로 나타낸 증거들이다. 성경은 단순한 도덕적 지침서나 역사 기록물이 아니라, '예수'라는 특정 대상을 설명하기 위한 문법적 구조를 가지고 있다. 그 특정 대상은 하나님이 자기 백성을 죄에서 구원할 예수님을 목적어로 사용한 '동사 용법'에서 드러난다. 원전 성경은 문법상 동사의 언어로 구성되어 있다. 그래서 성경전체로 하나님은 탁상공론이 아닌 즉각적으로 행동하시는 하나님으로 나타나고 증거된다.

"이루어져야 하리라"δεῖ πληρωθῆναι(눅 24:44)는 필연성 수동태로서 중요한 문법적 요소가 담겨 있다. '데이δεῖ(1163)'는 '마땅히 ~해야 한다, 반드시'라는[68] 의미의 비인칭 동사로, 성경에서 주로 '신적 필연성'을 나타낼 때 사용된다. '태'는 '이루어지다'라는 뜻이며 수동태 부정사이다. 이는 구속사의 주체가 인간이 아닌 하나님이심을 분명하게 보여준다. 구약의 약속이 기록된 모세오경과 선지서와 시가서는 예수님을 통해 성취될 구속사에 대하여 증거한 약속의 말씀이다. 그 약속의 말씀 그대로 성취된 것은 우연이 아니라, 하나님의 주권적인 계획에 의해 반드시 일어날 수밖에 없는Divine Must 사건임을 문법적으로 확증한다.

"내게 대하여 증언하는 것"αἱ μαρτυροῦσαι περὶ ἐμοῦ·(요 5:39)은 '현재 진행되는 계시의 주인공이신 구속자 예수(구원자)님을 증언하다'는 '현재 분사 형태'이다. 헬라어에서 현재 시제는 지속적인 상

---

68) 이병철, *op. cit.,* 1163.

태나 반복되는 동작을 의미한다. 성경은 과거에 기록되고 끝난 문서가 아니라, 지금 이 글을 읽는 성도들에게도 실시간으로 예수 그리스도가 누구인지를 증언하고 있다는 역동성을 내포한다.

성경의 문법이 보여주는 하나님의 역동성

구분	주요 문법 요소	구속사적 의미
성경의 주제	목적어적 전치사구 (~에 관한 것)	성경의 모든 텍스트는 예수라는 과녁을 향함.
성경의 성취	신적 필연성 (δεῖ) + 수동태	하나님의 계획은 반드시, 하나님에 의해 성취됨.
성경의 효력	현재 분사 (증언하는 것)	시대를 초월하여 그리스도를 드러내는 생명력

그러므로 문법적으로 볼 때, 모세의 율법, 선지자의 글, 시편은 '약속'이라는 주어이며, 예수 그리스도는 그 약속의 '목적어'이자 '완성'이다. 성경은 단순히 과거의 기록이 아니라, 하나님께서 주체가 되어 (수동태적 성취) 하나님 홀로 열심과 성실, 그리고 아들이신 예수님의 대속의 피로 이루신 구원을 증거(확증)하는 것이다. 또한 이미 완성하신 구원의 복음을 지금도 우리에게 오직 예수만이 구원자라고 가리키는(현재적 증언) 완벽한 구속사의 설계도라고 할 수 있다.

2) 대속의 죽음과 부활은 모든 성경의 성취요 마침이다

"성경에 그를 가리켜 기록한 말씀을 다 응하게 한 것이라 후에 나무에서

내려다가 무덤에 두었으나"(행 13:29)

"(그를) 가리켜"περί(4012, 페리) '(속격)관하여, 대하여, 위하여, 가까운(근처), ~에 대하여, (고려하다, 묻다 꾸짖다, 칭찬하다, 제출(고발)하다) ~에 관련하여,~위하여'라는 뜻이다.[69] 히브리어 '핫타트'(חַטָּאת, 2403, 핫타아)는 '죄sin, 죄에 대한 희생물 혹은 희생적인 제물'을 뜻한다. 이를 '페리 하마르티아스'라는 구절로(레 7:37; 16:5; 시 39:7) 혹은 보다 덜 보편적인 뜻으로 '토(혹은 타) 페리 테스 하마르티아스'라는 구절로(레 6:23; 14:19) 번역한다. '페리 하마르티아스'라는 축약된 구절과 함께 '토(도론)'를 이해하여 '(죄와 관련된) 제물'이라는 의미로 해석해야 한다.[70]

'다 응하게 한 것이라'τελέω(5055, 텔레오) '끝내다, 마치다, 완성하다, 수행하다, 성취하다, 이루다, 응하다'라는 뜻이다.[71] '텔레오'는 '텔로스'τέλος(5056, '끝, 결론, 종결, 마침, 목표, 목적, 전환점, 중심점, 점검')에서 유래했다. '페리'는 죄를 속하는 희생 제물로서의 그리스도를 의미한다. 성경에서 '그를 가리켜 기록한 말씀'이라 할 때 사용된 '페리'는 단순한 지칭 이상의 의미를 담고 있다.[72]

히브리어 '죄'חַטָּאת(2403, 핫타아)는 '죄, 속죄제, (죄를 짓게 하는 원인

---

69)   O.N.O편찬위원회, *op. cit.*, p. 1124.
70)   이병철, *op. cit.*, 4012.
71)   O.N.O편찬위원회, *op. cit.*, p. 1208.
72)   이병철, *op. cit.*, 5055, 5056.

으로서의) 우상, 죄에 대한 형벌'이란 뜻이다.[73] 또는 '유죄, 죄의 형벌, 죄 자체'를 의미하기도 하지만, 동시에 그 죄를 씻어내는 '속죄제' 혹은 '속죄 제물'을 의미이다. 구약의 70인 역LXX 번역가들이 이 '핫타트'를 헬라어로 옮길 때 '페리 하마르티아스'(죄에 관하여 → 죄를 위한 제물)라는 표현을 사용했다.[74]

구속사적 관점에서 "그를 가리켜(페리) 기록한 말씀"이라고 증거한 예수님이 구약 레위기에서 수없이 반복되었던 '죄를 위한 희생 제물' 그 자체로 오셨음을 시사한다. 바울은 로마서 8:3에서도 하나님께서 자기 아들을 "죄로 말미암아(페리 하마르티아스, 죄를 속하기 위한 제물로)" 보내셨다고 기록한다. 예수님의 존재 목적은 인류의 죄를 짊어지는 제물이 되는 것이었다.

'텔레오'는 마침표가 아닌 '목적의 완성'이다. '다 응하게 한(텔레오) 것이라'라는 표현은 단순히 사건이 끝났다는 '종료'의 개념이 아니라, 화살이 과녁의 중심에 명중했다는 '성취'의 개념이다.

םֹולָשׁ(7965, 샬롬)은 ('온전한, 충분한, 전부, 몸과 재산에 대하여') '평안한, 친한(친목), 평강, 형통함, 태평'을 의미한다.[75] 여기에서 헬라어 '텔레오'에 대응하는 히브리적 사고는 '샬람'이다. 이는 '평강(샬롬)'과 어원이 같으며, '부족함 없이 온전하게 채워지다'라는 뜻을 가진다. '텔레오'의 어원인 '텔로스'는 어떤 사물의 존재 이유나 최종 목적지인 '텔로스'의 성취를 뜻한다. 바울은(엡 2:14) 그리스도를 우리의, 화평의

---

73) 머릿돌편찬위원회천하만물, *op. cit.*, p. 284.

74) 이병철, *op. cit.*, 2403.

75) O.N.O편찬위원회, *op. cit.*, p. 679.

의미로 말했다. 그는 완전성을 가져오는 메시아이자 왕이다. 하나님의 구속을 가져오신 "종결짓는 희생제물"이시다. '샬롬'은 '샬람'שָׁלַם (7999)'에서 유래했다.[76] '샬람'שָׁלַם (7999)은 '완전하다, 건전하다, 안전하다, 완성되다, 마쳐지다, 평화롭게 되다, 나와 평화 하는 자, 손상되지 않게 유지하다, 청산하다, 갚아지다, 실행되다, 이행하다, 보답되다, ~와 평화하게 하다'라는 뜻이다.[77]

그리스도는 율법의 마침(텔로스)이 되셨다(롬 10:4). 이는 율법을 폐기한 것이 아니라, 율법이 지향하던 '거룩과 생명'이라는 목표를 예수님이 자기 몸으로 다 이루셨음을 의미한다. 예수님이 십자가에서 남기신 마지막 말씀 "다 이루었다"(테텔레스 타이) 역시 같은 어원이며 인류 역사에서 가장 위대한 선언이다. 이는 구약의 모든 예언과 제사 시스템이 예수님의 죽음을 통해 그 목적지(텔로스)에 도달했음을 선포하는 구속사적 정점이다. "다 이루었다"(요 19:30)는 예수님께서 십자가 위에서 구약의 모든 제사와 예언, 그리고 인류 구원을 위한 하나님의 열심이 마침내 마침표를 찍었음을 선포하는 승리의 외침이다.

"나무에서 내려다가 무덤에 두었으나"(행 13:29)는 이 구속사의 완성을 시각적으로 보여준다. 나무(신 21:23) "나무에 달린 자마다 저주 아래 있는 자"이다. 예수님은 '페리'(죄를 위한 제물)로서 우리의 저주를 대신 짊어지셨다. 죽음은 죄의 결과이다. 예수님이 무덤에 간

---

76) 이병철, *op. cit.*, 7965.
77) 머릿돌편찬위원회천하만물, *op. cit.*, p. 772.

히셨다는 것은 인류가 치러야 할 죄의 대가를 '텔레오'(완성/지불)하셨음을 증명한다. 그러나 본문은 여기서 끝나지 않고 부활(30절)로 이어진다. 무덤은 '텔로스'의 끝이 아니라, 새로운 생명이 시작되는 '전환점'이 된다.

그러므로 이 구절은 "구약 제사 제물이 상징하던 실체(페리)이신 예수께서, 하나님이 계획하신 구원의 목적지(텔로스)를 향해 십자가라는 순종의 길을 완주(텔레오)하셨다"라는 구속사의 요약본이라 할 수 있다. 예수 그리스도의 죽음과 부활은 성경 전체를 관통하는 하나님의 약속이 실제로 이루어진 구속사의 정점이다. 사도행전 13장 29절의 말씀은 예수님의 고난과 죽음이 우연한 비극이 아니라, 이미 구약의 선지자들을 통해 예언된 하나님의 치밀한 계획이었음을 확증해 준다.

성경은 수천 년에 걸쳐 기록되었지만, 그 핵심 주제는 오직 하나, '인류를 구원할 메시아'에 집중되어 있다. 이사야 53장의 고난받는 종의 모습, 시편 22장의 버림받음 등 구약의 세밀한 예언들이 십자가 위에서 모두 이루어졌다. 스스로 의로워질 수 없는 인간을 위해 예수님이 대신 죽으심으로 율법의 요구를 완전히 이루셨다. 예수님의 죽으심으로 죄와 사망의 법이 더 이상 믿는 자를 주장하지 못하게 죄의 권세를 완전히 멸하시고 끝내신 것이다. 무덤에 머물지 않고 부활하심으로써, 그분이 참된 하나님의 아들이시며 성경의 모든 약속이 진실임을 최종적으로 확증하셨다.

3) 히브리 사상을 가진 예수님과 사도들이 기록한 신약성경

예수님과 사도들이 살았던 시대는 그리스 인본주의 철학사상과 그리스신화의 종교적 사상이 배어있는 헬라어를 사용하고 있던 그리스 알렉산더대왕과 강대국 로마 황제들에게 수백 년을 통치받는 과정 속에서 이스라엘은 헬라어를 사용하지 않을 수가 없었다.

이스라엘의 생활언어는 바벨론 포로 생활의 영향으로 히브리어와 유사한 아람어를 사용했고 행정적인 공적 언어는 헬라어를 사용했기에 헬라어로 성경을 기록한 것이다. 그러나 유대인들을 종교적인 행사와 예배 때에는 히브리어를 사용하였다. 구약성경 자체가 히브리어로 기록되어 있기에 모든 예배 시간에 히브리어로 낭독했고 묵상하고 가르쳤다.

그 당시 유대인들을 여호와 신앙을 철저히 따르는 유대교를 유지하기 위해 모든 종교적 절기 행사와 예배 때에는 히브리어 원전을 사용했고 히브리어로 기록된 성경을 히브리어 읽고 히브리사고로 성경을 해석하여 가르쳤다.

신약성경이 그 당시 공통어였던 헬라어로 기록되었지만 성경을 해석할 때는 히브리어의 본래 어원적 의미와 히브리사고의 관점으로 해석해야만 하나님의 의도에서 벗어나지 않고 바르게 알아가고 가르치는 신앙 전수가 하나님이 기뻐하시는 방향으로 진행될 수가 있다. 특히 이방 종교인 그리스신화 사상과 인본주의 철학적 사고가 철저하게 물들어 있는 헬라어 관점으로 해석하거나 헬라식 사고로 만들어진 헬라의 배경문화의 관점으로 성경을 해석하는 것은 결국 인본주의적 사고로 해석한 결과물이 나올 수 밖에 없다. 하나님이 제일 싫어하시고 가증히 여기시는 이방 종교와 이방 풍조의 형태를 가르치는 것은 심각한 결과를 초래하게 된다.

히브리어는 뿌리 원어인 기본어에서 파생되어 다양한 말로 표현되고 의미를 갖지만, 기원이 되는 기본어(유래어)에 뿌리(기초)를 두고 있다. 족보 없는 개인이 존재할 수 없고 뿌리 없는 나무가 없듯이 모든 히브리 언어에는 어근이 있다. 뿌리(기본/기원/유래)언어는 존재하는 모든 언어에 영향을 끼치고 관련된 의미를 부여한다. 뿌리 언어는 눈에 보이지 않을 뿐 모든 언어가 갖고 있는 의미를 존재하게 만들고 붙잡아주는 기초이다. 그래서 모든 언어는 기본어와 연결되어 있다.

신약성경 전체와 사복음이 그리스신화와 철학사상(헬레니즘)과 인본주의가 배어있는 헬라어로 기록되었지만, 예수님과 사도들은 히브리즘적 관점과 히브리 원어에 담긴 의미로 가르치셨고 제자들은 동일한 히브리적 관점으로 신약성경을 기록한 것이다.

헬레니즘의 문화와 헬라어의 수사학적 관점에서 파생된 용례의 헬라어가 의미하는 관점보다도 히브리어의 의미와 히브리즘적 관점에서 설교하셨고 기록했기에 해석도 히브리즘과 히브리언어의 의미로 해석해야 맞다. 예수님의 설교는 완전한 히브리즘(사상)과 히브리 배경 문화를 가지고 비유 설교를 많이 하셨다.

히브리인들의 배경 문화 관점으로 해석하지 않고 우상숭배 사상과 땅의 사상이 배어있는 이방풍조 문화와 헬라 문화배경과 철학사상과 그리스 신화적 관점으로 성경을 해석하면 그 자체가 왜곡이 되는 것이다. 사복음과 신약성경이 없었던 초대교회 초창기에는 예수님의 설교와 사도들의 설교는 전부 히브리원어로 기록된 두루마리 원전 성경을 인용하여 "기록되었으되"라는 말씀으로 가르치셨다.

4) 예수님과 사도시대 이스라엘의 복잡한 언어와 시대적 상황

(1) 유대인들이 예수님 당시에 생활언어로 사용했던 아람어

예수님과 사도들이 천국 복음을 전파했던 그 시대에는 아람어를 생활언어로 사용했다, 히브리어와 아람어는 마치 '뿌리가 같은 두 줄기'와 같다. 두 언어는 언어학적으로 북서 셈어Northwest Semitic라는 동일한 가문에서 태어난 '자매 언어'로, 이스라엘의 역사와 신앙 전수 과정에서 뗄 수 없는 공생 관계를 맺어왔다. 예수님께서도 십자가 위에서 외치신 **"엘리 엘리 라마 사박다니"**와 **"에바다"**와 같은 아람어를 사용하셨다. 회당에서 아이를 일으키실 때 하신 **"달리다 굼"**은 아람어였다.

구약성경 다니엘서는 총 12장이며, 2장 4절부터 7장까지가 아람어로 기록되어 있는데, 이는 단순히 언어적 습관을 넘어 하나님의 치밀한 구속사적 의도가 담긴 배치이다. 그 이유와 교훈적 가치를

그 당시의 시대적 배경 속에서 살펴보면 다음과 같다.

아람어는 단순히 '식민지의 언어'가 아니라, 하나님의 계시가 세계로 나가는 징검다리 역할을 했다. 포로 귀환 후에도 유대인들이 히브리어를 잊어버리자, 회당에서 히브리어 성경을 읽어준 뒤 아람어로 해설해 주는 '타르굼Targum'이 만들어졌다. 이는 성경 해석의 중요한 전통이 되었다.

히브리어의 깊은 영적 사상이 아람어라는 실용적인 통로를 거쳐, 모든 나라에 알려진 때가 있었다. 바벨론 포로로 끌려간 다니엘과 그의 친구들을 통해 나타난 하나님의 살아계심과 위대한 이름이 그 당시 공통어였던 아람어로 기록된 왕의 서신이 바벨론이 다스리는 온 땅의 나라와 민족들에게 전해 졌다.

바벨론의 느부갓네살 왕이 자신의 교만으로 인해 들짐승처럼 살다가 회복된 후, 온 나라에 보낸 서신의 내용은 "천하에 거주하는 모든 백성들과 나라들과 각 언어를 말하는 자들에게 조서를 내리노라… 지극히 높으신 하나님이 내게 행하신 이적과 놀라운 일을 내가 알게 하기를 즐겨하노라. 참으로 크도다 그의 이적이여, 참으로 능하도다 그의 놀라운 일이여, 그의 나라는 영원한 나라요 그의 통치는 대대에 이르리로다."(단 4:1-3)이다(참고: 단 4:1~3, 34~37). 이는 이방 제국의 최고 통치자가 자신의 치욕적인 경험을 고백하며 여호와 하나님만이 참된 신이심을 공식 문서로 선포한 것이다.

다니엘이 사자 굴에서 살아 돌아온 사건 이후, 메대-바사(페르시아)의 다리오 왕이 내린 조서이다.

"이에 다리오 왕이 온 땅에 있는 모든 백성과 나라들과 언어가 다른 모든 사람들에게 조서를 내려 이르되… 내 나라 관할 아래에 있는 사람들은 다 다니엘의 하나님 앞에서 떨며 두려워할지니 그는 살아계시는 하나님이시요 영원히 변하지 않으실 이시며 그의 나라는 멸망하지 아니할 것이요 그의 권세는 무궁할 것이며…"(단 6:25-26)

다니엘의 신앙을 통해 하나님의 살아계심이 바벨론을 정복한 새 제국 전체에 선포된 것이다. 하나님께서는 포로로 잡혀간 이스라엘 백성들뿐만 아니라, 다니엘이라는 한 사람의 신실함을 통해 당대 최강대국이었던 바벨론과 페르시아의 왕들의 입을 빌려 자신의 위대함을 온 천하에 알리신 것이다.

그리고 이와 유사한 방식으로 온 세상에 하나님이 준비하시고 성취한 구속의 복음이 알려진 때가 있었다. 예수님과 사도들이 히브리 사상으로 전파한 천국 복음이 그 당시 공통어였던 헬라어로 기록되었다. 국제 공용어(헬라어)로 기록된 신약성경이 온 땅에 전파된 것이다.

(2) 히브리어와 아람어의 역사적 뿌리와 연결성

히브리어와 아람어, 이 두 언어의 뿌리와 활용성에 있어서 언어의 뿌리와 역사적 연결성Origin & History은 성경적 족보와 역사적 흐름 속에서 깊이 얽혀 있다. 노아의 아들 '셈'의 후손 중 '에벨עֵבֶר(5677, 에베르)'은 '강을 건넌 자'라는 뜻도 있고 히브리어를 사용하는 '히브리(이브리) 사람'이란 의미도 있다. 그의 후손 아브라함과 요셉도 히브리어를 사용하는 민족이라는 뜻에서 주변 사람들로부터 '히브리 사람'이라는 칭호를 받았다(창 14:13, 39:14, 17, 40:15, 41:12).

그리고 아브라함의 친족 라반은 아람지역에 거주하며 아람어를 사용했고, 아브라함은 가나안으로 이주하며 히브리어를 형성하게 되는 공통의 조상을 가졌다. 기원전 586년 유다 왕국이 멸망하고 바벨론으로 끌려가면서 이스라엘은 당시 근동의 공용어였던 아람어에 완전히 노출된다. 포로 귀환 후에도 일상생활에서는 아람어가 히브리어를 점차 대체하게 되었다. 바벨론 포로기는 생활언어의 전환점 역할을 한 것이다.

예수님과 사도들이 복음을 전파했던 초대교회 시대에는 헬라어를 사용하는 강대국이 지배를 했기 때문에 행정적인 국제 공통어가 헬라어였다. 그러나 일상 생활어는 아람어였으며 종교적인 행사와 예배 시간에는 히브리어 두루마리 성경을 히브리어로 낭독하고, 히브리 사고로 해석하여 가르쳤다. 히브리어와 아람어는 알파벳과 문법적 구조에서 매우 높은 유사성을 보이고 사전적 의미도 매우 유사하다. 이와 같은 언어적 영향들의 변천사와 사용 영역을 정리하면 다음과 같다.

초대교회 당시의 언어 환경은 '다중 언어를 사용하는 사회구조'였다. '헬라어'는 알렉산더대왕의 정복 이후 로마제국 전역의 행정, 상업, 국제 공통어였다. 신약성경이 헬라어로 기록된 이유이다. '아람어'는 당시 유대인들의 실생활 언어였다. 예수님의 말씀 중에도 아람어가 가끔 사용되었다. 그리고 '히브리어Hebrew'는 회당 예배와 성경

낭독', '종교적 토론에 사용된 거룩한 언어'였다.

히브리어와 아람어의 두 언어는 모두 세무어족Semitic에 속하며, 문법 구조와 핵심 어근이 매우 유사하고 친밀하다. 히브리어, 아람어, 가나안어는 선형 문자Linear Script 계통인 원시 가나안 문자Proto-Canaanite에서 유래했다. 이집트 상형문자의 원리를 빌려와 소리를 표현하는 원시 시나이 문자가 탄생했고 페니키아 문자로 발전했다. 페니키아 문자에서 고대 히브리 문자와 아람 문자가 갈라져 나왔다. 고토라 문자Paleo-Hebrew는 다윗과 솔로몬 시대, 북이스라엘과 남유다 왕국 시대에 사용하던 문자로 페니키아 문자와 거의 흡사하다. 사마리아 오경에 그 흔적이 남아 있다.

아람어 방형 문자Aramaic Square Script는 유대인들이 바벨론 포로 생활을 거치면서 당시 국제 공용 문자였던 아람어의 사각형 글자체를 받아들였다. 현재 우리가 보는 구약 성경의 사각형 히브리 문자는 포로기 이후(에스라 시대 즈음)부터 정착된 것으로, 아람어 서체에서 빌려온 것이다.

(3) 히브리어와 아람어의 유사성

어근 중심 체계는 두 언어 모두 '3자음 어근' 시스템을 가진다. 예를 들어, '다스리다/왕'을 뜻하는 어근 מָלַךְ(4427, 말라크)는 히브리어에서 מֶלֶךְ(4429, 멜레크)이며,[78] 아람어에서 '말카מַלְכָּא(4433, 말카)'와 거

---

78) 이병철, *op. cit.*, 4427.

의 동일하다. 유사한 문법은 동사의 변화 체계나 명사의 성별(남성/여성), 수(단수/복수/쌍수) 개념이 매우 흡사하여, 한쪽 언어를 알면 다른 쪽을 배우기가 매우 수월하다. 기능적 활용성과 역할 분담 차원에서 이스라엘 역사 속에서 생활언어와 종교적 언어로 각기 다른 영역에서 활용되었다.

히브리어는 불가피한 하나님 중심과 절대주권과 히브리 원전 성경을 기초한 히브리 사상을 후손들에게 혼합되지 않은 상태로 보존하여 왜곡되지 않은 상태로 신앙 전수하는 것은 하나님의 지상 최대의 명령인 것이며, 말씀 맡은 자들의 필수조건적 직무이다.

그래서 두루마리 히브리 원전 성경을 단 한 개의 단어와 '일점, 일획'이라도 더하고 빼는 실수와 오류가 발생하지 않도록 마음과 목숨을 다해 필사본 해온 서기관들의 충성에 의해 히브리어 원전의 내용이 지금까지 변조(왜곡) 없이 이어 온 것이다. 그리고 이러한 히브리 원전의 내용을 히브리 언어의 본래 의미와 히브리 사고로 바르게 낭독하고 해석한 가르침들이 모든 예배를 통해 이어온 것이 유대교의 정체성이며 종교적인 대과업인 것이다.

⑷ 열국의 지배자 강대국의 헬라어는 국제적 행정 공통어

알렉산더대왕의 정복 이후 지중해 전역의 공용어가 되었다. 로마 지배하에서도 경제, 행정, 국제적 소통은 헬라어로 이루어졌다. 당시 유대인들은 로마의 정치적 압제와 헬라 문화Hellenism의 인본주의적 침투 속에서 '여호와 신앙의 순수성'을 지키기 위해 처절하게 사투를 벌이던 시기였다.

① 신약성경이 헬라어로 기록된 이유

하나님께서 복음의 메시지를 기록할 언어로 헬라어를 택하신 데에는 섭리적인 이유가 있다. 복음의 보편성과 확장성을 위해 헬라어는 당시 전 세계 어디서나 통용되는 '링구아 프랑카(공용어)'였다. 유대교라는 울타리를 넘어 땅끝까지 복음을 전파하기 위해서는 가장 전파력이 강한 언어 도구가 필요했다. '링구아 프랑카Lingua Franca'는 서로 다른 모국어를 사용하는 사람들이 정치, 경제, 상업의 공무집행을 위한 의사소통을 하기 위해 공통으로 채택하여 사용하는 제3의 언어(통용어/공용어)이며 이탈리아어로 '프랑크족의 언어'란 뜻이다.

히브리 사상으로 기록된 히브리어 성경의, 본래의 의미는 히브리어 어근에서 반드시 찾아내야 한다. 어근은 그 언어의 본질을 담고 있는 뿌리(근원, 기초)로서 그 언어가 갖고 있는 본래의 사상과 바른 의도를 나타내 준다. 이것이 어근 속에 감추어진 하나님의 참된 의도는 구속자 예수님과 복음과 연관성을 갖고 있다.

비록 인간 중심의 논리적 구조가 탁월한 헬라이며, 인본주의 사상적 관점에서 합리적이고 예리한 철학적 사고와 정교함을 가진 헬라어로 신약성경이 기록되었다 할지라도, 이 언어는 철저히 인간 중심이 만들어내고 발전시킨 인본주의와 그리스신화 사상이 배어있는 언어이기 때문에 신약성경을 해석할 때는 택하신 자들의 생사화복이 달린 문제이기에 하나님 중심 사상과 히브리 사고로 기록한 히브리어 원전 성경으로 되돌아가서 바르게 해석하고 반드시 하나님의 의도를 바르게 찾아내어 맡겨진 양떼들에게 생명 식탁을, 때를 따라 성실하게 차려주어야 착하고 충성된 종이라 칭찬받게 되는 것이다.

② 번역 성경을 해석하는 원칙은 원전으로 돌아가는 것이다.

구약 히브리어 원어 성경을 헬라어로 번역한 70인 역Septuagint, LXX 헬라어 성경이 보급되어 알려지고 읽혔던 중간사와 예수님과 사도시대에 헬라어로 기록된 신약 성경은 이방인들에게 구약성경이 성취된 복음을 빠르게 전파하고 알리는 글로벌 네트워크 연결고리의 가교역할을 할 수 있었다. 그러나 성경의 본질과 본래의 의도와 참된 의미를 연구하고 깊이 있게 가르칠 때는 인본주의 사상에 기반한 헬라어가 아닌 하나님 절대주권으로 기록한 히브리어의 의미와 사상의 관점으로 분석하고 가르쳐야 하나님의 의도가 그의 백성들에게 바르게 전달될 수 있을 것이다.

③ 헬라어 성경을 '히브리 사상'으로 해석해야 이유

히브리 원어 성경을 헬라어Greek로 번역한 70인 역과 헬라어로 기록된 신약성경의 내용은 번역하는 작업 과정에서 깊은 고민들을 하면서 번역할 만큼 본래 하나님의 의도를 충분히 담아내기에 턱없이 부족한 이방 나라의 언어적 한계가 있기 때문이다.

그래서 각 나라의 언어로 번역된 성경은 부지런히 읽고 성경 전체의 내용을 문맥적으로 알아가고 익히는 용도로는 유익하나 성경의 내용 하나하나에 담긴 하나님의 바른 의도를 찾아내어 바르게 가르치는 작업을 하기에는 불완전하기에 반드시 말씀을 가르치는 지도

자들은 원전 성경으로 돌아가서 히브리 사상과 히브리어의 본래 의미에 담긴 의미를 바르게 찾아내어 가르쳐야 한다.

헬라어의 의미는 보조적인 차원에서 참고할 뿐 성경 안에 담긴 하나님의 참된 의도와 의미는 성령의 인도를 통해 성경의 주제인 구속자 예수님과 성취하신 복음의 관점과 히브리Hebrew적 사고와 체현의 관점으로 보아야 발견되기 때문이다.

④ 존재론적 사고(헬라) vs 관계론적 사고(히브리)

헬라 사상은 사물을 분석하고 정의하며, 추상적인 개념(이데아)에 집중한다. 하나님을 '부동의 동력자' 같은 철학적 대상으로 전락시킬 위험이 있다. 결국 하나님과 신도가 서로 협력하는 신인 협동 관계로 발전해 가는 이방 종교의 형태로 발전해 갈 수밖에 없다. 결국 인간의 구원은 인간의 종교적 토론과 노력과 열심으로 도달하는 이방 종교와 동일한 길로 가게 된다. 그래서 굳이 구원을 얻는 일에 예수님이 필요 없거나 협력하는 구조를 가진 종교로 흘러가게 된다.

히브리 사상은 하나님과 인간의 실제적인 '언약적 관계'와 '역동적인 행동'에 집중한다. 성경은 하나님이 누구신지 정의하기보다, 하나님이 우리를 위해 실제로 무엇을 행하셨는지를 증언한다. 헬라 사상은 인간들이 인간들의 생각들을 모아 인생의 모든 답을 찾아가는 끝없는 논쟁과 다툼의 탁상공론이 특징이다. 그러나 아직도 피 터지게 논쟁하고 있지만 완전한 답을 찾지 못했다. 확신컨대 앞으로도 영원히 답을 찾지 못할 것이 분명하고, 어리석은 논쟁과 다툼은 지속할 것이다.

그러나 히브리 사상은 이미 하나님이 결정한 절대 진리를 인간의 모든 문제의 답으로 선포하셨음을 전적으로 신뢰하는 것이다. 인류 역사상 성경의 기록된 절대 진리의 답안에 살아가는 믿음의 사람이 실망한 적 없고 인간이 누릴 수 있는 모든 만족보다 더 큰 그 이상의 자유와 기쁨과 안식과 평화와 풍성한 열매를 누렸다는 증거는 지면을 덮은 안개보다 더 많다.

⑤ 인본주의(헬라) vs 신본주의(히브리)

불경건한 서구 문명을 지탱하는 헬레니즘Hellenism은 성경이 끊임없이 조심하라, 멀리하라, 경계하신 사상과 문명이다. 세상의 미움과 박해 속에서도 경건한 자들이 목숨 걸고 갈망하고 믿음으로 신앙 전수해 온 헤브라이즘Hebraism의 신본주의는 성경이 항상 마음판에 새기고 영원히 잊지 말고 기억하고 기념하라 가르친 사상이다.

하나님을 떠난 인간 중심의 헬라적 관점은 철저히 '인간이 만물의 척도'이다. 신화 속 신들도 인간의 성정을 가졌으며, 인간의 이성으로 신을 이해하려 한다. 철저히 창조의 목적과 질서를 기초한 히브리적 관점은 '하나님이 모든 것의 주권자'이시다. 인간의 이성이 아닌 이미 절대 진리(답)를 결정해 주신 그 계시Revelation를 통해 하나님을 알 수 있다고 믿는다. 헬라식으로 성경을 풀면 복음이 도덕적 수양이나 철학적 지식으로 변질될 수 있다.

헬레니즘(인본주의)은 "인간은 만물의 척도이다"라는 프로타고라스의 말로 대표된다. 인간의 이성, 논리, 신체적 아름다움, 그리고 자아실현을 최우선 가치로 둔다. 인간의 지혜와 힘으로 낙원을 건설하려는 시도이다. 신(들)조차 인간의 형상을 닮은 존재로 이해하며, 인간의 영광을 찬양한다.

바벨탑 사건(창 11:4)에서 "자, 성읍과 탑을 건설하여 그 탑 꼭대기를 하늘에 닿게 하여 우리 이름을 내고…"라는 말은 인간의 연대 연합으로 모인 기술과 결집력으로 하나님의 주권에 도전한 인본주의의 시초이다.

두로 왕의 교만(겔 28:2)은 "네 마음이 교만하여 말하기를 나는 신이라 내가 하나님의 자리 곧 바다 중심에 앉아 있다 하도다… 네 마음이 하나님의 마음 같은 체하였을지라도 너는 사람이요 신이 아니거늘"이라는 말은 스스로 지혜롭다 하나 어리석게 되어, 썩어지지 아니하는 하나님의 영광을 사람과 짐승의 모양의 우상으로 바꾸게 된다(롬 1:22-23). 결국 허무하게 되고 하나님의 심판에 이르게 된다.

헤브라이즘(신본주의)는 "여호와를 경외하는 것이 지식의 근본이다"라는 잠언의 말씀이 핵심이다. 우주의 중심이 인간이 아닌 창조주 하나님임을 인정하는 신앙 체계이다. 인간의 이성을 부정하는 것이 아니라, 하나님이 주신 이성마저도 하나님의 영광을 위한 도구로 쓰임 받는다.

완전한 지혜와 사랑이 담긴 성경을 성령의 조명을 통해 알아가고 배워 갈 때, 인간의 작은 이성의 그릇으로는 다 채울 수 없는 장엄한 하나님의 사랑과 예수님의 신비롭고 고상한 구속의 복음을 만나게 된다. 죄로 인해 인간이 잃어버린 하나님의 형상을 대속의 피로 회복하시고, 거듭난 그릇에 무한한 하나님의 사랑과 측량할 수 없는 대속의 은혜를 채워가시는 것이다.

그래서 인간의 이성은 항상 성령의 도우심을 받아 하나님의 계시 속에 감추어진 보화와 같은 그리스도와 핏값의 복음을 알아가고 항상 영원하고 완전한 계시와 진리 아래 경배자로 존재해야 함을 강조한다.

> "육에 속한 사람은 하나님의 성령의 일들을 받지 아니하나니 이는 그것들이 그에게는 어리석게 보임이요…"(고전 2:14)

칼빈은 그의 저서 『기독교강요』 첫머리'에서 "하나님을 아는 지식과 나를 아는 지식"의 상관관계를 다루며, 결국 인간의 목적은 하나님의 영광을 찬양하는 것임을 분명히 했고, 인간의 이성이 완전히 파괴된 것은 아니나, 타락으로 인해 심하게 부패하여 하나님을 아는 지식에 도달할 수 없다고 보았다.[79] 인간의 이성이 일반적인 학문이나 세상일을 처리하는 데는 어느 정도 기능을 유지하고 있으나, '하나님을 아는 지식'과 '구원에 이르는 지혜'에 있어서는 완전히 눈이 멀어 스스로 도달할 수 없다고 가르친다.[80]

인간은 하나님의 형상대로 지음 받은 존엄한 존재이나, 동시에 피조물이자 죄인임을 고백하는 크기를 알 수 없는 하나님 앞에 티끌이요 먼지와 같은 무익한 실체임을 기억해야 한다. 언제나 주님의 완전한 지혜와 능력과 지극한 사랑과 보호 안에 있어야 안전한 어린

---

79) 존 칼빈, 원광연 역, 기독교강요(제1권 1장 1절), 서울: 생명의 말씀사, 2003, pp. 47-53.
80) 존 칼빈, 성귀갑 역, 기독교강요(제2권 2장), 서울: 크리스천다이제스트, 2003, pp. 350-360.

아이와 같은 자녀임을 잊어서는 안 된다. 지극한 사랑으로 만세전에 택하시고 하나님의 백성으로 구원하신 자녀들에게 요구하시는 왕명의 첫 계명이 "너는 나 외에는 다른 신들을 네게 두지 말라."이다. 이는 모든 가치의 중심에 하나님을 두는 선언이다(출 20:3).

다윗의 고백처럼 "여호와여 위대하심과 권능과 영광과 승리와 위엄이 다 주께 속하였사오니… 주권도 주께 속하였사오니 주는 높으사 만물의 머리이심이니이다."(대상 29:11-12). 하나님과의 관계 회복을 통한 생명과 평안을 얻음으로 가장 특별히 사랑받는 자가 되고 온갖 축복을 풍족히 누리는 행복자가 되는 것이다. 인간이 오직 하나님께만 영광 돌리는 예배자라는 그 제자리를 찾을 때 비로소 진정한 안식과 영생을 누리게 된다.

"유대인은 표적을 구하고 헬라인은 지혜를 찾으나 우리는 십자가에 못 박힌 그리스도를 전하니… 하나님의 미련한 것이 사람보다 지혜롭고 하나님의 약한 것이 사람보다 강하니라."(고전 1:22-25)에서 결국 인본주의는 인간이 '자칭 지혜롭다', '자칭 크고 강한 자이다'라고 착각으로 교만한 삶에 빠진 눈먼 상태로 내버려 두사 진리를 발견하지 못하게 하셨고 구원의 하나님을 알지 못하게 하셨다.

그러나 택하신 자들에게는 성령을 보내어 주사 진리 가운데로 인도하시고 구속자 예수님이 핏값으로 성취하신 구원의 복음을 발견하고 믿게 하사 구원의 자유와 기쁨을 누리고 그 효력을 영원히 활용하며 만끽해 가는 경건한 신본주의의 삶을 살게 하셨다.

두 사상의 대조와 결과 비교

구분	헬레니즘(인본주의)	헤브라이즘(신본주의)
중심(Axis)	**나(Self)** / 인간의 이성	**하나님(God)** / 하나님의 말씀
진리의 기준	가변적, 상대적 (인간의 판단)	절대적, 불변적 (계시)
추구 가치	인간의 영광, 지적 유희	하나님의 영광, 거룩함
죄의 정의	무지(Ignorance), 실수	하나님을 떠남(Hamartia)
궁극적 결과	**사망과 심판**(롬 6:23)	**영생과 구원**(요 3:16)

⑥ 이원론(헬라) vs 전인적 통합(히브리)

헬라 관점은 영은 선하고 육은 악하다는 이원론에 빠지기 쉽다. 이는 훗날 영지주의Gnosticism라는 이단을 낳았다. 히브리 관점은 몸과 영혼을 분리하지 않는 전인적인 구원을 가르친다. "네 마음과 목숨과 뜻을 다하여 하나님을 사랑하라"는 가르침은 헬라적 관념이 아닌 삶의 모든 영역에서 몸과 마음을 다 바치는 전인격적인 헌신을 의미한다.

하나님은 독생자 예수님을 성육신으로 이 세상의 구원자로 보내주셨다. 그리고 우리 대신 대속의 제물로 십자가에 못 박혀 돌아가신 그 핏값으로 우리의 영혼이 단절된 하나님과의 관계가 회복되었고 죄와 사망에서 구원하셨다. 죽었던 예수님의 육체가 사망을 멸하시고 삼일 만에 부활하셨듯이 택하신 자들의 육체가 그리스도의 핏값에 힘입어 영원히 죽지 않는 영생으로 구원받아서 아버지 집 천국에 들어가 영생을 누리게 하셨다.

⑦ 예수님은 성경에 영생을 얻는 의인의 길이 있다고 선언하셨다.

예수님이 설교하실 때 인용하신 성경은 번역된 성경이 아니라 히브리 원전(성경)을 말씀하신 것이다. 성경에 영생을 얻는 길이 있다고 선언하신 의도를 바로 알아야 영생의 길이 발견된다. 인간이 죄와 사망의 자리에서 구원을 받는 길이 성령을 통해 기록된 성경의 핵심 주제인 구속자 예수 그리스도에게 있다.

예수님이 행하고 가르친 모든 말씀은 구약성경을 인용하여 가르친 교리(교훈)들이다. 세월이 한참 지난 이후에 사도들이 예수님이 히브리어 구약성경을 인용하여 가르친 천국 복음을 헬라어로 기록한 것이다. 신약의 저자들(바울, 마태, 마가, 누가, 요한, 베드로, 야고보)은 비록 헬라어로 신약성경을 썼지만, 그들의 머릿속의 사상은 히브리 사고였고 구약의 모세오경과 선지서와 시편을 기록한 저자들의 히브리 사상과 동일한 하나님 중심과 주권 사상으로 약속하신 여자의 후손 메시아를 갈망하는 사상이었다.

따라서 헬라어 단어 하나를 해석할 때도 그 단어에 대응하는 히브리어 원어(에무나, 헤세드, 샬롬 등)의 깊은 의미를 추적해야 한다. 헬라식의 인본주의적 필터를 제거하고 히브리적 관점으로 성경을 볼 때 비로소 우리는 하나님의 언약적 신실함을 오해 없이 이해할 수 있고, 인간 중심의 기복 신앙이나 철학적 사변에서 벗어나 철저한 하나님 중심 사상으로 돌아갈 수 있으며, 성경 전체를 관통하는 하나님의 구속사적 의도를 바르게 파악할 수 있다.

(5) 다니엘서 일부가 아람어로 기록된 이유

① 나(하나님)에 대하여 "온 세상이 듣게 하라"

왕의 칙서로 말미암아 이 책을 읽는 독자들의 대상을 확장하기 위한 것이다. 당시 아람어는 바벨론과 페르시아 제국의 '공용어'였다. 하나님께서는 유대인뿐만 아니라 강대국들이 지배했던 이방 왕들과 그의 모든 백성들이 하나님이 그 시대에 나타내 보이신 내용을 조서를 통해 읽고 깨달을 수 있도록 그들의 언어로 당신의 통치를 선포하신 것이다.

다니엘서 2장부터 7장까지의 아람어 단락에는 하나님이 온 세상의 통치자이심을 선포하고, 이를 모든 민족에게 알리려는 '공적 선포'와 관련된 구체적인 용어와 문구들이 강력하게 등장한다.

단순히 기적을 체험하는 데서 그치지 않고, 이방 왕들의 입을 통해 "이 사실을 온 천하에 알리라"는 공식적인 조서 형식을 취하고 있다는 점이 핵심이다. 다니엘서에 전 세계적 선포를 나타내는 핵심 용어와 문구는 다음과 같다.

a. '느부갓네살의 조서'

"느부갓네살 왕은 천하에 거주하는 모든 백성들과 나라들과 각 언어를 말하는 자들에게 조서를 내리노라"(단 4:1) 천하에 거주하는 모든 백성과 각 나라에 조서를 보냈다. 아람어 단락에서 반복적으로 등장하는 이 관용구는 하나님의 통치가 유대인만이 아닌 온 인류를 향하고 있음을 직접적으로 보여준다.

b. '벨사살의 조서'

"이에 벨사살이 명하여 그들이 다니엘에게 자주색 옷을 입히게 하며 금사슬을 그의 목에 걸어주고 그를 위하여 조서를 내려 나라의 셋째 통치자로 삼으니라"(단 5:29) 모든 열국에 조서를 보내 하나님의 사람 다니엘을 세 번째 통치자로 삼은 것은 다니엘의 왕이요 하나님의 위대하심이 나타난 제국의 심장부에서 참 하나님이심을 제국의 '공식 문서(왕의 법령)'로 세상에 알리고 택하신 백성을 치밀하게 '이스라엘의 남은 자'를 구원하시는 구속사가 담겨 있다.

c. "하나님의 손에 붙잡힌 다니엘"

이방 나라를 하나님의 말씀으로 치료하는 제사장 나라의 직무를 이행하게 하셨다.

> "왕이 도리어 자신을 하늘의 주재보다 높이며… 보지도 듣지도 알지도 못하는 금, 은, 구리, 쇠와 나무, 돌로 만든 신상들을 찬양하고 도리어 왕의 호흡을 주장하시고 왕의 모든 길을 작정하시는 하나님께는 영광을 돌리지 아니한지라"(단 5:23)

> "왕이 대답하여 다니엘에게 이르되 너희 하나님은 참으로 모든 신들의 신이시요 모든 왕의 주재시로다 네가 능히 이 은밀한 것을 나타내었으니 네 하나님은 또 은밀한 것을 나타내시는 이시로다"(단 2:47)

"느부갓네살 왕의 고백"(단 2:47)은 헛된 신들을 섬김으로 영적 질병에 빠진 이방 나라의 왕과 백성들과 술객, 박수들이 무용지물이며 무능함을 폭로하고 멸하신 참 하나님과 여호와 신앙으로 무장한 다니엘만이 보여준 표적을 조서로 선포했다. 훗날 십자가의 고난을 통과하고 만왕의 왕으로 높여지실 예수 그리스도의 통치를 미리 보여주는 예표적 사건이다.

d. "다리오의 조서"

"이에 다리오 왕이 온 땅에 있는 모든 백성과 나라들과 각 언어를 말하는 자들에게 조서를 내려 이르되"(단 6:25)

이 표현은 당시 제국 내의 모든 민족에게 이 소식을 전하라는 행정적·공식적 명령이다. 하나님은 다니엘의 기적을 개인의 간증이 아닌, 제국의 '공식 문서'로 만들어 온 세상이 듣게 하셨다.

'조서'כרז(3745, 케라즈)는 '선포하다, 외치다, 소리치다, 울부짖다'를 의미한다. '카로즈'כרוז(3744: 사자, 전령)에서 유래했다.[81] 왕의 명령을 뜻하는 이 용어들은 하나님의 통치 행위가 공식적인 법적 효력을 가지고 온 세상에 전달되었음을 의미한다. 하나님은 이방 왕들의 권위를 빌려 당신의 살아계심을 온 세상에 공포하게 하셨다.

② 하나님 스스로 자신이 참 하나님이심을 세상에 증거하다.

a. 지극히 높으신 하나님을 증거하시다.

살아계신 하나님의 통치 역사는 지극히 높고 강력하며 역동적이

---

81) O.N.O편찬위원회, *op. cit.*, p. 320.

다(단 4:17, 32, 7:18, 27).

'지극히 높으신 이'עִלַּי(5943, 일라이)는 '가장 높은'을 뜻하며 세상의 강대국(바벨론, 메대-바사)의 왕과 그들의 신들보다 더 높은 그 위에 계신 절대 주권자이신 하나님을 뜻한다.[82]

'일라이'의 어근은 עֲלָה (5927, 알라) '올라가다, 오르다, 올라오다, (새벽에) 밝아오다, 뛰어오르다, 성장하다, 그것이(포도가) 싹이 터서 꽃이 되었다, 꽃이 피었다, 돋는 것, 자라게 되다, 높아지다, 이끌다, 제물을 제단에 바치다, 계산에 넣다, 등록하다, 스스로 세우다'를 의미하며,[83] 여기서 '떠나다, 멀리 가다, 끌려가다, 높여지다, ~에 달하거나 미치다, 가져오다, 취하여 가다, 바치다, 높이다' 등 여러 가지 의미를 가지게 되었다. '일라이'(아람어)는 히브리어 '일리'עִלִּי(5942 '가장 높은')에 해당한다.

b. "하나님의 나라만 영원하다"

'영원한 나라'מַלְכוּת עָלַם(알람 말쿠트)는 (단 2:44, 4:3, 34, 6:26, 7:14, 27) 인간의 나라는 때가 되면 무너지지만(2장의 신상), 하나님의 나라는 영원히 쇠하지 않는다는 점을 강조한다.

'살아계시는 하나님'אֱלָהָא חַיָּא(엘라하 하야)는 존재하지도 않는 죽은 시상들을 붙잡고 헛된 이방 종교를 자랑하는 이방나라 강대국의 한 복판에서 살아계신 참 하나님을 증거하고 선포하는 것이다.

---

82)　이병철 *op. cit.*, 5943.
83)　머릿돌편찬위원회, *op. cit.*, p. 645.

c. 하나님의 "자기 계시" 전략이 택하신 자들을 통해 전파되다.

하나님은 이스라엘이 가장 낮아진 포로 생활의 시기에 그 당시 최고 강대국의 중심부에 서서 세계 공용어인 아람어를 통해 포로들이 믿고 경배하는 참 하나님의 살아계신 그 위대한 이름을 제국 전체에 가장 높으신 하나님으로 알리셨던 것이다. 동시에 이방 종교와 사상에 대한 심판인 것이다. 하나님은 열국을 다스리는 강대국의 언어를 이용하여 모든 민족이 하나님의 계시 아래 복종해야 함을 선언한 것이다. 이는 장차 복음이 모든 민족에게 전파됨과 함께 예수 그리스도의 통치를 예표한 우주적 선언문을 미리 보여주고 나타낸 것이다.

③ 가장 낮아진(포로) 제사장나라를 통해 하나님이 증거되다.

제사장나라로 세운 이스라엘이 타락하고 직무 유기함으로 포로 신세가 되었지만 그럼에도 불구하고 하나님 홀로 다수가 아닌 소수의 경건한 다니엘을 붙잡고 하나님 자신이 참 하나님이심을 스스로 나타내고 증거하신 것이다.

a. 포로 신세이지만 이방을 치료하는 제사장나라 이스라엘

(7절) "바벨론은 여호와의 손에 잡혀 있어 온 세계가 취하게 하는 금잔이라 뭇 민족이 그 포도주를 마심으로 미쳤도다."(8절) "바벨론이 갑자기 넘어져 파멸되니 이로 말미암아 울라 그 상처를 위하여 유향을 구하라 혹 나으리로다"(9절) **우리가 바벨론을 치료하려 하여도 낫지 아니한즉** 버리고 각기 고향으로 돌아가자 그 화가 하늘에 미쳤고 궁창에 달하였음 이로다"(렘 51:7-9)

"치료하려 하여도" אפָר(7495, 라파) '고치다, 치료하다, 건강하게 하다'를 의미한다. '라파'는 하나님께서 아비멜렉을 치료해주는 것을 기록한 (창 20:17)에서 이방인 왕을 '치료하는, 의사'라는 뜻으로 최초로 언급한 용어이다(창 50:2). '라파'는 이방나라를 치료하고 용서하는 것을 가리켜 사용된다(사 19:22, 사 57:18).[84]

이스라엘이 비록 포로의 신분이었으나, 하나님께서는 그들을 바벨론과 열국을 향한 '영적 제사장'이자 '치료의 통로'로 세우셨다. 비록 바벨론은 강대국이었지만, 영적으로는 하나님을 모르는 '환자'와 같았고, 이스라엘은 그곳에 하나님의 생명을 전해야 할 사명이 있었다.

b. 강대국일지라도 우상숭배자들은 비극적인 결과를 초래하는 치명적인 죄악이다.

이스라엘이 처음부터 하나님께로부터 부여받은 제사장나라 직무는 참 하나님을 떠나 인간의 생각과 손으로 만든 거짓 신들을 숭배하는 것 때문에 온갖 거짓과 저주 속에서 심판의 대상으로 살아가는 모든 민족들에게 하나님만이 참 신이며 위대하신 창조주이심을 온 세상에 알리고 전파하는 제사장 나라의 직무를 주셨다.

그러나 이 거룩한 제사장 직무를 버리고 불순종함으로 오히려 이방 종교의 거짓 신들을 받아들여 북 이스라엘과 남유다는 영적 타

---

84) 이병철 *op. cit.*, 7495.

락에 빠졌다. 하나님의 사랑의 채찍으로 그 당시 열국을 다스리는 앗수로를 통해 먼저 북 이스라엘을 사랑으로 혹독한 징벌을 내리셨고 남 유다는 70년 동안 바벨론 포로로 끌려가게 하신 것이다. 열국을 다스리는 통치적 연결 시스템을 가진 강대국 바벨론을 역이용하여 하나님이 세상의 참 주인이심과 위대한 통치자이심을 알리는 제사장 직무를 이행하게 하신 것이다. 사실 자기 백성이 그동안 불성실한 제사장직무를 하나님 홀로 대신 감당해 내신 것이다.

"우리가 바벨론을 치료하려 하여도 낫지 아니한즉"(렘 51:9)의 의미는 하나님께서는 심판 중에도 바벨론이 회개하고 돌아오기를 기다리셨음을 보여준다. 비록 그들이 완악하여 치료를 거부했지만, 하나님의 본심은 그들을 고치는 데 있었으며 그 과정에서 포로생활을 하고 있었던 이스라엘이 신분은 낮았지만 치료의 도구로 살다가 약속하신 때가 되어 귀환했음을 시사한다.

c. 포로로 끌려간 그곳, 지배국의 평안을 구하는 제사장적 사명

"너희는 내가 사로잡혀 가게 한 그 성읍의 평안을 구하고 그를 위하여 여호와께 기도하라 이는 그 성읍이 평안함으로 너희도 평안할 것임이라"(렘 29:7)

예레미야는 포로로 끌려가는 유대인들에게 유대인 포로들을 지배하는 바벨론을 위해 기도하라는 파격적인 명령을 내린 의미는 포로가 된 이스라엘은 바벨론을 저주하는 자들이 아니라, 그 땅의 평안שׁלֹם (8001, 셸람)을 위해 중보하는 제사장적 역할을 수행해야 했다. 이는 바벨론이라는 영적 환자를 위해 중보하는 치료자의 모습과 같다.

d. 열국의 빛과 제사장 나라로서의 정체성

포로기 중 기록된 이사야서 후반부는 이스라엘이 고난을 통해 열방을 치료하는 '종'의 역할을 할 것임을 예언한다. "내가 또 너를 이방의 빛으로 삼아 나의 구원을 땅끝까지 이르게 하리라"(사 49:6)라는 말씀의 의미는 이스라엘은 자기 민족의 구원에만 머무는 것이 아니라, 전 세계(열방)를 치료하고 구원하는 '빛'의 사명을 부여받았다. 포로라는 비참한 현실 속에서도 그들의 본질은 '제사장 나라'(출 19:6)였음을 일깨워 준다.

e. 다니엘을 통한 실제적인 치료와 선포

다니엘서에는 이방 왕들이 하나님을 찬양하며 영적인 눈을 뜨게 되는 장면들이 나온다. 이것이 바로 이스라엘이 바벨론을 치료하는 실제적인 모습이다. "이제 나 느부갓네살은 하늘의 왕을 찬양하며 칭송하며 경배하노니 그의 일이 다 진실하고 그의 행하심이 의로우시므로 교만하게 행하는 자를 그가 능히 낮추심이라"(단 4:37)라는 의미는 교만이라는 영적 질병에 걸려 짐승처럼 살았던 느부갓네살 왕이 다니엘의 신앙과 조언을 통해 치료받고 하나님을 시인하게 된다.

이는 포로 된 다니엘이 제국 전체를 치료하는 영적 의사로서 활동했음을 보여주는 대목이다. 히브리 사상의 관점으로 '치료רָפָא(7495,

라파)'는 단순히 육체의 질병을 고치는 것이 아니라, 깨어진(단절된) 하나님과의 관계를 회복하고 창조의 질서로(본래의 자리, 피조물이 마땅히 있어야 할 위치) 돌아가는 것을 의미한다.

④ 아람어로 기록된 다니엘서의 문장 대조와 의미들

a. 문장 대조 구조(키아즘 구조)

다니엘서의 아람어 부분(2~7장)을 문장대조로 살펴보면 완벽한 대칭 구조가 나오고 하나님이 나타내고자 하는 의도를 보여주고 있다.

2장: 네 제국에 대한 환상(세상의 종말)

3장: 풀무불에서의 구원(박해 속의 승리)

4장: 느부갓네살의 교만과 심판

5장: 벨사살의 교만과 심판

6장: 사자굴에서의 구원(박해 속의 승리)

7장: 네 짐승에 대한 환상(세상의 종말)

b. 대칭구조에 대한 설명

이 대칭 구조를 아람어로 묶음으로써, '세상 제국은 변하고 사라지나, 하나님의 나라는 영원하다'는 핵심 메시지를 이방 세계 한복판에 시각적, 언어적으로 강렬하게 각인시킨 것이다. 하나님의 우주적 통치권 선포를 위해 히브리어만 사용했다면 여호와는 '유대인의 민족 신'에 머물렀을 것이다. 하지만 아람어 기록은 여호와 하나님이 예루살렘 성전에 갇혀 계신 분이 아니라, 바벨론과 페르시아라는 거대 제국을 움직이시고 왕들을 세우고 폐하시는 '역사의 주관자'임을 만방에 공포하는 효과가 있었다.

c. 각 나라의 다양한 언어로 번역된 번역 성경의 한계성

각 나라 언어로 기록된 번역 성경은 원어 성경에 담긴 참된 하나님의 뜻과 의도를 바르게 알아내는 데 역부족이다.

타국인들에게 전파하거나 알리기 위해 외국어로 번역하여 쓴 조서와 편지 형태의 성경을 바르게 연구하고 그 본래의 의미를 알아내어 바르게 가르치기 위해서는 반드시 히브리어의 의미와 히브리 사상의 관점으로 풀어야 한다.

히브리어 성경을 각 나라의 다양한 외국어로 번역하여 전파하는 번역 성경은 바르게 해석하는 작업에 텍스트로 사용하기에는 원어 성경이 가진 본래의 의미와 근본적인 본질의 뜻을 발견하기에는 턱없이 부족하고 부적절한 이방 종교와 풍조의 사상이 깊이 담긴 이방 나라의 언어는 하나님을 담고 있는 히브리 언어와 대립적인 의미를 가진다. 서로 다른 사상의 의미를 가르치기 위해 사용해 왔던 언어의 장벽이 너무 크다.

d. 포로된 백성에게 위로를 주셨다.

포로 된 백성에게 주는 위로의 관점에서 이방인들이 사용하는 언어로 기록된 성경이 이방 제국의 멸망과 하나님의 승리를 선포할 때, 포로 생활 중이던 유대인들은 큰 위로를 얻었다. '우리가 쓰는 언어가 아니라 저들이 쓰는 언어로 저들의 심판이 기록되었다'는 사실 자체가 하나님이 이미 이방을 통제하고 계신다는 강력한 증거였기 때문이다.

e. 교훈적 의도와 영적 가치

'인본주의 제국 위에 신본주의 왕국이 알박이처럼 노예로 들어와 강대국과 열국을 하나님에 의해 말씀으로 장악하셨다.' 아람어로 기록된 내용은 세상 권력의 화려함(금 신상, 큰 나무)으로 시작하지만, 결국 '손대지 아니한 돌'과 '지극히 높으신 이'의 통치로 끝난다. 이는 헬라 사상의 뿌리인 인간 중심의 힘과 지혜가 하나님의 주권 앞에 얼마나 무력한지를 보여준다.

f. 언어는 사상을 전달하는 도구이다.

하나님께서 그 당시 이방인의 언어였던 아람어를 사용해 가장 거룩한 묵시를 온 땅의 민족들에게 전달하셨다. 이는 복음이 훗날 헬라어로, 또 오늘날 모든 민족의 언어로 퍼져나갈 것을 미리 보여주신 선교를 예표 한다. 그러나 번역된 이 말씀이 과연 하나님 중심사상의 관점에서 어떤 뜻인가를 알아내고 변치 않는 진리를 바르게 해석하여 가르치는 일은 말씀을 맡은 종들의 직무이다. 이들은 말씀의 본질과 본래 의미에 대하여 전문적으로 배운 말씀에 능한 자들이다.

g. "거룩한 소통의 중요성"

다니엘은 이방 학문과 아람어에 능통했지만, 그의 사상은 철저히 히브리적(하나님 중심)이었다. 우리 역시 세상의 언어와 지식을 활용하되, 그 중심에는 반드시 히브리적 사상(하나님 경외)이 자리 잡아야 함을 교훈한다. 다니엘서의 아람어 기록은 "하나님은 모든 민족의 하나님이시다"라는 선언이다. 이러한 배경을 이해할 때, 신약성경이 왜 헬라어로 기록되었지만 그 사상은 철저히 히브리어적이어야만 한다는 것이 더욱 명확해진다.

2.
성부 하나님은
구속자 예수 그리스도를 증거하셨다

"내게는 요한의 증거보다 더 큰 증거가 있으니 아버지께서 내게 주사 이루게 하시는 역사 곧 내가 하는 그 역사가 아버지께서 나를 보내신 것을 나를 위하여 증언하는 것이요"(요 5:36)

"또한 나를 보내신 **아버지께서 친히 나를 위하여 증언**하셨느니라 너희는 아무 때에도 그 음성을 듣지 못하였고 그 형상을 보지 못하였으며"(요 5:37)

"만일 우리가 사람들의 증언을 받을진대 **하나님의 증거**는 더욱 크도다 **하나님의 증거**는 이것이니 **그의 아들에 대하여 증언**하신 것이니라"(요일 5:9)

성부 하나님께서 성자 예수를 유일한 구속자로 세우시고 확증하셨다는 점을 문법과 구속사적 관점으로 다음과 같이 살펴볼 것이다.

'내게 주사 이루게 하시는 역사' 여기서 '역사'는 단지 기적만을 의미하지 않고 성부께서 성자에게 맡기신 구원 계획의 전체 사역을 뜻한다. 문법적으로 '주사'와 '이루게 하시는'(요 5:36-37)은 성부가 사역의 주도권을 쥐고 계심을 강조한 것이다.

'친히 나를 위하여 증언하셨느니라' 헬라어 원문에서 '증언하셨다'는 완료 시제(완료태)이다. 이는 과거에 일어난 증언(세례 때의 음성: 이는 내 사랑하는 아들이요 내 기뻐하는 자이다)이 현재까지도 그 효력과 영향력을 지속하고 있음을 의미한다. 즉, 성부의 증거는 일시적인 사건이 아니라 영원한 확증이다.

'하나님의 증거는 이것이니'(요일 5:9) 여기서 '이것'은 뒤에 나오는 '그의 아들에 대하여 증언하신 것'을 가리키는 지시 대명사이다. 문법적으로 성부의 '모든 계시와 증언의 목적어(하나님의 증거'의 절대성)가 오직 '아들(예수)'에게 집중되어 있음을 한정한다. 성부께서는 다른 대안을 제시하지 않으시고 오직 아들을 통해서만 자신을 나타내신다.

지극히 사랑하는 자기 백성을 향한 하나님의 계획(설계)은 구속이며 평안이다. "여호와의 말씀이니라 너희를 향한 나의 생각(마하샤바)을 내가 아나니 평안이요 재앙이 아니니라 너희에게 미래와 희망을 주는 것이니라"(렘 29:11) '나의 생각'מַחֲשָׁבָה(4284, 마하샤바)는 '생각, 사상, 계획, 의도, 고안, 계획, 방책, 의도, 발명'을 의미한다. 사람의

'생각'(시 94:11, 33:10)은 '마음의 생각, 사상'(창 6:5, 대상 28:9)이며, 하나님의 '생각'(미 4:12, 시 40:5, 렘 51:29)이다. '주의 생각'은 '심히 깊으시다'(시 92:5)이며, '인간의 생각보다 더 높은 것'(사 55:8), '하샤브חָשַׁב(2803: 생각하다, 계획하다, 평가나 판단을 하다, 고안하다')에서 유래했다.[85]

여기서 '생각'이 바로 '설계'이다. 이스라엘의 포로 생활과 회복이라는 거대한 구속의 마스터플랜을 하나님이 직접 설계하셨다.

구속사에서 성부 하나님은 구원의 '설계자The Architect of Salvation'이다. 창세 전부터 택하신 자들을 구원하기로 작정하셨고, 그 방법으로 오직 '아들의 대속'을 정하셨다. 성부가 유일한 구속자로 아들을 증거하셨다는 것은, 인간이 고안한 그 어떤 종교적 노력이나 율법의 행위가 아닌, 하나님이 준비하신 '하나님의 의'만이 유효하다는 선언이다.

구약의 모든 제사 제도와 예언(모형)은 결국 성부가 아들을 보내실 것에 대한 '예비적 증거'가 연속적으로 성실하게 진행되어, 신약에서 예수의 공생애는 그 설계도가 실체로 드러난 사건이다. 유대 법정에서 증인의 증언은 생사를 결정한다.

성부께서 친히 증언하셨다는 것은 예수 그리스도가 죄인을 구원할 합법적이고 유일한 중보자임을 하늘 법정에서 최종 선포하셨음을 의미한다. 이는 증언의 법적 효력을 갖는다. 성부의 음성은 "이는 내 사랑하는 아들이요 내 기뻐하는 자라"(마 3:17)고 선포함으로써, 예수가 단순한 인간 스승이 아니라 성부가 파송한 신적 구원자임을

---

85)　이병철 *op. cit.*, 4284.

확증한다.

구분	주요 내용	의미
문법적 측면	완료 시제와 주도적 동사 사용	성부의 증거는 변개될 수 없는 영원한 확정임
구속사적 측면	설계자로서의 성부	아들 외에 다른 구원의 길을 두지 않으셨음 (유일성)
신학적 결론	하나님의 자기 확증	예수의 구원 사역은 성부의 권위 위에 세워진 절대적 진리

"하나님의 증거는 이것이니 그의 아들에 대하여 증언하신 것이니라."(요1서 5:11)

결국 성경이 말하는 가장 큰 증거는 인간의 체험이나 논리가 아니라, 성부 하나님께서 친히 당신의 아들을 구원자로 지목하셨다는 사실에 있다. 이것이 성도가 붙들어야 할 가장 객관적이고 확실한 구원의 근거이다.

3.
성령도 오직 예수님과 그의 복음만을 증거하셨다

"그러나 진리의 성령이 오시면 그가 너희를 **모든 진리 가운데로 인도하**

시리니 그가 스스로 말하지 않고 오직 들은 것을 말하며 장래 일을 너희에게 알리시리라 14) 그가 내 영광을 나타내리니 내 것을 가지고 너희에게 알리시겠음이라"(요 16:13)

성령은 **가정교사와 보호자와 양육자와 같이 성부가 구원자로 세우신 그 예수님을 나의 구주로 발견하도록 조명해 주시고 인 치심으로 믿음으로 그리스도에 대하여 알아가고 배워 신부 수 업으로 양육하는 신앙 전수가 진행되도록 인도하시고 도우시 는** 진리의 영으로서의 마지막 혼인 잔치하는 그날에 그리스도의 신부들이 흠 없이 서도록 구별된 길로 가도록 대속하신 예수님을 가르친다.

"내가 아버지께로부터 너희에게 보낼 보혜사 곧 아버지께로부터 나오시는 진리의 성령이 오실 때에 그가 나를 증언하실 것이요"(요 15:26)

'보혜사'παράκλητος(3875, 파라클레토스) '남을 위해 나타난 자, 중 재자, 중보자, 대언자',[86] '돕는 자, 변호자, 위안자'를 뜻하며, 수동적 의미로 '법정에서 도우는 자'로 발전되었다. 법정(법률) 용어로서 '법 적인 보조자', '변호자'를 의미한다.[87] 그 변호하는 내용은 전적으로 구속자 예수님이 택하신 자들을 죄와 사망에서 구원하려고 약속하 신 대로 흘리신 대속의 핏값을 하나님 법정에 완전한 증거물을 믿음

---

86)   O.N.O편찬위원회, *op. cit.*, p. 1112.
87)   이병철 *op. cit.*, 3785.

으로 제출했음을 변호하는 것이다.

'증언'μαρτυρέω(3140, 마르튀레오) '유리하게 증언하다, 입증하다, 선언하다, 확증하다, 증거를 받다, 인정되다, 칭찬받다, 경계하다'란 뜻이며,[88] 또한 '증인이 되다, 호의적으로 말하다'를 의미한다. 법률상의 증언에 대해 사용되었을 뿐만 아니라(민 35:30; 신 19:15, 18) 기념비의 기념적 기능(창 31:46)과 모세의 노래(신 31:19, 21)에 대해 사용되었다.[89]

성령님은 새로운 복음을 만드시는 것이 아니라, 이미 성부께서 계획하시고 성자께서 성취하신 복음을 우리에게 '조명Illumination'해 주신다. 여기서 '증언하실 것이요'는 미래 시제로, 예수님의 부활·승천 이후 성령 시대에 성도들이 '예수를 주라' 시인하고 고백하게 하시는(고전 12:3) 결정적 근거가 성령께 있음을 뜻한다.

전적으로 부패하고 타락하여 인본주의 헬레니즘에 장악당한 인간의 지성이나 논리로는 예수를 하나님의 아들이자 나의 구주로 믿는 것이 불가능하다. 성령께서 우리 영혼에 역사하실 때만 비로소 예수를 '주κύριος(2962, 퀴리오스)'라고 고백하는 신앙의 고백이 터져 나온다. 이것이 성령님이 하시는 가장 강력한 증거이다.

"증언하는 이는 성령이시니 성령은 진리니라… 증언하는 이가 셋이니 성령과 물과 피라 또한 이 셋은 합하여 하나이니라"(요일 5:8) '물(세례)'은 성부께서 하나님이 약속한 구속자 예수님이 성경에 기록

---

88) O.N.O편찬위원회, *op. cit.,* p. 1052.
89) 이병철 *op. cit.,* 3140.

된 말씀 그대로 이 세상을 구원한 구속자로 오셨음을 알리기 위해 "내 사랑하는 아들"이라고 선포하신 것을 의미한다. '피(대속의 피)'는 성자께서 구속을 완성하신 것을 의미한다. '성령'은 이 모든 구속사가 예수님을 통해 성취된 구원의 복음을 택하신 자들이 발견하도록 인도하시고 오직 예수님만이 구원이심을 믿게 하시는 성령 현재적 증거와 사역을 의미한다.

4.
성자 예수님은
죄인을 구원할 본인을 증거하셨다

"예수께서 이르시되 내가 곧 길이요 진리요 생명이니 나로 말미암지 않고는 아버지께로 올 자가 없느니라"(요 14:6)

1) 예수님이 친히 구원자(구속자)요 메시아로서의 증거

예수님은 자신이 이 세상의 택하신 죄인을 구원하러 온 유일한 메시아임을 분명히 하셨다. 잃어버린 탕자를 찾으러 오셨고, 구약에 약속하신 메시아가 예수님임을 증거했다. 그리고 죄와 사망에 빠진 죄인들에 자신의 몸을 나누줄 생명의 양식과 우리를 죽음에서 생명으로 옮겨주신 부활의 주님으로 오셨음을 증거하셨다.

"인자가 온 것은 잃어버린 자를 찾아 구원하려 함이니라."(눅 19:10)

"여자가 이르되 메시아 곧 그리스도라 하는 이가 오실 줄을 내가 아노니…
예수께서 이르시되 네게 말하는 내가 그라 하시니라."(요 4:25-26)

"인자가 온 것은 섬김을 받으려 함이 아니라 도리어 섬기려 하고 자기 목
숨을 많은 사람의 대속물로 주려 함이니라."(마 20:28)

"예수께서 또 말씀하여 이르시되 나는 세상의 빛이니 나를 따르는 자는
어둠에 다니지 아니하고 생명의 빛을 얻으리라"(요 8:12)

"예수께서 이르시되 내가 곧 길이요 진리요 생명이니 나로 말미암지 않고
는 아버지께로 올 자가 없느니라"(요 14:6)

예수님은 자신의 고향 나사렛 회당에 방문하여 구약의 선지자들
이 예언한 메시아가 바로 자신임을 이사야서의 메시아 예언(사 61:1-
2)을 낭독하신 후 선언하셨다. "이 글이 오늘 너희 귀에 응하였느니
라 하시니"(눅 4:21), 그리고 세례자 요한이 요단 동편에서 세례를 베
풀 때 나타나셔서 세례자 요한이 모든 백성들에게 "보라 세상 죄를
지고 가는 어린양이로다"라고 증거하였다. 한참 지난 후 제자들을
예수님께 보내어 메시아인지 물었을 때, 구약의 메시아 사역(맹인이
보고 못 걷는 사람이 걷는 등)을 언급하며 자신이 구약성경에 오시기로

작정된 메시아임을 알리셨다(마 11:4-5).

2) 예수님이 친히 하나님(신성)이며 창조주이심을 증거

"나와 아버지는 하나이니라 하신대."(요 10:30)

"예수께서 이르시되 진실로 진실로 너희에게 이르노니 아브라함이 나기

전부터 내가 있느니라 하시니"(요 8:58)

*여기서 '내가 있느니라'는 하나님의 성호인 'I AM'을 의미함.

"아버지여 창세 전에 내가 아버지와 함께 가졌던 영화로써 지금도 아버지

와 함께 나를 영화롭게 하옵소서."(요 17:5)

3) 하나님과 동등하신 신성 증거

예수님은 성부 하나님과 본질적으로 하나이심을 선포하셨다. 예수님은 자신이 하나님과 본질적으로 하나이며, 하나님의 아들로서 모든 권세를 가졌음을 분명히 하셨다.

예수님 자신이 하나님과 본질적 일치임을 "나와 아버지는 하나이니라 하신대"(요 10:30)라고 증거하셨다. 선 선재성Pre-existence에 대하여 "예수께서 이르시되 진실로 진실로 너희에게 이르노니 아브라함이 나기 전부터 내가 있느니라 하시니"(요 8:58)라고 말씀하셨다.

그리고 예수님이 잡히셨고 대제사장 앞에서 재판 받으실 때에 "네가 찬송 받을 이의 아들 그리스도냐"라고 물었을 때 가장 명확한 답변을 주셨다. "예수께서 이르시되 내가 그니라 인자가 권능자의 우편에 앉은 것과 하늘 구름을 타고 오는 것을 너희가 보리라 하시니"(막 14:62)

또한 예수님 자신이 구원자로서 가장 핵심적인 '죄를 사하는 권세'가 있음을 선포하셨다. 중풍병자를 고치시면서 "인자가 세상에서 죄를 사하는 권능이 있는 줄을 너희로 알게 하려 하노라 하시고…"(마 9:6) 이 구절들은 예수님이 단순히 도덕적 스승이나 선지자 중 한 분이 아니라, 하나님과 동등하신 신성을 가지신 분이며, 온 인류를 죄에서 건져내실 유일한 구속자이심을 예수님 자신의 입술로 확증하신 사건인 것이다.

"에고 에이미"ἐγώ εἰμι는 '에고(나)'와 '에이미(이다)'이며, '나는 ~이다', '내가 바로 그 다(메시아)'라는 뜻이다(요4:26).

요한복음에는 예수님께서 자신의 신성과 구원자적 사명을 나타내는 일곱 가지의 선언적 표현이 나온다. 이는 구약의 여호와 하나님께서 자신을 계시하실 때 쓰신 "나는 나다"(출 3:14)라는 표현을 반영한다.

4) 예수님이 친히 선한 목자로서의 증거

"나는 선한 목자라 선한 목자는 양들을 위하여 목숨을 버리거니와."(요 10:11)

"나는 선한 목자라 나는 내 양을 알고 양도 나를 아는 것이."(요 10:14)

"내가 진실로 진실로 너희에게 말하노니 나는 양의 문이라… 내가 문이니
누구든지 나로 말미암아 들어가면 구원을 받고…"(요 10:7, 9 하반절).

"양들의 큰 목자이신 우리 주 예수를 영원한 언약의 피로 죽은 자 가운데
서 이끌어 내신 평강의 하나님이…"(히 13:20),

"여호와는 나의 목자시니 내게 부족함이 없으리로다 그가 나를 푸른 초장
에 누이시고 쉴 만한 물가로 인도하시는 도다 내 영혼을 소생시키시고 자
기의 이름을 위하여 의에 길로 인도하시는 도다"(시 23:1-3)

"그는 목자 같이 양 떼를 먹이시며 어린 양을 그 팔로 모아 품에 안으시며
젖 먹이는 암컷들을 온순히 인도하시리로다"(사 40:11).

예수님이 직접 자신을 선한 목자로 말씀하신 것은 선한 사마리아
와 같은 예수님이 자기 백성을 죽음에서 살려내시고 평안을 주시는
목자임을 강조하신 것이다. 삯꾼 목자는 양들이 위험에 처할 때 도
망가고 선한 목자는 양들을 위해 목숨을 바친다고 말씀하신 것은.
하나님 자신이 마치 선한 목자와 같이 자기 백성을 목숨 걸고 지켜
내시고 안전하게 먹이는 목자와 같다고 증거한 것이다.

요 10:7-9에서 '목자를 양의 문'이라 선언하셨다. 이는 놀라운 말씀
이다. 양을 치는 이스라엘 배경문화에서 '양의 문'은 '목자' 자신이다.

아버지가 맡긴 양들을 먹이기 위해 목자는 집에서 멀리 떨어진 광야 한복판까지 이동할 때가 있다. 광야에 설치된 돌무더기 양 우리를 필자는 이스라엘 성지 탐사를 통해 직접 목격한 적이 있다. 돌담 형태로 둥글게 만든 양 우리는 나무로 만든 문짝이 없다. 목자는 친히 양의 문짝이 되어 양들을 밤새 사나운 들짐승으로부터 지켜내야 한다.

목자가 친히 양 우리 문짝이 되어 돌담 입구에 몸을 기댄 채 양들을 밤새도록 지켜내야 하는 고단한 문지기 파수꾼이 되어야 한다. 목자의 삶은 낮이고 밤이고 아버지가 맡긴 양을 지켜내야 하는 참으로 고된 직업이다. 겁이 많은 양들은 늑대들의 사나운 울음 소리만 들어도 긴장과 두려움으로 벌벌 떨고 공포에 사로잡힌다. 약한 양은 호흡곤란과 쇼크도 발생한다.

그래서 목자는 양들을 안심시키기 위해 노래를 부르고 또는 피리를 불어줌으로 목자가 여전히 함께 있고 지키고 있음을 알리기 위해 사인과 신호를 보내는 것이다. 그럼에도 불구하고 공포에 사로잡혀 약한 양은 마비증세를 보이고 간혹 죽기도 한다. 그래서 목자는 죽음에 처한 양에게 달려가서 준비한 올리브기름을 양의 머리와 목에 붓고 목자의 손으로 주물러 준다. 그러면 긴장이 풀리고 입자가 작고 고운 올리브기름은 뼛속까지 스며들어 마비된 양의 근육을 풀어준다. 그래서 목자들은 항상 필수품 비상약처럼 올리브기름을 배낭에 소지한다.

시편 23편에서 "주께서 내 원수의 목전에서 상을 베푸시고 내 머리에 기름을 바르셨으니 내 잔이 넘치나이다"라는 말씀은 이러한 배경 문화를 기초한 내용인 것이다. 선한 목자는 세상살이에 지친 성도들의 상처와 아픔과 근심 걱정의 공포를 감싸주시고 성령의 능력이 내 영혼과 온몸의 뼛속까지 침투해 들어가 치료하시고 회복해 주신다. 선한 목자는 양들의 생명을 원수들로부터 보호하고 구원하기 위해 자신의 목숨을 희생 제물로 바친 예수님의 구원 사역을 보여준 것이다.

목자는 아버지가 맡긴 양을 단 한 마리도 잃어버리지 않고 되돌아가는 직무를 완성하는 것에 대하여 가장 큰 명예로 생각한다. 그래서 우리의 목자장 되신 예수님은 자신의 이름 값의 명예를 위해 목숨 걸고 자신의 양들을 지켜내는 것이다. 혹시 목자를 떠난 양이 발견되면 즉각적으로 달려가 결단코 포기하지 않고 반드시 찾아내는 선한 목자(눅 15:4-7) 예수님은 "너희 중에 어떤 사람이 양 백 마리가 있는데 그중의 하나를 잃으면 아흔아홉 마리를 들에 두고 그 잃은 것을 찾아내기까지 찾아다니지 아니하겠느냐"라고 말씀하시면서 자신에게 맡겨진 죄인 한 사람을 끝까지 추적하여 구원하시는 명예로운 목자의 사역으로 보여 주고 있는 것이다.

"그때에 예수께서 제자들에게 이르시되 오늘 밤에 너희가 다 나를 버리리라 기록된 바 내가 목자를 치리니 양의 떼가 흩어지리라 하였느니라 목자를 치면 양이 흩어지리라"(마 26:31)

"너희가 전에는 양과 같이 길을 잃었더니 이제는 너희 영혼의 목자와 감독 되신 이에게 돌아왔느니라"(벧전 2:25)

"그리하면 목자장이 나타나실 때에 시들지 아니하는 영광의 관을 얻으리라"(벧전 5:4)

"주 여호와께서 이같이 말씀하셨느니라 나 곧 내가 내 양을 찾고 찾되 목자가 양 가운데에 있는 날에 양이 흩어졌으면 그 때를 찾는 것 같이 내가 내 양을 찾아서… 내가 친히 내 양의 목자가 되어…"(겔 34:11-12, 15)

위에서 먼저 소개한 **'목자를 치면 양이 흩어지리라'(마 26:31)**라는 말씀은 구약의 예언대로 예수님의 제자들은 주님과 함께 죽겠다고 맹세한 것과 달리 다 도망가 버렸다. 그럼에도 불구하고 부활하신 예수님은 그들을 단 한 사람도 버리지 않으셨고, 다시 찾아가 그들의 스승이 되고 그들의 구원자가 되어 주셨고 그들에게 성령을 보내사 복음 전파에 충성할 능력과 복음의 효력을 주셨다. 그리고 그들을 충성되이 여겨 자신의 양떼를 먹이고 치라고 자신의 양떼들을 맡겨 주셨다.

두 번째로 소개된 말씀에서 '길을 잃어버린 양들이 스스로 목자에게 돌아온 것'처럼 보이나 실제로는 배신하고 흩어진 양들을 예수님 홀로 직접 찾아내신 것이다. 결국 연약한 가축을 상징하는 양들이 스스로 노력한 공로로 자신의 구원을 성취한 것은 존재하지 않는다. 불가능한 일이다. 우리가 할 수 있는 것은 아무것도 없음을 보여주고 확인시켜 주는 말씀들이다.

오직 선하신 목자가 예수님 홀로 희생하고 성실하게 양들을 다 지켜낸 주님의 공로인 것이며 목숨바쳐 잃어버린 양들을 찾아낸 주님의 업적인 것이다. 모든 성경이 오실 메시아의 통치 방식이 인애와 긍휼이 넘치는 선한 목자로서 자신이 대신 죽어 자기 백성을 구원하신 메시아임을 분명하게 증거했지만 한 달란트 받은 종처럼 유대교와 지도자들은 하나님을 인색하고 엄하신(율법주의) 분으로 왜곡한 것이다. 그리고 핏값으로 성취한 복음의 달란트를 땅속에 묻어 장례시킨 것이다.

5) 예수님이 친히 만유의 주 및 심판주로서의 증거

"예수께서 나아와 말씀하여 이르시되 하늘과 땅의 모든 권세를 내게 주셨으니."(마 28:18)

"나는 알파와 오메가요 처음과 마지막이요 시작과 마침이라."(계 22:13)

"아버지께서 아무도 심판하지 아니하시고 심판을 다 아들에게 맡기셨으니 이는 모든 사람으로 아버지를 공경하는 것 같이 아들을 공경하게 하려 하심이라"(요 5:22-23)

예수님이 모든 권세를 하나님으로부터 위임받았음을 분명히 밝히셨다. 그러므로 마지막 날에 심판의 권세로 양과 염소와(마 25장) 알곡과 쭉정이를 나누시고 경건한 자와 불경건한 자를 나누시고 예수님과 복음을 믿고 구원받은 성도들은 신랑되신 그리스도의 신부가 되어 혼인 잔치에 들어가고 예수님과 복음을 거절하고 핍박한 자들은 이들을 위해 준비된 영원한 불못에 던지울 심판이 있다고 심판자이신 예수님 친히 왕의 권세로 선포하신 것이다.

예수님을 믿는 자들에게는 마지막 날의 재림이 영광 중에 오실 우리 구주 우리 신랑을 맞이하는 기쁨의 혼인 잔칫날이다. 그러나 예수님을 믿지 않는 자들에게는 공포의 심판이 집행되는 두려운 날이다. 다니엘 7:13-14에 환상 중에 '인자 같은 이'가 옛적부터 항상 계신 이(성부 하나님)에게 나아가 권세와 영광과 나라를 받는 장면이 나온다. 이는 종말론적 심판주의 통치권을 상징한다. 최종적 승리에 대하여 성경의 마지막 책인 계시록은 심판 주로서의 예수님의 모습을 시각적으로 묘사한다.

백마 탄 심판자 "그가 공의로 심판하며 싸우더라… 그 입에서 예리한 검이 나오니 그것으로 만국을 치겠고"(계 19:11, 15). 보좌에 앉으신 이에 대하여 죽임을 당한 어린 양이 두루마리의 인을 떼기에 합당하며, 마지막 심판을 집행하시는 분으로 묘사된다. 이는 하나님 아버지가 아들에게 심판의 전권을 맡기심이다(요 5:22).

6) 생명의 근원으로서의 증거('에고 에이미' 선언)

"내가 곧 생명의 떡이니 내게 오는 자는 결코 주리지 아니할 터이요 나를 믿는 자는 영원히 목마르지 아니하리라."(요 6:35)

"예수께서 이르시되 나는 부활이요 생명이니 나를 믿는 자는 죽어도 살겠고."(요 11:25)

이 구절들은 예수 그리스도가 단순한 예언자나 도덕적 스승이 아
니라, 인류를 구원하기 위해 오신 성자 하나님이자 만물의 주권자이
심을 확증해 준다. '에고 에이미Ego Eimi(나는 ~이다)' 선언 중 가장 핵
심적인 부분들이다. 이 선언들이 왜 예수님의 신성과 주권에 대한
강력한 증거는 다음과 같다.

(1) 출애굽기 '여호와' 계시와 헬라어 '에고 에이미ἐγώ εἰμι'는 단순
히 "나는 ~이다(메시아)"라는 문법적 표현을 넘어선다. 이는 구약성
경 출애굽기 3:14에서 하나님이 모세에게 자신의 이름을 계시하실
때 쓰신 "나는 스스로 있는 자니라I AM WHO I AM"의 헬라어 번역과 동
일하다. 유대교 지도자들이 예수님을 신성 모독한 자로 정죄하게
된 논란의 이유가 당시 유대인들이 예수님의 이 선언을 듣고 돌을
들어 치려 했던 것은 예수님 자신을 하나님과 동일시하는 '하나님의
성호'를 사용하셨기 때문이다.

그러나 예수님은 실제로 성자 하나님으로서 당연한 사실 그대로
주권자로서 선포하신 것이다. 그리고 이것은 하나님의 거룩한 뜻이
었기에 마땅히 하셔야만 했고 하셔야할 일을 행하신 것이다. 이는
단순한 자기소개가 아니라, 존재의 근원이신 하나님만이 하실 수 있
는 존재론적 선언이기 때문이다.

(2) 예수님은 유대인들에게 익숙한 구약적 배경 속의 '생명'에 관련
된 이미지와 상징들을 가져와 자신의 메시아성을 확증하셨다. '생명
의 떡'(요 6:35)이란 상징적 의미는 광야에서 이스라엘 백성을 먹였던
'만나'를 염두에 둔 말씀이다. 만나는 육신의 생명을 잠시 연장했을

뿐이지만, 예수님은 자신을 영원한 생명을 주는 참된 하늘 양식으로 제시하며 인류의 근원적인 결핍을 해결할 분임을 천명하셨다.

'부활과 생명'(요 11:25)이란 의미는 유대인들은 마지막 날에 일어날 막연한 '부활'을 믿었으나, 예수님은 "내가 곧 그 부활의 실체"라고 파격적으로 선언하셨다. 이는 죽음이라는 인류 최대의 대적을 다스리는 주권이 예수님께 있음을 보여준다.

(3) 요한복음의 7가지 '에고 에이미'를 선언하시고 제시하셨다. '선언하신 AM…'은 의미와 주권의 영역에 대한 선언이다. 요한복음에는 예수님의 신성을 보여주는 7가지 선언이 체계적으로 나타난다. 이를 통해 예수님이 만물의 주권자이심이 더욱 선명해진다.

'생명의 떡(6:35)'은 영혼의 만족과 생존을 책임지는 공급자는 오직 예수님이심을 선언하셨다.

'세상의 빛(8:12)'은 어둠(죄) 속에서 진리의 길을 비추는 인도자는 오직 예수님밖에 없다.

'양의 문(10:7)'은 구원을 얻기 위해 반드시 통과해야 할 유일한 통로는 선한 목자 예수님뿐이다.

'선한 목자(10:11)'는 자기 양을 위해 목숨을 버리는 보호자와 소유자는 오직 예수님이다.

'부활과 생명(11:25)'은 죽음의 권세를 이기고 영생을 부여하는 심판 주는 오직 예수님이다.

'길, 진리, 생명(14:6)'은 하나님 아버지께로 이르는 절대적이고 유일한 중보자는 오직 예수님이다.

'참 포도나무(15:1)'는 열매 맺는 삶의 근원이자 생명력의 원천은 오직 예수님뿐이다.

⑷ 만물의 주권자로서의 확증을 보여주신 이 선언들은 예수님이 "인간의 필요(배고픔, 목마름, 죽음, 길 잃음)를 채워주는 수단"에 그치는 분이 아니라, "그 모든 가치의 기원이자 주권자 그 자체"이심을 드러낸 것이다. "나를 믿는 자는 죽어도 살겠고"라는 선언은 자연법칙(생물학적 죽음) 위에 계신 창조주의 권위를 보여주는 가장 강력한 증거라고 할 수 있다.

7) 믿음의 선조와 선지자들은 여자의 후손(예수)을 증거했다

믿음의 조상들과 모든 성경을 기록한 선지자들은 하나님이 아담의 죄로 즉각적으로 약속하신 여자의 후손을 갈망해 왔다. 아니 처절하게 기다려 왔다. 그럴 수밖에 없는 것은 완전한 절망 속에 빠져 죽어버린 인류에게 오직 단 한 가지의 희망은 하나님이 약속한 여자의 후손, 우리를 구원하실 메시아 예수 그리스도밖에 없는 것이다.

사망에 빠진 죄인들인 모든 믿음의 조상들과 선지자들은 유일한 구원의 빛 되신 예수님을 갈망하지 않을 수 없었다. 만약 메시아를 열망하지 않는다면 그는 분명히 성령의 도우심을 받지 못한 눈먼 자인 것이다.

"이는 성경으로써 예수는 그리스도라고 증언하여 공중 앞에서 힘 있게 유

대인의 말을 이김이러라"(행 18:28)

"이 복음은 하나님이 선지자들을 통하여 그의 아들에 관하여 성경에 미리 약속하신 것이라"(롬 1:2)

"성경이 무엇을 말하느냐 아브라함이 하나님을 믿으매 그것이 그에게 의로 여겨진 바 되었느니라"(롬 4:3)

"또 하나님이 이방을 믿음으로 말미암아 의로 정하실 것을 성경이 미리 알고 먼저 아브라함에게 복음을 전하되 모든 이방인이 너로 말미암아 복을 받으리라 하였느니라"(갈 3:8)

"예수께서 대답하여 이르시되 너희가 성경도, 하나님의 능력도 알지 못하는 고로 오해하였도다"(마 22:29)

"하와는 죽을까?"로 오해했다. 한 달란트 받은 종은 자비 없는 엄하신 주인으로 오해했다. 바리새인들은 구속자 예수님이 성경에 약속한 기록 그대로 오신 메시아가 확실하고 분명함에도 불구하고 이단자로 오해했고 악한 영의 힘으로 기적과 표적을 일으키며 안식일을 범하는 이단의 우두머리로 오해하였다.

'오해'πλανάω(4105, 플라나오) '나쁜 길로 이끌다, 그릇되게 인도하다, 속이다, 속다'란 뜻이며,[90] '빗나가다, 방황하다, 길을 잃게(미혹)하

---

90)   O.N.O편찬위원회, *op. cit.*, p. 1133

다, (수동태로) 미혹(타락)되다'를 의미한다. 플라네 $\pi\lambda\acute{\alpha}\nu\eta$(4106, 배회, 방황, 이탈)에서 유래했다.[91]

> "대제사장이 다시 물어 이르되 네가 찬송할 이의 아들 그리스도냐 예수께서 이르시되 내가 그니라 인자가 권능자의 우편에 앉은 것과 하늘 구름을 타고 오는 것을 너희가 보리라 하시니라"(막 14:61-62).

> "하물며 아버지께서 거룩하게 하사 세상에 보내신 자가 나는 하나님의 아들이라 하는 것으로 너희가 어찌 신성모독이라 하느냐"(요 10:36)

유대교를 추종하는 자들과 지도자들은 예수님을 목수(석공 요셉)의 아들로 오해하였기에 예수님이 친히 '하나님의 아들이라', 또한 '내가 바로 참 그리스도라', '내가 참 구속자 메시아라' 증거했을 때 돌을 들고 치려고 했고 결국 십자가에 못 박아 죽인 것이다. 여기서 말한 메시아에 대한 오해는 무지상태를 의미하는 것이다. 내 백성이 여호와를 아는 지식이 없어 망하는도다.

---

91)　이병철 *op. cit.*, 4105.

VI

1
'히브리 사상'의
두 가지 개념과 의미

1) 히브리 사상의 두 가지 개념

'히브리식 사고'와 '히브리식 체험'이 있다.

히브리식 사고와 체현의 근원과 기초는 능치 못할 일이 없으신 전능하신 하나님과 그 입에서 선포된 생명의 말씀에서 나온 사고와 체현이다.

2) 성경과 예수님이 주장하는 본래 히브리 사상의 본질적 의미

"너희가 성경에서(au|to|", 846) 영생을 얻는 줄 생각하고 성경을(grafh, 1124) 연구하거니와 이 성경이(ekeino", 1565) 곧 내게 대하여 증언하는 것이다. 40) 그러나 너희가 영생을 얻기 위하여 내게 오기를 원하지 아니하는도다"(요 5:39)

위에서 소개한 말씀은 예수님이 하나님 아버지에 의해서 죄인을 구원하기 위해 구속자로 보내심을 받았고 아버지는 아들이신 예수님이 구속자이심을 자기 백성들에게 증거하셨으나 유대교 지도자들과 유대인들이 유대교의 교리인 조상의 전통과 유전을 추종하기에 예수님의 교리를 거절했다는 책망의 말씀인 것이다. 이 말씀을 원어의 의미들을 통해 더 깊이 살펴보도록 하겠다.

 '성경에서'αὐτός(846, 아우토스)는 '자신, 바로 그, 다만 홀로, 자발적으로, 스스로, 동일한 사람, 변하지 않는'을 뜻하며,[92] 그리고 '그, 그는, 그 것'라는 뜻이다.[93] 여기서 말한 '그는' 하나님이 아들이신 예수를 구속자로 증거했고(요 5:36,37) 구속자로 보냈음을 가리키는 말이다.

 '성경을'γραφή(1124, 그라페)는 '성경, 말씀, 그(예수님)에 대하여 기록된 모든 성경'을 의미한다.

 '성경이'ἐκεῖνος(1565,에케이노스)는 '저 사람(성부 하나님이 증거한 아들 예수), 저것(예수님에 대한 기록)'이란 뜻이다.

"하나님의 말씀은 살아있고(2198) 활력이(1756) 있어 좌우에 날선 어떤 검보다도 예리하여(5114) 혼과 영과 및 관절과 골수를 찔러(1338) 쪼개기까지 (3311)하며 또 마음의 생각과 뜻을 판단하나니(2924)"(히 4:12)

위에 언급한 하나님의 말씀이 실제로 천하만물을 창조하셨고 모든 것을 다 아시고 능치 못할 일이 없으신 전지전능한 말씀으로 통치하사 인간의 은밀한 생각과 마음까지도 꿰뚫어 분명하게 파악하시고 선악 간에 판결을 내리사 부정한 것들을 오직 대속의 핏값으

---

92)   머릿돌편찬위원회, 헬라어 어근분해사전, (서울: 도서출판 기쁜날, 1995), p. 60.
93)   이병철, *op. cit.*, 846.

로 완전히 멸하심으로 제거하시고 택하신 자들을 가증한 것들로부
터 구별하여 구원하시고 정결하게 하사 보존하시는 복음의 통치와
회복을 "원어의 의미"를 통해 다음과 같이 살펴볼 것이다.

　'살아있고'ζάω(2198, 자오)는 '살다(live), 생기가 있다, 생활수단을
지니다, 특별한 방법으로 생활하다, 생기와 활기로 넘치다, (하나님의
독특한 뜻으로, 활기 있고 지속적인) 산소망, 가득하고 끊임없이 흐르는
생수, 활기 있고 희망차게 살아가다, 영적인 죽음으로부터 구원받은
상태에서 살아가다, 죄에 대한 합당한 벌에서 구원된 영적인 생명,
구원받은 자의 마지막 생명, 영적인 생명의 근원'을 뜻한다.[94] 또한
'생기다,생명으로 살다, 건강하게 살아가는 것'을 의미한다.[95]

　'활력이'ἐνεργής(1756, 에네르게스)는 '어떠한 일을 이루기에 적합
한, 활력이 넘치는, 유효적절한, 효과적인 힘 있는, 역사(권능), 움직이
는 힘, 실행하다, 효과가 전달되다, 활발하게 전개되다'라는 뜻이
다.[96] 그리고 '활동하는, 효력 있는, 강력한 것'을 뜻한다.[97] 하나님의
활동(운동력이 있어)하시는 말씀을 묘사한다. 하나님의 활동하는 말
씀은 강력하고, 효력이 있는 말씀이다.

　'예리하여'τομώτερος(5114, 토모스)는 '자르다, 살을 에는 듯한 날

---

94)　머릿돌편찬위원회(헬라어), *op. cit.*, p. 181.
95)　이병철, *op. cit.*, 2198.
96)　머릿돌편찬위원회(헬라어), *op. cit.*, p. 139.
97)　이병철, *op. cit.*, 1756.

카로운, 더 예리한'을 뜻한다.[98] 그리고 '더 예리한(날카로운) 것은 하나님의 말씀을 상징한다'는 뜻이다.[99] 하나님의 말씀은 인간의 은밀한 속마음까지 예리하게 파고들어 명확하고 분명하게 그 마음의 생각과 뜻을 감찰하신다.

'찔러'διϊκνέομαι(1338, 디이크네오마이)는 '나가다, 통과하다, 꿰뚫다'를 뜻한다.[100], 그리고 '관통하다, 지나가다'를 의미하며,[101] 또는 '찌르다'라는 뜻이다.[102] 하나님의 말씀의 영향력과 파워는 못 뚫을 것이 없고 천하만물의 모든 경계선과 시간과 공간까지 통과하신다. 그 어떤 장벽도 막지 못한다.

'쪼개기까지'μερισμός(3311, 메리스모스)는 '나눔, 분리, 분배'를 뜻하고, 메리조μερίζω(3307: 나누다, 분배하다)에서 유래했다.[103] 3311의 어근은 μέρος(3313, 메로스)이고 그 뜻은 (전체에 대해서) '부분, 몫, 나눔, 조각, 편, 당파, 받은 몫, 어떤 부분에서 하나씩 하나씩, 받은 몫, 수동태로 분열되다, 구별을 인정하다, 불화의 계기로 끊어지다, 의견이 다르다, 나누는 행동, 나누는 자, 가르는 자, 분배된 선물'이란 뜻이다.[104] 그리고 '부분, 몫, 일부분, 제비, 몸의 일부, 건물이나 도시의

---

98) 　머릿돌편찬위원회(헬라어), *op. cit.*, p. 407.
99) 　O.N.O편찬위원회, *op. cit.*, p. 1213.
100) 　머릿돌편찬위원회(헬라어), *op. cit.*, p. 101.
101) 　이병철, *op. cit.*, 1338.
102) 　O.N.O편찬위원회, *op. cit.*, p. 872.
103) 　이병철, *op. cit.*, 1338.
104) 　머릿돌편찬위원회(헬라어), *op. cit.*, p. 264.

일부 지역, 지구'등을 의미한다. (비유적으로) '직무 영역, 점유 범위, 행정의 부서'이며, (정치적으로) '당파, 할당된 몫이나 부분, 할당된 운명'을 의미한다.[105] 하나님은 성령의 불과 검(진리의 검)으로 정결한 것과 부정한 것을 나누고 분리하신다. 부정한 것은 잘라버림으로 분리하시고 불태워 버림으로 나누신다.

'**감찰하신다**'κριτικός(2924, 크리티코스)는 '판단할 수 있는'의 뜻이며,[106] '재판관의 태도, 능력, 권리, 행동'을 함축한다.[107] 2914의 어근은 κρούω(2925, 크루오)이며 그 뜻은 '문을 두드리다,[108] 때리다, 치다, 노크하다'란 뜻이다.[109] 하나님의 말씀은 사람의 내면의 생각과 의도를 분명하게 감찰하고 선악 간에 판단하여 판결(결정권자)을 내리는 재판(심판자)을 나타낸다.

그러나 지극한 사랑과 예수님의 몸값과 핏값으로 구속하신 택하신 자녀들은 성경 전체에서 '결코 버리지 않겠다'라는 그 약속대로 아예 끝장내 버리는 심판과 멸망의 재판을 행하지 않으시고 단지 성실하신 아버지의 훈육 과정에서 자라나게 하실 목적으로 사랑의 채찍과 때로는 혹독한 징벌을 내리실 뿐이다.

---

105)   이병철, *op. cit.*, 3313.
106)   O.N.O편찬위원회, *op. cit.*, p. 1034.
107)   이병철, *op. cit.*, 2924
108)   머릿돌편찬위원회(헬라어), *op. cit.*, p. 241.
109)   이병철, *op. cit.*, 2925

3) 히브리 사고와 체현이 추구하는 궁극적인 핵심 사상

오직 여호와 하나님만을 경외하는 경건한 신앙 전수를 통해 하나님을 실제적으로 모든 삶의 영역과 전인격적인 관계 속에서 하나님만 바라보고 사랑하며 가장 소중한 가치로 영원히 자손만대로 간직하며 실제적인 삶 속에서 말씀의 열매들을 체험하며 누리고 맛보며 풍족히 나누고 살아가게 하기 위한 히브리적 사상이며 히브리적 체현인 것이다.

결국 히브리 사상은 성령의 도우심으로 하나님만을 경외하는 실제적인 삶을 말한다. 성경 말씀은 하나님만 영원히 기뻐하고 존경하며 감사함으로 잊지 않고 예배함으로 하나님을 영화롭게 하는 지혜와 가르침의 말씀인 것이다. 그러나 전적인 하나님의 도우심이 있어야 가능한 말씀의 열매와 누림의 체험들이다.

이 말씀은 일반적인 세상의 가르침의 교리(교훈)와 전혀 다른 살아서 역사하시는 하나님의 통치의 효력이 나타나고 자라나게 하시고 열매 맺게 하신다. 히브리 언어로 기록되었지만 죄와 사망에 빠져 죽은 인간들이 기록한 글들과 전혀 다른 살아계신 창조주 하나님이 기록하게 하신 살아계신 하나님의 말씀이라는 사실이 가장 중요하다

그리고 일반 피조물들이 기록한 죽은 신화와 사라질 헛된 사상의 말들과 같지 않다. 성경은 무에서 유를 창조하신 하나님의 말씀이며 죄악으로 죽었던 죄인을 구속자 예수님의 대속의 피로 살려내는

예수 그리스도에 대한 구속사를 기록한 전능하신 생명의 말씀이라는 분명한 사실을 결단코 잊지 말아야 한다.

세상은 다 불타 없어지지만 살아계신 하나님의 말씀은 일점일획이라도 사라지지 않고 영원하리라는 하나님의 선포를 영원히 기억하고 전폭적으로 믿어야만 이 영생을 주는 생명의 말씀과 함께 영원한 것이다.

모든 삶의 영역에 날마다 드리는 예배를 통해 살아계신 하나님의 말씀을 알아가고 배워 마음판에 깊이 새김과 동시에 즉각적으로 모든 전인격적인 생활 속에 적용하고 실현되도록 성령이 이끌어주신다. 그리스도를 아는 고상한 지식 외에는 배설물로 여긴다는 사도 바울의 고백처럼 예수님과 복음에 대한 지식은 영원히 썩지 않는 하늘에 속한 생명의 지식이며, 죄인을 구원하사 의인의 삶을 체현하게 하시는 살아계신 말씀이다.

아무것도 없는 가운데 천하 만물을 창조해 내신 하나님은 독생자 예수님의 대속의 보혈로 우리를 저주의 죽음에서 구속하신 것이다. 죄악된 인간의 그 어떤 힘으로도 해낼 수 없는 새 생명을 성령과 대속의 복음으로 거듭나게 하신 것이다. 살아 역사하시는 하나님의 말씀이 우리들의 귀와 눈으로 들어와 인간의 생각과 연결된 손과 발을 통해 우리의 모든 삶의 영역 속에 그리스도의 대속의 복음과 영광이 나타나고 실현되게 하신다.

내 속에 들어오신 살아계신 구속의 말씀이 왕 노릇하사 눈먼 양처럼 부족하고 나약한 나를 붙잡아 아버지 집 천국으로 무사히 통치해 가시도록 전폭적으로 전능하신 주께 맡기는 것이다. 우리가 믿고 따르는 하나님은 인간들이 손으로 깎아 만든 이방 종교의 죽은 신이 아니다.

성경은 하나님의 성령으로 감동되어 축자 영감으로 기록된 살아계신 하나님의 말씀으로서 하나님의 말씀은 살아있는 생명의 말씀이고 죄와 사망에 빠진 죄인을 살려내는 영생을 주시는 구원의 말씀인 것이다. 살아계신 성경 말씀이 내 눈과 귀를 통해 내속에 들어와 내 생각과 연결된 손과 발을 통해 즉각적으로 말씀의 의도대로 삶 속의 열매가 나타나는 것을 의미한다.

구원의 복음이 내 심령에 들어오면 내가 그 복음을 움직여 가는 것이 아니다. 내 의지와 신념의 열심과 종교적 노력에 의해 열매 맺는 것이 아니라 내 속의 들어오신 완전한 복음의 말씀과 구원의 효력이 전인격적으로 나를 완전히 지배하사 하나님의 기쁘신 뜻대로 활동하게 하시고 자라나고 열매 맺도록 통치해 가시는 것을 의미한다.

4) 히브리식 사고는 '몸'과 '경험' 중심이다

히브리식 중심은 '참여, 관계, 실천'이다.
히브리식 구조는 '전인격적 통일체(결합)'이다.

히브리식 인식은 '경험하여 깨닫는 것'이다.

히브리식 진리는 '살아 움직이는 사건'이다.

2.
히브리 사상의
기초와 결과

1) 히브리 사상의 기초

히브리식 사고(히브리즘)는 철저히 하나님 중심이다.

히브리 사상은 전적인 하나님의 절대주권이다.

히브리 사상은 영원한 하나님의 절대 통치이며 신정정치이다.

처음부터 끝(영원)까지 하나님의 절대 진리인 말씀을 기초하여 통치하시고 운영하신다.

하나님의 말씀대로만 이루어지고 의도대로 되어질 때만이 하나님이 보시기에 좋았더라(복되고 사랑스럽고 기뻐하심)의 창조의 목적이 이루어진다.

하늘에 계신 우리 아버지여 이름이 거룩히 여김을 받으시옵시고 나라가 임하옵시고 뜻이 하늘에서 이루어진 것 같이 땅에서 이루어지리이다. 하나님 나라가 이 땅에 임하는 것이 아버지의 뜻이다.

　복음적 관점으로 본 히브리 사상과 헬라 사상

하나님이 구속자로 보내신 우리 왕 예수 그리스도를 통해서 이 땅에 과연 하나님 나라가 아버지의 기쁘신 뜻대로 이루어졌다.

예수님이 죄와 사망에 빠진 택하신 자들을 대신하여 죽으사 흘리신 완전한 대속의 핏값으로 구원받은 성도들이 구속자 예수님의 영원한 백성이 됨으로 만왕의 왕 예수님의 영원한 나라가 주님의 찢기신 살과 흘리신 완전한 핏값으로 세워진 것이다.

우리의 영원한 샬롬의 왕이 완전한 평화와 안식으로 다스릴 영원한 하나님의 나라는 신정통치(신본주의) 국가이다.

2) 히브리 사상의 결과

결국 하나님 홀로 영광 받으실 하나님의 나라만 존재할 것이다.

결국 하나님의 말씀과 핏값으로 세운 하나님 나라만 영원할 것이다.

결국 선하고 의로우신 하나님과 언약을 맺은 그의 백성들만 영원히 기쁘고 즐거운 화목의 교제를 누릴 것이다.

성령의 감동과 축자 영감으로 기록된 히브리 원어 성경은 천하만물이 다 하나님이 홀로 자신의 주권과 전지전능하심으로 창조해 내신 피조물들임을 선포하셨다.

이 모든 만물의 참 주인 되신 하나님은 마땅히 모든 만물로부터 영원히 영광을 받으시고 찬양과 예배받기를 명하셨다. 천하만물들이 오직 참 주인 되신 하나님만의 영광을 위해 창조된 목적대로 자손만대로 살아가기를 분명하게 선포하셨다.

그러므로 참 주인 되시고 만왕의 왕이신 하나님의 말씀 통치를 배신하고 멀리 떠나 인간 중심으로 자기 생각과 마음대로 살아가는 그 자체가 불법이고 반역인 불경건한 모습인 것이다. 심지어 하나님은 없다고 부정해 버리고 거짓 신들을 만들어 섬기는 인간들을 향하여 하나님은 "하늘 위에서 웃으시리로다"고 하셨다.

3.
히브리적 사고Hebrew Thinking

1) 히브리적 사고의 본질적인 의미

이제부터 "히브리식 사고"에 대하여 알아볼 것이다. 히브리인들에게 진리란 머리로 이해하는 추상적 개념이 아니라, 삶의 현장에서 체험되는 역동적인 사건이다. 히브리식 사고는 관념이나 이론보다 '관계'와 '역동성'을 중시한다.

그러니 모든 성경의 핵심 주제인 구속자 예수님에 대하여 귀로 듣고 눈으로 읽으면서 알아가고 배운 성경말씀을 듣는 순간 인간의 종교적 열심과 노력으로 즉각적으로 행동하고 인간 스스로 실현해야 한다고 해석하고 가르치면 성경 전체의 가르침과 충돌을 일으키고 본질적인 의미에서 벗어나게 된다. 결단코 인간의 신념과 의지로 되는 것이 아니다. 만약 그런 것이 있다면 그것은 분명 이방 종교의 형태인 것이다.

전적인 하나님의 선택과 결정과 열심과 성실에 의해 계획되었고 선택한 자들에게 구원의 선물이 전달되었고 선택한 백성들의 귀와 눈에만 보이고 들려지게 허락하셨고 그들의 눈과 귀를 통해 언약과 불완전한 백성들 내면에 들어가신 살아계신 말씀의 하나님이 창조의 능력을 행하신 것이다. 보내어 주신 성령의 도우심으로 믿는 대로 행하게 하시고 자라나게 하시며 열매 맺게 하신 분명한 하나님의 공로와 열심을 배재한 히브리적 사고는 심각한 행위 언약을 만들어내어 하나님 아버지와 아들이신 예수님과 복음을 대적하고 성령의 인도하심을 부정하게 만들어 버린다.

이렇게 하나님의 계명을 버리고 사람이 만든 계명인 조상의 전통과 유전을 따른 히브리식 사고를 가진 유대교 지도자들(바리새인, 제사장, 서기관, 율법사, 사두개인)은 율법 행동주의 사상을 목숨 걸고 추종함으로 예수님과 복음을 지금까지 핍박하고 대적하고 있는 것이다. 이들은 구속자 예수님에 대한 모든 원어 성경의 기록들을 왜곡시켜 해석하고 가르친 것이다.

하나님이 원하시는 메시아가 아닌 인간이 원하는 인본주의적 메시아로 재해석하여 가르친 히브리 사상인 것이다. 성경의 본질적인 의미에서 벗어나 인간의 생각이 만들어낸 메시아 사상은 다른 예수(다른 메시아, 적그리스도)인 것이다. 이스라엘을 수백 년 동안 지배했던 헬레니즘(인본주의)과 혼합되어 왜곡되고 변조된 히브리적 사고인 것이다.

구속자 예수님과 대속의 복음이 없는 히브리 사상이 사도 바울에 세운 교회 속에 침투해 들어와 미혹하는 다른 복음에 대하여 사도 바울은 단호하게 저주 위에 저주를 받게 될 것을 선언한다. 그러므로 히브리 사고라고 해서 분별력 없이 무조건 받아들이는 것은 복음을 해치는 것이며 바른 복음의 대적자가 되는 것이다. 특히 유대교 안에 침투한 카발라 사상은 이단성이 분명하다.

예수님과 사도들이 가르친 바른 복음은 인간의 종교적 열심으로 말씀을 듣고 배우고 익혀서 입으로 방출하고 말씀을 듣는 그 순간 즉각적으로 인간의 자의적 열심과 인간 스스로 노력하는 행동주의를 강조하게 될 뿐이다.
만세전에 전적인 하나님의 주권으로 택하시고 전적인 하나님의 열심히 구속자 예수님을 죄인들에게 인간의 의지와 상관없이 보내시고 하나님의 전적인 의지와 성실로 대속의 제물로 우리 대신 죽게 하시고 택하신 자들에게 약속하신 구원을 대속의 핏값을 치러 성취하신 것이다.

범죄 함으로 죄와 죽음에 처한 인간이 스스로 자신의 죄를 씻을 수 없고 피조물인 인간 스스로 그 어떤 노력과 종교적 열심으로도 자신을 구원하는 일은 불가능하다. 죄와 죽음의 문제는 오직 창조주 하나님의 전적인 은혜로만 가능한 일이다. 하나님의 주권으로 결정하고 약속하신 구속자 예수님의 대속의 피로만 가능하다.

하나님의 전적인 결정과 은혜로 성령을 우리에게 보내사 예수님과 복음을 발견하게 하시고 자신의 구주로 믿어지게 하사 신앙고백을 하게 하셨고 성령께서 담대함을 주사 복음 전파자가 되게 하신 것이다. 어느 것 하나 인간이 스스로 자력의 지혜와 노력과 열심의 공로로 이루어진 것은 단 한 개도 없다고 성경전체의 문법적 구조와 원어적 의미로 증거하고 있다.

그럼에도 불구하고 하나님의 주권으로 선택하고 결정한 모든 구속의 복음을 대적하는 사탄과 불경건한 악인들은 역사 속에서 지속적으로 이방 종교의 인간의 고행과 종교적 열심주의 사상으로 교회속에 침투하여 성도들을 미혹하고 인간의 열심히 구원을 이루어 가는 거짓 가르침으로 교회를 오염시키고 있다. 이러한 모든 거짓 가르침과 사상들은 성경 번역의 오류 때문에 발생한 문제들이며 성경의 본래 의도와 바른 의미를 벗어난 해석과 가르침에서 시작된 것이다.

성경의 바른 의도와 바른 해석의 관점으로 보면 전적인 하나님의 주권으로 만세전에 하나님의 언약 백성을 택하시고 구원하기로 작정 된 자들에게만 불순종으로 죽음에 처한 택하신 자녀들에게만 성령을 보내사 구속자 예수님을 발견하게 하시고 죽은 자들을 살려내는 효력을 가진 피의 복음이 들려지게 허락하시고 믿게 하심으로 구원의 선물을 주시는 것으로 증거하고 있다. 이러한 해석에 벗어난 해석과 가르침은 인간의 종교적 열심으로 구원을 얻는다고 가르치는 거짓 복음인 것이다.

눈과 귀를 통해 죽은 자를 살리는 구원의 복음이 들려지고 믿어져 예수님을 나의 구주로 영접하는 것은 성령이 오셨다는 명백한 증거이다. 이것은 역사상 가장 큰 기적(표적)이 지금 나에게서 일어난 최고의 선물인 것이다. 성령이 아니고서는 결단코 예수님을 나의 구주로 믿거나 영접할 수 없다고 단호하게 성경이 선포하고 있다.

믿는 자들의 심령에 들어오신 예수님과 대속의 복음이 여생을 전적으로 통치하사 즉각적으로 손과 발을 통해 구원의 능력과 완전한 효력의 복음을 평생 누리게 하시고 활용함으로 기쁨의 복을 전파하게 하시고 자라나게 하시고 열매 맺게 하신다. 결국 모두 다 하나님의 전적인 열심과 성실의 덕분이며 구속자 예수님의 핏값의 은혜이며 성령이 도우신 자라남이며 열매이며 영광 받으실 공로인 것이다.

구원받은 우리가 할 일은 감사와 기쁨으로 구원의 선물을 한 달란트 받은 게으르고 악한 자처럼 보관용으로 땅에 묻어 두거나 보자기에 싸서 구석에 처박아 놓지 말고 다섯 달란트 받은 착하고 충성(지혜)된 종처럼 마음껏 활용하고 누리고 더 많은 자들이 함께 구원의 기쁨과 효력을 나누는 일에 충성해야 한다. 차라리 은행에 맡겨 이문을 남겼으면 더 좋았을 뻔했다는 주님의 충고는 원어 사전에서 다음과 같은 의미를 말한다.

"그러면 어찌하여 내 돈을 은행(5132)에 맡기지 아니 하였느냐 그리하였으면 내가 와서 그 이자와(5110) 함께 그 돈을 찾았으리라 하고"(눅 19:23)

 복음적 관점으로 본 히브리 사상과 헬라 사상

성경 시대에서 언급한 달란트는 실제로 금이었고 값진 보석(보물)의 대상이다. 천국 복음을 가르치실 때에 언급하신 보물은 가장 값진 예수님과 구원의 복음을 상징한다.

대속의 복음을 상징하는 달란트를 처박아 두지 말고 차라리 "은행"에 맡겼으면 이문이라도 받았을 것이라 책망하신 것이다. 여기서 은행은 원어사전에서 τράπεζα(5132, 트라페자) '식탁 위에 놓은 음식, 잔치, 연회'를 의미한다. 성경에서 식탁은 예배의 장소이며 아버지로부터 가르침을 받기 위해 식탁에 둘러앉은 자녀들을 의미한다. 예배는 죄와 사망에 빠진 인류에게 유일한 소망의 구속자로 약속하신 예수님을 여자의 후손으로 보내사 우리 대신 대속의 제물로 죽게 하사 죄인들을 구원하실 것이라는 하늘에서 내려온 생명의 양식을 가르침으로 먹이는 영적 식탁인 예배 시간을 의미한다.

여기서 말한 '이문(이자)'는 τόκος(5110, 토코스)로서 '출생, 낳는(출산) 행위, 출생된 것, 자손'이라는 뜻이다. 오직 죽은 자를 살려 자녀로 거듭나게 하고 죄를 씻어주는 효력은 예수님이 흘린 대속의 피밖에 없다. 이러한 구원의 복음으로 죄로 죽었던 탕자들이 다시 태어나고 출생하여 하나님의 자녀로 회복될 이문들을 의미한다. 그리스도의 대속의 피를 통해 죽었던 영혼이 다시 태어나는 영적 출생을 의미한다.

게으르고 악한 한 달란트 받은 자는 유대교 지도자들이 가르치는 조상의 전통과 유전에는 예수와 복음이 없기에 그들의 말씀 식

탁에는 죽은 자들이 살아나 하나님의 자녀가 되는 이문이 결단코
발생하지 않는다, 율법의 수건으로 덮어놓았기 때문이며 구속자 예
수님을 대적하여 십자가에 못 박아 죽였고 무덤 속에 묻어버렸기
때문이다. 죄와 사망에 살려낼 효력이 전혀 없는 교리를 가졌다면
차라리 내가 준 그 복음의 달란트를 바른 복음을 전파하는 자들에
게 맡겨 활용했다면 많은 자들이 살아나고 하나님의 자녀가 되는
출생들의 이문을 남겼을 것이라 책망한 것이다.

결국 그 한 달란트를 복음을 충성스럽게 누리고 나누어 많은 영
적 출생을 만들어낸 자에게 넘겨준 것은 장차 생명의 양식을 나누
어 주는 말씀 강단권을 가진 제사장나라 직무가 유대교에서 교회로
넘겨질 것을 미리 보여준 사인(신호)이다. 영혼을 살릴 예수와 복음
의 능력을 전적으로 의지하는 믿음 없다는 사실을 알았다면 차라
리 그 제사장 나라에게 주신 말씀 맡은 양육 강단(식탁)을 바른 복
음을 가진 '복음에 능한(전공자)'들에게 맡겨서라도 하나님의 자녀들
이 출생(이문)하는 거룩한 열매를 수확하는 기쁨의 추수와 축제가
멈추지 않게 하라는 준엄한 충고인 것이다.

생명을 주고 구원하는 생명의 양식 오직 예수님만 가르쳐야 할 말
씀 식탁에서 예수님과 복음이 없는 거짓 교리를 가르치는 것은 오
히려 천국 문을 가로막고 본인도 못 들어가 남도 못 들어가게 하는
것이다. 결국 하나님에 의해 선택되고 인정된 종들에게 모든 복음의
달란트가 맡겨질 것을 보여주신 것이다. 말씀을 맡은 제사장나라
청지기들이 말씀 강단의 권력만 꿰차고 있으면서 세속적 이권만 챙

기는 거짓된 다른복음으로 천국문을 더 굳게 닫아버리고 있는 상황은 오늘날도 마찬가지이다.

성경이 본래부터 말씀하신 히브리적 사상은 이와 같다. 대속의 복음이 내 귀로 일방적인 주님의 주권 은혜의 선물로 방문하셔서 영원한 구원의 선물을 주시고 복음이 가진 완전한 승리와 능력으로 통치하사 그 구원의 복음을 누리고 활용하며 살아가도록 즉각적으로 내 손과 발을 통치해 가시는 것을 의미한다. 하나님이 보내신 성령의 열심이 나를 도와주시고 인도하심으로 복음이 나라는 도구를 통해 전파되어 열매가 맺게 하시는 것이다.

그러므로 내가 한 것이 아무것도 없으며 전적으로 하나님 홀로 성실과 열심인 공로 다 이루어진 것이다. 하나님의 성실하심으로 내가 바른 복음을 들었고 성령의 열심과 도우심으로 내가 믿은 것이며 바른 복음대로 바르게 행한 것이며 구원의 기쁨과 효력과 열매를 누리고 나눈 것이다. 그래서 내가 자랑할 공로는 1%도 없는 것은 분명한 사실이며 전적으로 하나님께만 영광 돌릴 100% 하나님만의 은혜로 해석해야만 바른 히브리적 사고인 것이다. 그러므로 지금부터 설명하는 모든 히브리 사상을 이러한 관점으로 보길 바란다.

2) 히브리적 사고에는 세 가지 핵심 키워드가 있다

"동사 중심의 사고, 통전적 관점, 관계와 맥락"이다.

(1) 동사 중심의 사고

동사Action 중심의 사고이다. 히브리어 원어성경의 언어적 특징 중에 하나가 문법적으로 문장 서두에 "ן(와우 계속법)"이라는 "즉각적으로"라는 뜻이 많이 쓰였다. 그래서 히브리어 원전 성경을 행동하는 "동사의 성경, 움직이는 성경"이라 불렀고, 랍비들을 하나님은 즉각적으로 행동하시는 동사의 하나님으로 말하기도 한다.

구속사History of Redemption는 하나님이 역사의 과정 속에서 자기 백성을 구원해 가시는 '실제적 사건'의 기록이다. 성경의 모든 언약을 신실하심으로 이루셨음을 하나님이 친히 모범으로 보여주셨다. 구속사는 관념적 이론이 아니라, 하나님이 역사라는 무대 위에서 인간의 몸을 입고(성육신) 오셔서 직접 행하신 사건이다.

개혁주의 구속사 관에서 가장 중요한 사건인 성육신Incarnation은 하나님의 말씀λόγος(3056, 로고스)이 육신σῶμα(4983, 소마)이 된 사건이다. 이는 진리가 가장 완벽하게 체현된 모델이며, 구속사는 이 체현된 진리가 신자들의 삶을 통해 확장되어 가는 과정이다. 종말론적 체현에 대해서 구원은 영혼만 천국에 가는 것이 아니라, 장차 몸의 부활을 통해 회복을 완성하는 것이다. 이는 히브리적인 전인격적 회복 사상의 정점이다.

헬라 사고가 "그것은 무엇인가(본질)?"를 묻는 명사 중심이라면, 히브리 사고는 "그것은 무엇을 하는가(기능)?"를 묻는다. 헬라어는 사물의 본질을 정의하는 '명사'가 발달했지만, 히브리어는 움직임과 작용을 나타내는 '동사' 중심이다. 예를 들어 "하나님은 사랑이시다"라는 명제보다 "하나님이 우리를 사랑하셔서 행동하셨다"는 사건에 집중한다.

히브리어 동사는 상태보다 '사건'과 '행동'을 강조한다. 예를 들어 "하나님을 안다ידע(3045, 야다)"는 것은 지적인 동의가 아니라 부부간의 관계처럼 경험적이고 전인격적인 연합을 의미한다.

히브리 사고의 핵심 중에 하나가 '역동성'이다. 헬라식 사고가 '무엇인가Essence'를 묻는 정적·분석적 사고라면, 히브리 사고는 '어떻게 작용하는가Function'를 묻는 동적인 사고이다.

(2) 통전적Holistic 관점

히브리 사고의 핵심 중에 하나가 '통합성'이다. 통합적 사고란 영혼과 육체를 분리하지 않는 것을 의미한다. 인간을 '영혼을 가진 몸'이 아니라, 그 자체로 하나의 생명체(네페쉬)로 본다. 마음이 아프면 몸이 아픈 것이고, 몸의 순종이 곧 마음의 순종이라 믿는다. 인간을 영·혼·육이 하나로 묶인 전인격적 존재로 본다.

창세기 2:7에서 인간은 흙(육)과 생기(영)가 결합하여 '생령(네페쉬 하야)'이 되었다. 히브리인은 영과 육을 분리하지 않고 전인격적인 하나로 보았다. 세속적인 물리적 관점과 시각적으로 보면 아담과 하와는 둘로 보이나 실상은 아담이라는 한 몸에서 취한 갈비뼈로 하와를 만들었으니 본래 한 몸인 아담을 물리적으로 둘로 나눈 부부가 되었다 할지라도 본질적인 관점으로 볼 때 부부는 하나인 것이다. 그래서 히브리인들은 둘을 하나로 보기도 한다.

히브리어 알파벳 "א(알레프)" 하나님 아버지를 의미하는 글자로 사용하기도 한다. 그리고 "א(알레프)"의 숫자 값이 1(하나)이면서 동시에 천(1000)이라는 숫자 값을 가지기도 한다. "주께는 하루가 천 년 같고 천 년이 하루 같다는 이 한 가지를 잊지 말라"(벧후 3:8) 히브리 사상에서 알파벳 첫 글자 "알레프"와 숫자 값 1은 한 분이신 하나님과 최고로 높은 우두머리와 오직 한 분이신 아버지를 의미한다.

"1000(천)"이란 숫자와 10000(만)이라는 숫자는 "히브리 사상에서 "측량할 수 없는, 셀 수 없이 많다"라는 의미를 갖는다. 그래서 계시록의 14(만) 4(천)은 정확한 숫자를 언급하고 강조한 의미가 아니라 "셀 수 없이 많고, 측량치 못할 만큼 많다"라는 히브리식 사고로 표현한 것이다.

성경은 전체가 철두철미하게 히브리 사상을 갖고 생각하고 말하고 글을 쓰며 살아간 유대인들이 기록한 정확 무오한 성경책인 것이다. 히브리 사상에 무지함으로 성경을 자기 생각대로 해석해 버리는 심각한 실수를 저지른다.

(3) 관계와 맥락

어떤 대상을 객관적으로 분석하기보다, '나와 그 대상이 어떤 관계에 있는가'를 중요하게 여긴다. 관계적 진리는 머리로 동의하는 논리가 아니라, 하나님이나 이웃과 맺는 바른 관계 자체를 의미한다.

체험적 지식은 '안다'ידע(3045, 야다)'라는 단어는 단순한 정보 습득이 아니라, 부부가 실제적으로 관계적으로 접촉하고 서로를 밀접하게 연합하고 사귐으로 서로의 실체를 아는 것과 같은 깊은 경험적

　복음적 관점으로 본 히브리 사상과 헬라 사상

체험을 뜻한다.

존 칼빈John Calvin의 구원론은 매우 히브리적인 '연합'과 '실천'의 요소를 담고 있다.

그리스도와의 연합Unio cum Christo은 칼빈 구원론의 핵심이다.[110] 구원은 단순히 법정적인 죄 사함(칭의)에 그치지 않고, 성도가 실제로 그리스도와 연합하여 그의 생명을 받아들인 성전이 된다. 부정한 세상으로부터 예수님의 피로 분리된 성도는 신랑되신 예수님의 통치안에서 거룩한 신부의 삶을 이 땅에서 살아내는 성화 단계를 거친다. 이는 히브리식 '야다(Yada)'의 전인격적 연합과 맞닿아 있다.

4.
히브리적 체현Hebrew Embodiment

'체현Embodiment'이란 관념적인 생각이 몸을 통해 실제적이고 구체적인 삶의 방식으로 나타나는 것을 의미한다. '히브리적 맥락'에서는 '진리가 몸에 배어 행동으로 나오는 상태'를 뜻한다. 행함으로 완성되는 진리 체현은 진리가 관념에 머물지 않고 몸σῶμα(4983, 소마)을 통해 삶으로 구현되는 것이다.

---

110) 존 칼빈, 나용화 역, 기독교강요(제3권 1장 1절), 서울: 기독교문서선교회, 2010, pp. 720-725.

성경적 근거로(신 6:4) '쉐마שמע (8085, 샤마)'는 '들으라'라는 뜻이지만, 히브리적 맥락에서 '듣는 것'은 곧 '순종하는 행위'를 포함한다. 들었으나 행하지 않는 것은 히브리 관점에서 '듣지 않은 것'이다. 그러나 하나님의 인내와 탁월하고 치밀한 상벌의 양육 방식으로 들려진 말씀대로 살아가고 행동하도록 완벽한 양육 방식으로 이끌어 가실 것이다. 하나님이 하시는 일을 막을 자 없다.

전능하신 하나님의 탁월하고 능치 못할 일이 없으신 빈틈없는 인도하심과 도우심으로 반드시 성화 단계에서 행하게 하실 것이다. 언약의 말씀 안에서 말씀에 순종한 자들에게 주시기로 약속한 특별한 축복들을 반드시 받아 누리도록 하나님의 열심과 성실하심으로 완전하게 양육해 내실 것이다.

이 세상에 존재하지 않는 하나님만의 독특하고 완전한 양육 방식으로 반드시 구원받은 자녀들을 언약의 말씀 안에서 순종하며 온유와 겸손으로 아버지와 아들이신 예수님을 섬기는 성숙자로 자라나도록 완전하고 흠 없는 탁월하심으로 양육해 가실 것이다. 그래서 결국 성화 단계조차도 하나님의 은혜였다고 영광 돌리게 하실 것이다.

히브리적 체현에는 다섯 가지의 중요한 키워드가 있다. "아는 것이 곧 행하는 것, 듣는 것이 곧 순종하는 것, 시간의 시각화, 삶의 리듬으로서의 신앙, 공동체적 구현"이다.

1) 아는 것이 곧 행하는 것

히브리어로 '알다'라는 뜻의 야다יָדַע(3045, 야다)는 단순히 지식적으로 아는 것이 아니라, 부부가 동침하듯 깊은 관계 속에서 온몸으로 경험하여 아는 것을 뜻한다. 따라서 행함이 없는 지식은 진정한 지식으로 간주하지 않는다.

칼빈의 이중적 은혜에서 칭의와 성화를 구분하되 결코 분리하지 않았다.[111] 구원받은 자는 반드시 거룩한 삶의 실천(체현)이 뒤따라야 함을 강조했는데, 이는 "믿음은 행함과 함께 일한다"라는 히브리적 통합 사고의 개혁주의적 표현이다.

히브리적 관점에서 "빛이 있으면 열이 있듯이", "믿음이 있다면 반드시 순종의 삶(체현)"이 나타난다. 그러나 이 또한 성령의 도우심과 인도하심이 반드시 전제된 행위와 순종의 열매인 것이다. 태양 빛속에 열에너지가 포함되어 빛과 열에 의해 우리 인생의 주변이 다 밝아진 것이고 태양의 열에너지에 의해 내가 따뜻해진 것이지 내가 스스로 만들어 낸 빛이 아니며 내가 노력해서 만들어낸 따뜻한 열이 아니다. 전적으로 태양에 의한 것이다.

나의 모든 행동과 선한 열매는 모두 내가 노력해 만들어낸 내 업적이 아니라 구속자 예수님의 핏값이 만들어낸 구속의 기쁨이며 안

---

111)　John Calvin, 문병호 역, 30주제로 풀어쓴 기독교강요, 서울: 생명의말씀사, 2010, pp. 240-260.

식과 평안이고 내속에 함께하신 성령의 도우심으로 안전하고 성령
이 조명해 주심으로 바른 복음의 말씀을 발견하고 듣고 순종하는
삶을 살도록 인도하셨기 때문이다.

성화는 구원의 조건이 아니다. 이미 영원히 취소되지 않을 구원을
받은 자에게만 성화 단계가 주어지고 시작된다. 구원받지 못한 자
는 성화 단계도 없다. 성화 단계는 구원을 받기 위한 단계가 결코 아
니다. 그러나 성화 단계에서 구원받은 자에게 반드시 나타나는 '생명
의 박동'이 있어야 한다.

칼빈은 이를 "그리스도를 옷 입는 것"이라 표현했는데,[112] 이는 진
리가 인간의 외면과 내면을 모두 덮는 체현적 비유이다. 이 또한 성
화 단계에서 이미 주신 구원의 선물과 효력을 성화 단계 과정에서
기쁨으로 누리고 감사함으로 활용하고 즐겁게 복음을 전파함으로
택하신 자들과 함께 나누는 것이다.

칼빈은 거룩함을 수도원 안에서의, 명상이 아니라, '직업Vocation'이
라는 삶의 현장에서 찾았다.[113] 하나님의 영광을 위해 땀 흘려 일하
고 사회 정의를 실천하는 것,[114] 즉 역사적·사회적 맥락 속에서의, 체
현을 강조했다. 이는 신앙을 일상적 규례Halakha로 풀어냈던 히브리
적 전통의 개혁주의적 계승이다. 여가서 말한 "거룩하게 살아라"의

---

112)   David W. Hall, Peter A. Lillback, 나용화 외 다수 역, 칼빈의 기독교강요 신학, 서울: CLC,
       2009, pp. 380-385.
113)   John Calvin, 김종흡 외 다수 공저, 기독교강요(제3권 10장 6절), 서울: 생명의말씀사, 2010,
       pp. 245-247.
114)   John Calvin, 문병호 역, 기독교강요(제3권 6-10장), 서울: 생명의말씀사, 2010, pp. 890-895.

의미는 구속의 선물을 핏값을 치루어 주신 주님께 감사하고 기뻐함으로 "주님만 사랑하겠습니다, 주님만 바라보겠습니다. 주님만 나에게 가장 소중한 가치로 보물처럼 간직하겠습니다"라고 고백하는 것이다.

2) 듣는 것이 곧 순종하는 것

'듣다'라는 뜻의 쉐마שָׁמַע(8085, 샤마)는 귀로 소리를 듣는 것에서 그치지 않고, 그 말씀대로 발을 움직여 순종하는 것까지를 포함한다. 듣는 것이 곧 행하는 것이다. 히브리어 '쉐마שָׁמַע(8085, 샤마)'는 '듣다'와 '순종하다'가 같은 단어이다. 즉, 행동(체현)하지 않는 것은 들은 것이 아니라고 본다. "율법을 폐하러 온 것이 아니요 완전하게 함이라"(마 5:17-20)에서 '완전하게 한다'는 것은 이론적 완성이 아니라, 율법의 참된 기능을 회복하여 삶에서 살아 움직이게קוּם(6965, 쿰: 일어나다)하고, שָׁלַם(7999, 샬람: 완성하다) 한다는 뜻이다.[115]

그러나 성경 전체에서 언약의 말씀을 즉각적으로 성실하고 완전하게 행동을 실천해 낼수 있는 완전한 능력을 가지신 분은 오직 하나님 한 분밖에는 없다. 인간이 언약의 말씀을 듣는 즉시 행동할 수 있는 것은 전적으로 하나님이 우리를 붙잡아 주시고 전적으로 말씀

---

115)　Herbert Wolf, 김의원 역, 오경개론(원제: An Introduction to the Old Testament Pentateuch), 서울: CLC, 2008, pp. 285-290.

대로 행할 수 있도록 도와주서야 하며 자라나고 열매를 맺도록 하셔야 가능하다.

성령의 9가지 열매를 인간의 열심과 노력한 행동으로 만들어낸 "사랑과 희락과 화평과 오래 참음의 열매"라고 말하지 않고 성령의 열매라고 성경은 명확하게 밝히고 있다. "충성"이란 열매도 인간이 행동한 열심으로 만들어낸 열매라고 말하지 않고 오직 성령이 맺은 열매라고 증거한다. "자비와 양선과 온유와 절제"도 인간의 종교적 열정으로 만들어낸 열매라고 말하지 않고 성령의 열매라고 말씀하신다.

원수와 피해자는 둘 다 불완전하고 나약한 죄인이기에 해 낼 수 없는 무거운 짐만 지우는 율법적 요구인 것이다. 과연 하나님이 요구하시는 수준을 충족시킬 만큼의 사랑과 용서를 그 누구의 도움도 받지 않고 순전히 인간 스스로의 독립적인 열정으로 원수를 진실하게 용서하고 사랑을 베풀 수 있을까? 라는 의문이 든다. 고상한 척 히브리 사상을 언급했지만, 전적인 타락이 전적인 타락을 사랑하는 일은 불가능한 일이며 안 되는 것은 안 되는 것이다.

그럼에도 불구하고 사랑과 용서가 불가능한 인간에게 히브리 사상이 이렇게 고상한 의미를 가졌으니 "원수를 사랑하라"는 말씀을 들었다면 즉각적 행동으로 실행하라고 강요만 한다면 결과는 뻔하다. 해 낼 수 없는 것을 무조건 천국 가려면 해 내야 한다고 종교적 협박을 당하게 되면 지옥가기 무서워서 사랑하는 척 쇼하고 용서하는 척 연기하는 변장술과 화장술과 자신의 타락한 실체를 감출 양

가면이 동원될 수밖에 없는 것이다.

히브리적 사상이 강조한 내용 중에 "말씀을 들으면 곧바로 행동으로 실천해야 된다"라는[116] 가르침은 맞다. 그러나 더 중요한 것은 어떤 말씀이 들려졌는지가 중요하다. 모든 성경은 다 구속자 예수님이 대속의 핏값으로 자기 백성을 구원하심에 대한 말씀이라고 예수님 친히 증거하셨다. 반드시 만세전에 예수님의 핏값의 공로로 구원받기로 작정된 백성들에게는 반드시 하나님은 그들의 구원을 위해 반드시 구속자 예수님에 대한 말씀을 들려주시는 것이 대원칙이다.

그리고 "왜 들려지는지", "누구에게만 생명의 말씀이 들려지는 것이 허락된 것인지", "구원의 말씀이 들려지기로 만세전에 작정된 자들에게만 들려진 그 생명의 말씀이 택하신 자들의 중심에 들어가서서 어떤 권한으로 어떻게 작용하시는지"를 알려주어야 한다. 이 모든 것은 전부 인간의 주권과 선택과 결정이 완전히 배제된 상태에서 오직 하나님의 주권으로 구원의 말씀을 듣도록 허락하셨고 주님의 주권과 결정으로 들은 그 말씀을 행동으로 실천하여 주께서 기뻐할 열매들을 맺도록 도와주시고 붙들어 주신 것이다.

우리 인간의 영역과 능력의 한계는 오직 구속자 예수 그리스도에 대한 말씀을 주님의 허락하신 선물에 의해 듣고 알아가고 배운 고

---

116)　Marvin R. Wilson, 박대영 역, 기독교의 히브리적 뿌리를 찾아서(원제: Our Father Abraham), 서울: 이레서원, 2002, pp. 230-245.

상한 대속의 복음을 자녀와 형제들에게 씨를 뿌리듯 가르치고 전파할 뿐이다. 오직 가르친(뿌려진) 복음의 말씀으로 인해 자라나게 하시고 열매 맺게 하시는 분은 하나님 한 분뿐이며 주님의 영역이고 주권이다. 자라나게 하는 것과 열매 맺는 일은 우리 인간의 영역도 주권도 몫이 아니다. 혹시 맡겨줘도 해 낼 능력이 없다.

내 속에 일방적으로 들어오신 그 살아계신 말씀께서 어떤 방식으로 나를 통치하시고 이끌어 가시는지, 인간의 의지와 상관없이 전적인 하나님의 주권적 계획대로 어떻게 나를 사용하시는 지, 살아계신 능력의 말씀이 왕 노릇 하사 그 택하신 백성을 이끌어 하나님의 살아계심과 예수님과 복음을 나타내고 증거하시는지에 대한 설명이 필요한 것이다.

하나님의 전적인 은혜와 대속의 복음이 가진 완전한 효력과 능력이 연약한 나를 강하게 하시고 성령의 능력이 사로잡아 하나님의 영광만 드러나도록 도와주심과 인도하심에 대하여 침묵한 히브리 사상은 그 결과가 뻔하다.

예수님과 복음의 능력이 연약한 성도를 좌우로 치우치지 않도록 굳게 붙잡아 주시고 성령께서 완전하게 도와주심으로 말씀에 충성(순종)하게 하시고 열매를 맺게 하신 것이다. 내가 독단적으로 행한 것이 단 한 개도 없는 것이다. 전적인 하나님의 은혜로 된 것이다. 그래서 하나님께 모든 영광을 돌리는 것이다.

모든 것이 다 하나님의 은혜로 된 것에 대하여 그 사실 그대로 주님께만 영광을 돌리는 겸손과 경건함이 사라진 히브리 사상의 결과는 오직 인간들의 종교적 행동주의와 자신들의 종교적 열심들이 만들어낸 업적만을 자랑함으로 하나님 자리에 앉아서 하나님만이 홀로 받으실 영광을 가로채고 도둑질하는 강도의 굴혈일 뿐이다.

위선적인 행동주의로 포장한 행위 언약 사상만 증폭시킬 뿐이다. 그리고 종교적 열심으로 포장한 율법 행동주의 통해 구원에 도달한다는 거짓 선생들만 배출해 내고 그 세력을 확장시킬 뿐이다.

하나님을 배신한 자기 백성을 복수하거나 멸하지 아니하시고 도리어 자신의 생명을 대속의 제물로 내어주사 반역한 자기 백성을 용서하고 구원하신 복음의 능력과 성령의 도우심을 힘입어야 가능한 일이다. 하나님의 도움이 없이는 원수를 용서하고 사랑하는 일은 불가능한 일이다.

3) 시간의 시각화

히브리인들에게 과거는 내 눈앞에 펼쳐진(이미 경험한) 길이고, 미래는 내 등 뒤에서 오는(아직 보지 못한) 영역이다. 이처럼 시간을 추상적 선이 아니라 실제적인 방향과 위치로 경험한다. 히브리인들의 시간 개념은 현대 서구 사회가 가진 '앞을 향해 나아가는 직선적 시간관'과는 정반대의 방향성을 가지고 있다. 말씀하신 대로 그들에게 과거는 눈앞Front에 있고, 미래는 등 뒤Back에 있다.

(1) 성경과 헬라어적 사고에서 '시간'

단순히 흘러가는 물리적 양이 아니라, '의미'와 '성질'에 따라 두 가지 핵심 용어로 구분된다. 질문하신 하나님의 시간과 인간의, 시간의 차이를 가장 명확하게 보여주는 용어는 카이로스와 크로노스이다.

구분	인간의 시간(크로노스 중심)	하나님의 시간(카이로스/영원 중심)
방향성	과거->현재->미래(직선적/수평적)	시작과 끝이 동시에 존재(영원/수직적)
속성	유한함, 소모됨,예측 불가능	무한함, 충만함, 주권적 성취
관점	'얼마나 오래 살았는가?'(양)	'어떤 의미를 이루었는가?'(질)
성경 구절	'우리의 연수가 칠십이요' (시 90:10)	'주의 목전에는 천년이 지나간 어제 같으며'(시 90:4)

(2) 창세기 1장 1절의 "태초(베레쉬트)"와 요한복음 1장 1절의 "태초"

① 창1:1의 태초와 요1:1의 태초가 서로 다른 개념이다.

창세기 1장의 태초는 영원 전부터 계신 하나님이 한계적 시간과 공간을 시작한 첫 부분의 시간 때를 의미하는 "태초"이다. 그러나 요한복음에 언급한 영원 전부터 존재해 오셨던 그 영원하신 말씀의 하나님이 천지를 창조하셨음을 증거하는 천지를 창조하신 "태초"보다 훨씬 더 끝없는 영원 전의 "태초"를 의미한다.

② 개념의 천 년(시공간 초월 의미)

하나님의 시간이 인간의 물리적 한계를 초월한다는 사상은 성경 전반에 걸쳐 흐르고 있으며, 특히 '천 년이 하루 같다'는 표현은 하나님의 영원성Eternity과 인간의 유한함을 극명하게 대비시키는 핵심 구절이다.

> 하나님의 초월적 기간에 인내 "사랑하는 자들아 주께는 하루가 천 년 같고 천 년이 하루 같다는 이 한 가지를 잊지 말라"(벧후 3:8)

사실상 "천"이란 숫자는 셀 수 없고 측량이 불가능한 끝없는 하나님의 인내의 사랑을 먹고 멸망당하지 않고 살아남은 것이다. 하나님의 '지체하심'에 대해 불평하는 이들에게 주신 말씀이다. 하나님은 시간의 흐름에 매이지 않으시며, 심판이 늦어지는 것은 능력이 없어서가 아니라 한 사람이라도 더 구원하시려는 하나님의 인내와 자비 때문임을 강조한다.

> 영원하신 창조주 "주의 목전에는 천 년이 지나간 어제 같으며 밤의 한순간 같을 뿐임이니이다"(시편 90:4)

모세의 기도로 알려진 이 시편은 영원하신 하나님에 비해 아침에 돋는 풀과 같이 허무한 인간의 인생을 대조한다. 하나님께 '천 년'이라는 긴 세월도 그저 밤의 한 경점(3~4시간 정도의 짧은 시간)에 불과하다는 고백이다.

영원에 거하시는 분 "지극히 존귀하며 영원히 거하시며 거룩하다 이름하

는 이가 이와 같이 말씀하시되"(사 57:15)

하나님은 시간 속에 갇혀 계신 분이 아니라, 시간이라는 틀 자체를 만드시고 그 위에(영원 속에) 거하시는 분임을 나타난다.

③ '천 년이 하루 같다'는 의미

단순히 숫자의 계산(1=1000)이 아니라, 하나님의 존재 방식에 대한 세 가지 차원의 선포이다.

a. **수직적 동시성**: 인간은 과거, 현재, 미래를 순차적으로만 경험하지만, 하나님은 모든 시간을 '한눈에Simultaneously' 보신다. 마치 우리가 높은 산 위에서 구불구불한 길 전체를 한꺼번에 내려다보는 것과 같다.

b. **양보다 질 (카이로스)**: 하나님께는 물리적인 1,000년의 세월보다 하나님의 뜻이 온전히 이루어지는 '결정적인 하루'가 더 가치 있을 수 있다. 양적인 시간(크로노스)을 질적인 가치(카이로스)로 변환하시는 분이시기 때문이다.

c. **약속의 확실성**: 인간에게 1,000년은 약속을 잊어버리기에 충분한 시간이지만, 하나님께는 어제 하신 약속이나 1,000년 전에 하신 약속이나 동일한 '현재적 유효성'을 갖다.

d. **히브리적 관점에서 '욤םוֹי(3117, 욤)'**: 히브리어로 '날Day'을 뜻하는 '욤'은 문자적인 24시간을 의미하기도 하지만, '특정한 시기'나 '역사적 국면'을 뜻하기도 한다.

e. 주의 날(יום יהוה)The Day of the Lord: 성경에서 이날은 단 하루를 의미하기보다 하나님의 심판과 통치가 임하는 상징적인 때를 의미한다. 하나님께는 천 년의 역사도 결국 당신의 통치가 완성되는 '한 날'의 과정인 셈이다.

f. 묵상을 돕는 한마디: 우리가 미래를 불안해하는 이유는 등 뒤에서 오는 시간을 볼 수 없기 때문이지만, 영원 위에 계신 하나님은 우리의 과거와 미래를 한 장의 지도처럼 보고 계신다.

(3) "크로노스"와 "카이로스" 두 가지 시간의 용어

① 크로노스χρόνος(5550, 크로노스)

a. 인간의 시간 의미: 연대기적이고 수평적인 시간이다. 1초, 1분, 하루처럼 객관적으로 측정할 수 있는 물리적 시간을 말한다.

b. 특징: 모든 사람에게 공평하게 흘러가며, 시작과 끝이 있는 제한적인 시간이다. 우리가 흔히 말하는 '시계의 시간'이 바로 '크로노스'이다.

c. 성경적 맥락: 인간이 태어나고 죽는 생물학적 과정, 역사의 흐름 등을 표현할 때 주로 사용된다.

② 카이로스καιρός(2540, 카이로스)

a. 하나님의 시간의미: 특정한 '의미'와 '목적'이 담긴 수직적 시간이다. 기회, 적기, 혹은 '결정적인 순간'을 뜻한다.

b. 특징: 물리적 길이는 중요하지 않다. 찰나의 순간이라도 하나님의 통치와 개입이 일어나는 '사건의 시간'이다.

c. 성경적 맥락: "때가 찼고 하나님의 나라가 가까이 왔으니"(막 1:15)라고 할 때의 '때'가 바로 '카이로스'이다. 하나님이 계획하신 구원의 경륜이 성취되는 시점이다.

(4) 하나님의 시간 vs 인간의 시간(의미적 차이)

하나님과 인간의 시간관은 단순히 '용어'의 차이를 넘어 '존재'의 차이에서 기인한다.

① 히브리적 관점

헬라어가 시간을 쪼개어 분석한다면, 히브리적 사고에서 시간은 '올람עוֹלָם(5769, 올람)'이라는 단어로 수렴된다. "올람"은 '영원, 세상'이란 뜻이다. 히브리인들에게 영원은 단순히 '끝없이 긴 시간'이 아니라, 시공간을 초월하여 계시는 하나님의 임재 자체를 의미한다.

② 체현된 시간

앞서 질문하신 것처럼, 히브리인들에게 시간은 뒤(미래)에서 다가오는 하나님을 신뢰하며, 앞(과거)에 베풀어주신 은혜를 기억하며 걷는 '관계의 여정'이다.

③ 신앙적 적용

크로노스 속에서 카이로스를 살아가는 것이 제한된 인간이다. 그리스도인의 삶은 '크로노스(물리적 시간)'라는 평범한 일상 속에서 하나님의 뜻이 이루어지는 '카이로스(특별한 시간)'를 발견해 나가는 과정이다.

"세월을 아끼라 때가 악하니라"(엡 5:16)

여기서 '아끼라'는 말은 ἐξαγοραζόμενοι(1805, 엑사고라조메노이)인데, 이는 '시장에서 기회를 사다'는 뜻이다. 즉, 의미 없이 흘러가는 크로노스 속에서 하나님의 뜻인 카이로스를 건져 올리라는 의미이다.

④ 요약

인간은 시계(크로노스) 바늘의 속도에 쫓기며 살지만, 하나님은 당신의 때(카이로스)에 맞춰 모든 것을 아름답게 완성해 가신다.

(5) '체현된 시간Embodied Time' 개념

성경적 근거와 언어적 배경을 통해 더 깊이 알아보겠다.

① '케뎀'과 '아하르'

이 단어 속에는 이미 이러한 공간적 방향성이 내재되어 있다.

a. **"케뎀קֶדֶם**(6924, 케뎀)"은 '과거, 옛날'을 뜻하는 동시에 '동쪽' 또는 '앞(Front)'을 의미한다. 히브리인들에게 과거는 이미 일어난 사건으로서 내 눈앞에 선명하게 펼쳐진 풍경과 같다.

b. **"아하르אַחַר**(310, 아하르)"는 '미래' 또는 '나중'을 뜻하지만, 공간

적으로는 '뒤Behind'를 의미한다. 미래는 아직 오지 않았기에 보이지 않으며, 뒤에서 나를 향해 다가오는 영역으로 인식된다.

② "뒤를 감사로 보며, 믿음으로 앞을 향해 걷다"
이 사상은 성경 곳곳에서 '기억'과 '전진'의 역설적인 관계로 나타난다.

a. 에벤에셀: 과거를 세워 미래를 보다(삼상 7:12)

사무엘이 미스바와 센 사이에 돌을 세워 "여호와께서 여기까지 우리를 도우셨다"라고 고백하며 '에벤에셀'이라 이름 지었다. 히브리인들에게 하나님을 신뢰한다는 것은 눈앞에 펼쳐진(과거) 하나님의 도우심의 증거들을 똑똑히 바라보며, 등 뒤에서 다가올 미래를 향해 뒷걸음질 치듯 나아가는 신앙적 행위이다.

b. 롯의 처: 보지 말아야 할 '앞'을 본 비극(창 19:26)

하나님은 소돔을 떠나는 롯의 가족에게 "뒤를 돌아보지 말라"고 하셨다. 히브리적 관점에서 도망가는 이들에게 소돔은 '이미 지나온 과거(눈앞)'이다. 롯의 처가 뒤를 돌아보았다는 것은, 등 뒤에서 다가오는 미래(심판과 구원)에 집중하지 못하고 인간적인 미련(과거의 시각적 집착)에 사로잡혔음을 의미한다. 그리고 성경본문에서 하나님이 롯에게 멸망의 도시를 탈출하여 도착할 안전한 그곳을 지시했는데 결국 롯의 처가 그곳을 거절한 의미로 고개를 돌린 본질적 의미로 보아야 한다.

"그 사람들이 그들을 밖으로 이끌어 낸 후에 이르되 도망하여 생명을 보

존하라 돌아보거나 들에 머물지 말고 산으로 도망하여 멸망함을 면하라

(창 19:17)

멸망 직전에도 롯과 그의 가족들을 멸망의 도시 한복판에 서서 지체했고 떠날 생각이 없었다. 전적인 하나님의 은혜로 강력한 손으로 붙잡아 이끌어내신 전적으로 하나님이 구출해 내신 구원이다.

③ 시편의 '기억': 과거가 현재를 규정함

"내가 옛날 곧 지나간 세월을 생각하였사오며…"(시편 77:5)

시편 기자들은 고난의 때에 항상 '옛날(과거)'을 묵상한다. 과거에 행하신 하나님의 기적이 지금 내 눈앞에 펼쳐져 있어야만, 보이지 않는 등 뒤의 미래를 안심하고 맞이할 수 있기 때문이다.

④ 신학적 함의('기억'의 종교)

이러한 시간관은 기독교와 유대교가 왜 그토록 '기억'을 강조하는지 설명해 준다.

a. 동사적 시간: 히브리인들에게 시간은 시계 바늘의 움직임이 아니라 '사건의 흐름'이다. 내가 경험한 사건(과거)은 내 지식의 전면(앞)에 배치되어 삶의 기준이 된다.

b. 겸손의 태도: 미래가 등 뒤에 있다는 것은 인간이 미래를 완벽

히 예측하거나 통제할 수 없음을 인정하는 것이다.

c. 미래는 오직 하나님의 주권에 속해 있으며, 인간은 눈앞에 놓인 하나님의 법도(과거의 계시)를 지키며 묵묵히 나아갈 뿐이다.

d. "내 눈은 과거를 보고, 내 발은 미래로 걷는다." 이 사고방식은 우리가 미래를 불안해하기보다, 하나님이 지금까지 행하신 일들을 얼마나 선명하게 기억하느냐가 신앙의 핵심임을 가르쳐 준다.

4) 삶의 리듬으로서의 신앙

신앙은 일요일 하루의 예배가 아니라 먹고, 자고, 일하고, 쉬는(안식일) 모든 일상의 신체적 리듬을 통해 구현된다.

"영혼과 몸으로 드리는 영적 예배"에 대하여 "너희 몸을 거룩한 산 제물로 드리라라"(롬 12:1)고 했다. 이 구절은 히브리적 체현의 정수이다. 바울은 '너희 영혼을'이라 하지 않고 "너희 몸σῶμα(4983, 소마)"을 드리라고 했다. 영적 예배는 비물질적이라는 뜻이 아니라, '합당한, 분별력 있는'라는 뜻이다. 즉, 하나님의 뜻을 분별하여 일상의 삶(육체)으로 살아내는 것이 '가장 고차원적인 예배'라는 히브리적 선언이다.

"너희 지체를 의의 무기로 하나님께 드리라"(롬 6:13)

추상적인 결단이 아니라, '우리의 손, 발, 눈, 입'이라는 구체적인 신체 기관을 하나님의 통치 아래 두는 '체현적 순종'을 강조한 것이다.

5) 공동체적 구현

진리는 개인의 머릿속에 머물지 않고, 가난한 자를 돕거나 환대를 베푸는 등 공동체 안에서의 구체적인 실천으로 드러나야 한다. "원수를 사랑하라"는 가르침은 감정의 영역이 아니다. 히브리어 '아하브 אָהַב(157, 아헤브)'는 구체적인 행동을 수반한다. 즉, 원수가 배고플 때 먹을 것을 주는 '신체적 행위'가 곧 사랑의 체현이다.

그러나 여기에서 언급한 히브리적 체현에는 심각한 모순이 있다. 과연 원수와 동일하게 타락한 수준에 놓인 죄인이 죄인을 스스로의 노력과 종교적 열심으로 용서하고 사랑으로 대접할 수 있을까? 원수와 똑같은 성정과 타락한 성질을 가진 피해자에게 원수를 사랑하고 용서하라고 무조건 무책임하게 강요하는 것은 감성적이고 멋있게 보일 순 있지만 양쪽이 다 동일한 죄인이며 전적으로 부패한 상태라는 것을 잊어선 안 된다.

VII

"**다수를 따라** 악을 행하지 말며 송사에 **다수를 따라** 부당한 증언을 하

지 말며"(출 23:2)

　"헬라식 사상"은 히브리 사상의 관점으로 보면 하나님을 떠나 인간 중심의 사상을 기초하여 살아가는 국가와 불경건한 인간들을 의미한다. 성경에서는 다수결의 원칙을 금하셨다. 오직 한 분이신 하나님의 결정과 주권적인 선택만을 따르라 명하셨다.

　왜냐하면 인간들은 피조물 수준에서 인간 스스로 찾지도 못할 진리를 추구하고 헛된 열심으로 살아가지만 하나님은 그 분 자체로 이미 언제나 진리이시고 영원한 진리이시기 때문이다. 인간은 찾지도 못할 인생의 모든 문제의 답들을 찾아다니는 헛된 시간을 보내고 살지만 하나님은 이미 모든 인생들의 문제를 다 알고 계시고 완전하게 해결해 줄 해결사이시며 탁월하고 완전한 답이시다.

　다수의 인간들이 결정하고 선택하는 다수결의 원칙에 의해 국가를 운영하는 민주주의가 그리스에서 출발했고 발전시켜 전 세계가 민주주의 사상을 추구하고 따르고 있다. 그리고 각자가 자신의 주인이 되어 자기의 소견대로 살아가는 인본주의자들이다.

헬라식 중심은 '관찰, 논리, 이론'이다.

헬라식 구조는 '영육, 이원론(분리)'이다.

헬라식 인식은 '분석하여 정의하는 것'이다.

헬라식 진리는 '변하지 않는 원리'이다.

1.

헬라 사상의 기초와 목적

헬레니즘은 불경건한 가인과 그의 후손들이 만들어내어 지금까지 발전시켜 가인이 하나님 앞을 떠나 점점 더 멀리 가서 인간 중심을 기초한 국가공동체들을 세우고 인간 중심의 가족과 부족과 민족을 세워갔다.

이러한 인간 중심의 헬레니즘이 발전하여 결국 사람들이 생각하고 계획하는 것이 악할 뿐인 상태까지 타락하였고 노아 시대에 대홍수 심판으로 하나님을 떠난 불의한 세력들을 멸하셨다.

대홍수 심판 이후 옛 뱀 거짓의 아비 마귀는 함의 자손 니므롯을 통해 바벨 성읍과 탑을 건축하여 인간이 왕이 되어 인간이 통치하는 인간 중심의 왕국과 불경건한 공동체를 세우려 시도했으나 하나님이 개입하셔서 막으셨다.

그 이후 거짓의 아비 마귀는 끊임없이 거짓사상과 철학과 거짓 신들의 신화이야기들과 종교들 만들어내어 퍼뜨렸다. 그리고 그리스와 로마제국을 통해 세상을 그리스의 인간이 세상의 주인이 되어 인간들의 결정에 의해 인간 왕을 세워 세상을 통치하는 민주주의체제와 사상을 지금까지 발전시켜 왔다.

일반사전에서 민주주의의 기원에 대하여 BC 6세기 고대 그리스에서 발달했다. 민주주의δημοκράτία(데모크라티아)라는 말은 그리스어로 사람을 뜻하는 데모스δῆμος(1218, 데모스)와 지배와 권력(권위)을 뜻하는 크라토스κράτος(2904, 크라토스)가 합쳐져 만들어진 단어이다.[117] 민주주의 기초는 민중이다. 민중은 그리스어로 데모스 Demos(민중)이다. 민주주의라는 말은 그리스어 θεωρία에 근원을 두고 있다.[118]

인간이 왕이(민주주의民主主義; 민[백성 민], 주[주인 주], 주[주인 주], 의[옳을 의])되고 인간이 천하만물의 주인이 되어 통치하고 인간의 생각(사상)과 뜻대로 살아가는 것이 옳다고 추구하고 사는 불법을 행하는 불의한 자들을 의미한다.

왜 불법이며 불의한 불경건한 자들인가? 천하만물을 창조한 일이 없는 피조물인 인간이 마치 주인인 양 행세하는 그 자체가 모순이

---

117) 윤석급, 사전-21세기-웅진학습백과사전10-정치-경제, 서울: 웅진출판사, 1998, p. 254.
118) 동아출판사 편집부, 세계대백과사전(동아) 13, 서울: 동아출판사, 1982, p. 57.

     복음적 관점으로 본 히브리 사상과 헬라 사상

고 명백한 불법이다.

인간은 천하만물을 창조할 능력도 없고 지혜도 존재하지 않는 분명한 피조물에 불과하기 때문이다. 천하만물은 오직 하나님이 홀로 무에서 유를 만들어내신 작품이다.

오직 스스로 자존하시고 영생하시는 하나님만이 천지창조를 해내실 수 있는 전지전능의 능력을 가지신 분이며 능치 못할 일이 없으신 오직 한 분이신 하나님이시다.

하나님 외에 다른 신은 영원히 존재하지 않으며 만약 다른 신이 있다면 그것은 분명 하나님을 배신하고 전적으로 타락한 죄인들이 눈이 멀고 어리석어져서 만들어낸 거짓 신들일 뿐이다.

하나님을 떠난 인간들의 사상과 철학은 철저히 인본주의이며 인간 중심과 세속적 관점의 헬라(그리스/헬레니즘)식 사고(사상)이다. 헬라식 사고는 '머리'와 '논리' 중심이며 끊임없는 논쟁과 비판, 투쟁과 전쟁을 통해 인간(인생)의 모든 문제의 답을 찾아가는 방식이다.

물론 수천 년이 지난 지금도 답을 찾지 못해 탁상공론 피터지게 사상전쟁을 일삼고 끊임없이 혁명 투쟁하고 있지만 아직도 완전한 진리와 지상낙원을 건설해 본 적이 없다. 영원히 답 없는 논쟁과 전쟁만 계속될 뿐이다. 사로가 서로를 죽이는 피 터지는 투쟁만을 계속할 것이 분명하다.

왜냐하면 모든 인간에게 발생하는 모든 문제의 답은 하나님에게

만 있다. 그러나 모든 문제의 답이요, 진리 그 자체이신 하나님을 버리고 떠나서는 결단코 답은 존재하지 않는다.

나 예수 그리스도는 모든 인생이 따라야 할 길이요 믿어야 할 진리요 반드시 얻어야 할 생명이라고 예수님 친히 진리가 없는 이 땅에 내려오셔서 선포(선언)하셨다.

어리석은 인간들이 손으로 깎아서 만들어 놓은 가짜 신들과 거짓 진리로 미혹하고 거짓 선지자들이 가득 찬 이 세상의 한복판에 오신 메시아(구속자)가 우뚝 서서 참 구원의 진리와 길과 생명은 오직 자신뿐이라 외치신 예수 그리스도가 죄와 사망에 빠진 죄인들을 구원하신 것이다.

2.
헬라식 중심은
'관찰, 논리, 이론'이다

헬라Hellenism 사상은 서구 문명의 뿌리이자, 현대 과학과 철학의 기초를 닦은 거대한 지적 유산이다. 헬라 사상의 중심인 '관찰, 논리, 이론'은 헬라인본주의가 세상을 이해하는 핵심 메커니즘을 아주 정확하게 짚어주신 표현이다.

각 키워드가 헬라적 사고방식에서 어떤 의미를 갖는지 정리해 볼 것이다.

1) 헬라 중심의 관찰Observation: 현상의 시작

(1) 헬라 사상에서 관찰은 단순히 '보는 것'을 넘어, 자연 현상 속에 숨겨진 질서를 찾으려는 지적 탐구의 출발점이다.

(2) 경험적 토대에 대하여 아리스토텔레스를 필두로 한 헬라 철학자들은 직접적인 감각을 통해 사물의 성질을 파악하려 했다. 이는 신화적 해석(제우스가 번개를 친다)에서 벗어나 자연적 해석(구름의 충돌)으로 넘어가는 결정적 계기가 되었다.

(3) 객관화를 위해 관찰자는 대상과 자신을 분리하여 객관적으로 바라본다. 이 '거리 두기'를 통해 사물의 분류와 체계화가 시작되었다.

2) 헬라 중심의 논리Logic: 사유의 도구

관찰된 파편적인 정보들을 일관성 있게 꿰어내는 것이 바로 논리이다. 헬라 사상에서 논리는 진리에 도달하기 위한 유일한 검증 도구였다.

(1) 인과관계Causality에 대하여 "모든 결과에는 반드시 원인이 있다"는 사고방식이다. 헬라인들은 논리적 추론을 통해 보이지 않는 원인을 밝혀내는 데 집중했다.

(2) 삼단논법이란 아리스토텔레스가 정립한 연역적 논리학은 인간의 이성이 오류 없이 결론에 도달하는 '규칙'으로 만들었다. 이는 후에 서구 법률과 과학적 방법론의 뼈대가 된다.

(3) 로고스λόγος(3056, 로고스)는 우주에 이성적인 법칙λόγος이 흐르고 있으며, 인간은 자신의 이성을 통해 이를 이해할 수 있다고 믿었다.

3) 헬라 중심의 이론Theory: 보편적 진리

관찰과 논리를 거쳐 도달하는 최종 목적지는 이론이다. 헬라어 "테오리아θεωρία(2335, 데오리아)"는 본래 '관조하다, 깊이 살피다'라는 뜻에서 유래했다.

(1) 추상화와 일반화란 개별적인 현상들(이 사과가 떨어진다)을 넘어, 모든 상황에 적용될 수 있는 보편적 원리(중력의 법칙과 같은 원리)를 세우는 작업이다.

(2) 이데아Idea와 본질에 대하여 플라톤은 눈에 보이는 가변적인 세계 이면의 변하지 않는 '본질(이론적 원형)'을 찾는 데 주력했다.

(3) 체계적 지식이란 파편화된 정보가 아니라 하나의 완결된 구조를 갖춘 지식 체계를 지향한다. 이것이 오늘날 우리가 배우는 각종 '학문Logy'의 시초가 되었다.

 복음적 관점으로 본 히브리 사상과 헬라 사상

구분	역할	핵심 가치
관찰	데이터 수집	감각적 경험, 객관성
논리	데이터 가공	이성적 일관성, 인과율
이론	지식의 완성	보편적 진리, 본질 파악

(4) 결론적으로 헬라 사상은 인간의 눈(관찰)으로 보고, 머리(논리)로 생각하여, 세상을 설명하는 지도(이론)를 그려낸 과정이라 할 수 있다.[119] 그러나 히브리 사상의 관점으로 보는 헬라 사상은 "진리를 알지니 진리가 너희를 자유케 하리라"라는 절대 진리를 발견하고 믿는 절대 진리 학교에 입학하지 못한 초등 학문의 수준인 것이다. 이 절대 진리 학교의 입성은 성령의 인도하심이 없이는 결단코 불가능한 일이다.

4) 헬라 사상과 반대적 지점에 있는 히브리 사상의 비교

서구 문명은 이 두 줄기의 거대한 흐름Hellenism & Hebraism이 서로 충돌하고 융합하며 발전해 왔기 때문이다. 헬라 사상이 "관찰, 논리, 이론" 중심이라면, 히브리 사상은 "경험, 관계, 실천" 중심이라 할 수 있다.

---

119) 김지찬, 요단강가에서 바벨론 물가까지(부제: 구약 성경의 세계), 서울: 생명의 말씀사, 2021, pp. 38-45.

(1) 관찰(헬라) vs 경험(히브리)

① 헬라(객관적 관찰)

대상을 나와 분리된 '물체'로 보고 분석한다. "저것은 무엇인 가?What is it?"라는 본질을 질문한다.

② 히브리(주관적 경험)

대상과 내가 맺는 '사건'과 '관계'를 중요시 여긴다. 그리고 절대 진 리인 하나님의 말씀(음성)을 듣고 응답하는 것이며, 지식은 머리로 아는 것이 아니라 몸으로 겪어 '아는 것'יָדַע(3045, 야다)이다. '듣는 것' 은 곧 성경 말씀을 의미한다.

(2) 논리(헬라) vs 역동(히브리)

① 헬라(정적 논리, 존재)

"진리는 변하지 않는 것"이라 믿는다. 플라톤의 '이데아'처럼 영원 불변한 본질을 찾는 것이 목표이다. 그래서 대상의 상태를 정의하는 형용사와 명사가 발달했다. 그러나 이들은 절대 진리를 찾은 적이 없고 지금도 찾아가는 중이다.

② 히브리(동적 생성)

"진리는 움직이는 것"이다. 하나님은 '스스로 있는 자'이기도 하지 만, 역사 속에서 '행하시는 분'이다. 존재 자체보다는 그 존재가 무엇 을 하느냐가 중요하므로 동사 중심의 사고가 지배적이다. 히브리 사상은 이미 하나님이 주신 절대 진리를 따르는 것이고 누리는 것이다. 인간이 진리를 만들어 갈 필요가 없다. 히브리 사상에서 진리를 인간이 만들어 내는 것을 우상숭배라 엄히 금하신다.

(3) 공간적 구조 vs 시간적 흐름

히브리(동적 역사)는 논리적 완결성보다는 '삶의 맥락'과 '흐름'을 중시한다. 고난과 축복이 공존하는 모순적인 상황도 하나의 역사적 과정으로 받아들인다.

(4) 이론(헬라) vs 실천(히브리)

① 헬라(사유와 이론)

세상을 설명하는 보편적인 법칙을 세우는 것이 최종 목적이다. 아는 것이 곧 미덕Virtue이다.

② 히브리 (행동과 윤리)

이론에 머무는 지식은 죽은 것이다. 진리는 '증명'하는 것이 아니라 삶으로 '살아내는' 것이다. "어떻게 살 것인가?How to live?"가 핵심 질문이다.[120]

---

120) 김지찬, 요단강가에서 바벨론 물가까지(부제: 구약 성경의 세계), 서울: 생명의말씀사, 2021, pp. 42-48.

헬라 vs 히브리 사고방식 비교표

구분	헬라 사상(Hellenism)	히브리 사상(Hebraism)
중심 기관	눈 (보는 것, 관찰)	귀 (듣는 것, 순종)
시간관	순환적 (영원한 회귀)	선형적 (시작과 끝, 목적)
공간관	정적 (분석과 분류)	동적 (움직임과 사건)
진리 탐구	추상적 이론, 논증	구체적 실천, 경험
핵심 질문	"본질(What)이 무엇인가?"	"목적(Why)이 무엇인가?"

(5) 인간의 생각이 만든 땅의 사상으로 사는 자와 하늘의 사상으로 사는 자

① 결론적으로 헬라 사상이 과학적 이론과 합리성으로 인간이 세상의 주인이 되어 운영하는 불경건한 인본주의 국가와 민주주의를 발전시켰고 종교적으로는 하나님이 제일 싫어하는 종교 다원화와 종교 통합으로 혼합주의를 추구한다.

② 히브리 사상은 헬라식 사고(관찰/논리)보다도 하나님 주권 사상과 하나님 중심 안에 있는 하나님의 뜻을 이 땅에 실천하며 살아가는 구별된 하늘의 백성으로 살아가는 것이다. 인간들이 만들어낸 땅의 생각과 사상과 가치관이 아닌, 세상이 목적이 아닌, 하나님의 나라에서 파송된 제사장 나라 왕 같은 제사장과 사신으로 파송된 나그네로 살다가 본향으로 반드시 되돌아감을 고대하는 하늘의 사상을 가지고 그 사상대로 살아가는 자들이다.

3.
헬라식 구조는
'영육, 이원론(분리)'이다

헬라 사상에서 헬라식 구조는 '영육, 이원론(분리)'이다. 헬라 사상의 핵심인 '관찰, 논리, 이론'은 이 세상을 인식하는 방법론이었다면, '영육 이원론Dualism'은 그 방법론을 통해 도달한 세계의 구조적 결론이다. 헬라 사상은 모든 존재를 상위의 가치와 하위의 가치로 철저히 분리하여 이해하려 했다.

1) 헬라 구조의 영육Spirit vs Body

헬라 사상에서 인간과 우주를 바라보는 가장 기본 틀은 영Spirit/Soul과 육Body/Matter의 대립이다. 영Pneuma/Psyche은 불멸하며, 이성적이고, 고귀한 것이다. 인간의 본질은 육체가 아니라 이 '영' 혹은 '혼'에 있다고 믿었다. 영은 진리와 이데아를 인식할 수 있는 유일한 통로이다.

(1) 육Soma

육체는 가변적이고, 썩어 없어지며, 영혼을 가두는 '감옥'이나 '무덤'으로 여겨졌다. 육체적 욕망은 이성적인 사고를 방해하는 저급한 것으로 취급되었다.[121] 이러한 이원론사상이 기독교와 혼합되어 영은 거룩하고 육은 추한 것임으로 학대의 대상으로 여기고 고행과 금욕으로 쳐내야 하는 수도와 수행과 고행 주의가 만들어진 것이다. 하나님은 인간의 영육을 다 소중하게 여겨 만드셨고 영육이 다 구원을 얻으며 영육이 다 영생하도록 예수님이 성육신 하사 우리 대신 죽어 우리를 살려내신 것이다. 우리의 몸은 주님이 계신 성전인 것이다.

(2) 위계질서

헬라 구조에서 영은 육보다 우월하며, 육은 영의 지배를 받아야 하는 보조적인 수단에 불과하다.

2) 헬라 구조의 이원론: 분리Dualism: Separation

이원론은 단순히 두 개가 있다는 뜻이 아니라, '진짜와 가짜', '선과 악', '가치 있는 것과 없는 것'을 칼같이 나누는 사고방식이다.

(1) 현상계와 이데아계

플라톤에 의해 정립된 이 구조는 우리가 눈으로 보는 세상(현상계)

---

121)   김지찬, pp. 50-55.

은 일시적인 그림자에 불과하며, 보이지 않는 완벽한 원형의 세계(이데아계)만이 진짜 실재라고 본다.

(2) 가치적 분리

헬라 사상은 '정신적인 것'은 선하고 '물질적인 것'은 악하거나 열등하다고 규정한다. 이러한 분리는 서구의 금욕주의나, 반대로 육체는 아무래도 상관없다는 쾌락주의라는 양극단의 결과를 낳기도 했다.

(3) 직업과 삶의 분리

이 구조는 사회적으로도 영향을 미쳐, 머리를 쓰는 '철학/정치'는 고귀한 일로, 몸을 쓰는 '노동'은 천한 일로 구분 짓는 계급적 사고의 근거가 되었다.

헬라식 이원론 구조 요약

구분	상위(고귀함)	하위(열등함)
존재	영, 혼(Spirit/Soul)	육체(Body/Matter)
영역	이데아, 천상(Ideas)	현상, 지상(Appearance)
도구	이성, 논리(Reason)	감각, 경험(Senses)
성질	불변함, 영원함	가변함, 일시적임

(4) 결론

이원론이 남긴 유산은 기독교의 관점으로 보면 최악의 이단들을 만들어 낸 것이다. 초대 기독교의 바른 복음을 오염시키고 병들게 한 심각한 영지주의인 것이다.

헬라식 이원론은 대상을 객관적으로 분석하고 분류했다. 하지만 "정신과 육체는 하나"라고 보는 히브리식 전인적Holistic 사고와 부딪히며 서구 기독교 신학이나 철학사에서 수많은 논쟁을 불러일으켰고 지금까지 수많은 이단들을 만들어 이어왔다.

3) 헬라의 이원론(분리)과 대비되는 히브리의 전인론(통합)을 비교

헬라 사상이 칼로 자르듯 영과 육을 나누었다면, 히브리 사상은 인간을 하나의 거대한 '생명 덩어리'로 보았다.

(1) 히브리 구조의 전인론Holism

히브리적 사고에서 인간은 여러 부품이 조립된 기계가 아니라, 나눌 수 없는 하나의 유기체인 하나인 인간이다.

(2) 네페쉬Nephesh(생령)

히브리어로 '영혼'이라 번역되기도 하는 이 단어는 사실 '목구멍,

숨 쉬는 존재, 생명력' 그 자체를 의미한다. 즉, 영혼이 몸 안에 '담겨' 있는 것이 아니라, 숨 쉬는 몸 전체가 곧 영혼이다.

(3) 육체는 선한 것

헬라 사상에서 육체가 영혼의 감옥이었다면, 히브리 사상에서 육체는 신이 빚어 만든 아름다운 창조물이며 '생명의 통로'이다. 따라서 육체의 배고픔, 아픔, 기쁨은 영적인 상태와 분리될 수 없다. 그리고 주께서 거주하시는 성전이다.

(4) 통합적 건강

히브리인들에게 '구원'이나 '회복'은 영혼만 천국에 가는 것이 아니라, 병든 몸이 낫고 관계가 회복되는 등 삶의 전체적인 평안(샬롬)을 의미한다.

4) 히브리 구조의 통합Unity: 관계적 존재

히브리 사상은 존재를 '분리'하여 분석하기보다, '관계' 속에서 통합하려 한다.

(1) 하나님과 인간의 연합

인간은 하나님으로로부터 떨어져 나온 독립된 영적 존재가 아니라, 그분의 '생기'를 통해 끊임없이 에너지를 공급받는 의존적 존재한다.

(2) 공동체적 통합

'나'라는 개인의 영혼보다 '우리'라는 공동체의 유기적 결합을 중시한다. [122]

(3) 이론과 실제의 일치

헬라에서는 '아는 것(지식)'과 '행하는 것(삶)'이 분리될 수 있었지만, 히브리 구조에서는 '듣는 것이 곧 순종하는 것'이다. 지식은 삶이라는 맥락 안에서만 의미를 가진다.

5) 히브리 사상에 배제된 하나님의 열심과 성실과 성령의 도우심

말씀을 "듣는 즉시 행동"한다는 히브리 사상에 배제된 하나님의 열심과 성실과 성령의 도우심이 추가되어야 한다.

---

122)　Marvin R. Wilson, 박대영 역, 기독교의 히브리적 뿌리를 찾아서(Our Father Abraham), 서울: 이레서원, 2014, pp. 240-258.

⑴ 그러나 여기에서 듣게 하신 성령의 사역이 빠지면 인간의 열심만 남는다.

⑵ 인간의 열심만 강요하게 되기에 열심주의가 만들어진다.

⑶ 인간의 열심을 자랑하게 되고 공로주의가 더 많은 열심의 경쟁을 불러일으켜 열심주의와 공로주의 교리가 만들어진다.

⑷ 특히 말씀을 들을 때 즉각적인 순종과 실천으로 이어지는 모든 과정에서 들려지게 하시고 믿게 하시며 행하게 하신 성령의 인도와 도우심의 공로가 빠져선 안 된다.

⑸ 천지를 창조하시고 살아서 역사하시는 말씀이신 하나님이 인간의 귀를 통해 들려져서 그 사람 속에 들어가셨다는 것은 무엇을 의미하는가? 하나님의 강력한 통치가 시작된 것이다.

⑹ 이 말씀이 그 사람 속에 들어가 그 사람의 영혼과 생각과 몸이 반드시 행하도록 통치하시기 때문이다. 인간의 행동을 의미하는 관절과 골수까지 말씀이 완전히 통치하사 찔러 쪼개어 바르게 하나님의 뜻대로 행하게 하실 것이다.

⑺ 무에서 유를 창조해 내시는 능치 못할 것이 없으신 하나님의 강력한 말씀 통치를 피할 자 없다. 이러한 말씀의 공로를 배제하고 무조건 듣는 즉시 행동하는 히브리 사상만 가르치면 사람의 전통과 유전을 가르치고 강요하는 율법주의가 만들어질 뿐이다. 결국 인간이 순종해 낸 공로와 열심히 행한 업적만 남고 성령과 말씀의 공로를 제외시킨 인간의 열심주의만 드러나는 단점이 발생한다.

⑻ 무조건 듣는 즉시 행동한다는 히브리 사상만 강조하면 부작용이 심각할 것이다. 다윗 시대까지 성령의 사역을 높이 평가했기에 시편에 절절히 성신의 업적을 강조한다.

(9) 아브라함의 늙은 종도 성신을 전적으로 의지한다.

(10) 모세오경을 기록한 모세의 사상에 성령이 빠진 적이 없다. 모두가 다 하나님의 열심과 성실이 이루어 만들어진 듣게 하심이며 듣는 즉시 행하게 하신 하나님만이 영광 받으실 주님의 공로일 뿐이다.

(11) 인간이 말씀을 듣는 것도 살아계신 하나님이신 말씀과 성령이 완전히 개입하신다. 인간이 들은 말씀이 얼마나 강력한 능력인지 듣는 순간 즉각적으로 행하게 통치하신다.

"하나님의 신은 수면 위에 운행하시니라"(창 1:2)

"바로가 그의 신하들에게 이르되 이와 같이 **하나님의 영**에 감동된 사람을 우리가 어찌 찾을 수 있으리요 하고"(창 41:38)

"하나님의 영을 그에게 충만하게 하여 지혜와 총명과 지식과 여러 가지 재주로"(출 31:3)

"눈을 들어 이스라엘이 그 지파대로 천막 친 것을 보는 동시에 **하나님의 영**이 그 위에 임하신지라"(민 24:2)

"여호와의 영이 그에게 임하셨으므로 그가 이스라엘의 사사가 되어 나가서 싸울 때에…"(삿 3:10)

"여호와의 영이 삼손에게 강하게 임하니 그가 손에 아무것도 없이 그 사자를 염소 새끼를 찢는 것 같이 찢었으나…"(삿 14:6)

"사무엘이 기름 뿔 그릇을 가져다가 그의 형제 중에서 그에게 부었더니 이 날 이후로 다윗이 **여호와의 영**에게 크게 감동되니라…"(삼상 16:13)

"그의 위에 **여호와의 영** 곧 지혜와 총명의 영이요 모략과 재능의 영이요 지식과 여호와를 경외하는 영이 강림하시리니"(사 11:2)

"주 **여호와의 영**이 내게 내리셨으니 이는 여호와께서 내게 기름을 부으사 가난한 자에게 아름다운 소식을 전하게 하려 하심이라…"(사 61:1)

"나를 주 앞에서 쫓아내지 마시며 **주의 성령**을 내게서 거두지 마소서"(시편 51:11)

"내가 **주의 영**을 떠나 어디로 가며 주 앞에서 어디로 피하리이까"(시편 139:7)

"주는 나의 하나님이시니 나를 가르쳐 주의 뜻을 행하게 하소서 **주의 영**은 선하시니 나를 공평한 땅에 인도하소서"(시편 143:10)

"오직 나는 **여호와의 영**으로 말미암아 능력과 정의와 용기로 충만해져서…"(미 3:8)

"…이는 힘으로 되지 아니하며 능력으로 되지 아니하고 **오직 나의 영**으로 되느니라"(슥 4:6)

"그에게는 **영이 남음**이 있었으나"(말 2:15)

"그러므로 내가 너희에게 알게 하노니 하나님의 영으로 말하는 자는 누구든지 예수를 저주할 자라 하지 아니하고 또 **성령으로 아니하고는** 누구든지 **예수를 주시라 할 수 없느니라**"(고전 12:3)

"예수께서 대답하시되 진실로 진실로 네게 이르노니 사람이 물과 **성령으로 나지 아니하면 하나님의 나라에 들어갈 수 없느니라**"(요 3:5).

6) 너희의 공의가 아니라 나의 공의(공로, 의로움)로

너희의 공의가 아니라 나의 공의(공로, 의로움)로 언약의 땅에 들어간 것이다.

(1) "우리의 공의로 들어왔다"고 생각하지 말라

하나님께서는 이스라엘이 가나안에 들어가는 이유가 그들의 선함 때문이 아니라, 가나안 족속의 악함과 조상들에게 하신 약속 때문이라 말씀하신다.

"네 하나님 여호와께서 그들을 네 앞에서 쫓아내신 후에 **네가 심중에** 이르기를 **내 공의로움으로** 말미암아 여호와께서 나를 이 땅으로 인도하여 들여서 그것을 차지하게 하셨다 하지 말라 이 민족들이 악함으로 말미암아 여호와께서 그들을 네 앞에서 쫓아내심이니라… 너는 알라 네 하나님 여호와께서 네게 이 아름다운 땅을 기업으로 주신 것이 **네 공의로 말미암음이 아니니라** 너는 **목이 곧은** 백성이니라"(신 9:4-6).

'목이 곧은'קָשֶׁה(7186, 카세)는 '목이 굳은, 마음이 강퍅한, 완강한, 철면피의, 열렬한, 강한, 통탄할, 머리를 둥글게 함, 주름을 잡음, 껍데기를 제저하다'를 뜻하며,[123] '맹렬한, 가혹한, 완고한, 고집 센, 엄(격)한, 굳은, 견고한'의 뜻이고,[124] '딱딱한, 거친, 거센, 격렬한, 전투, 패역한, 악한, 포악한, 흉한, 잔인한, 뻔뻔한, 중노동, 고역, 탄식, 폭풍'이란 의미이다.[125]

(2) 광야 40년 동안 "너희는 항상 거역만 했다"

모세는 이스라엘의 과거를 회상하며 그들이 광야에서 얼마나 완악했는지를 지적한다. 이 내용은 같은 장인 신명기 9장 7절과 24절에서 확인할 수 있다.

"너는 광야에서 네 하나님 여호와를 격노하게 하던 일을 잊지 말고 기억하라 네가 애굽 땅에서 **나오던 날부터 이곳**에 이르기까지 늘 여호와를 **거역하였으되**"(신 9:7)

---

123) 어근사전, 719.
124) 이병철, 7186.
125) 원어사전, 617-618

"내가 너희를 알던 날부터 너희가 항상 여호와를 **거역하여** 왔느니라"(신 9:24)

'거역하여'מָרָה (4784, 마라)는 '반역하다, 다투기를 좋아하다, 완고하다, 반항하다'를 의미하고,[126] '격동시키다, 흥분시켜다, 채찍질하다, 찌르다, 타격하다, 배신하다, 모반하다, 배반하다, 변절하다, 씨우다, 패역하다'를 뜻하며,[127] '불순종하다, 괴롭게 되다, ~와 다투다, 반역적이다, 쓰게 하다, 슬프게 하다, 말을 안 듣는, ~에 대항하는 경쟁자'라는 뜻이며,[128] '격양시키다, 순종하지 않다, 누구와 경쟁하다, 완강하다, 거루다, 노하게 하다, 화나게 만들다, 서로 도전하다, 누구에게 합당한 것을 주지 않다, 시비하다'를 의미한다.[129]

7) 거역하고 반역했음에도 불구하고 결코 버리지 않겠다

거역하고 반역했음에도 불구하고 결코 버리지 않겠다는 약속을 죽음으로 지켰다.

(1) 언약에 신실하신 하나님 홀로 열심으로 언약 백성과 맺은 언

---

126) 이병철, 4784.
127) 원어사전, 401.
128) 어근사전, 557-558.
129) Wilhelm Gesenius, 이정의 역, 게제니우스 히브리어 아람어사전, 서울: 생명의말씀사, 2021, p. 462-463.

약을 성취하셨다. 영원히 변치 않는 하나님 자신의 명예로운 이름을 걸고 결단코 버리거나 포기하거나 취소하지 않겠다고 약속하셨기에 무지하고 연약하여 하나님께 항상 거역하고 목이 곧고 뻣뻣하여 불순종하고 원망 불평할지라도 결코 버리시지 않으신다.

(2) 극진한 사랑으로 택하신 자녀들의 자비로운 아버지로서 성실한 양육의 의무가 있기에 필연적인 사랑의 채찍질과 성장을 위한 훈육방식에 의해 징벌이 있을 뿐이다. 부모와 자식 관계는 심판과 멸망으로 결코 끝장낼 수 있는 관계가 아니다.

(3) 육신의 아비도 사형수 아들을 대신하여 죽고 살리고 싶은 것이 부모 마음이거늘 하늘에 계신 아버지는 맏아들을 대신 죽여 탕자들을 실제로 죄와 사망에서 구원해 내셨다.

"자기 아들을 아끼지 아니하시고 우리 모든 사람을 위하여 내주신 이가

어찌 그 아들과 함께 모든 것을 우리에게 주시지 아니하겠느냐"(롬 8:32)

"우리가 아직 죄인 되었을 때에 그리스도께서 우리를 위하여 죽으심으로

하나님께서 우리에 대한 자기의 사랑을 확증하셨느니라"(롬 5:8)

(4) 심판과 멸망은 하나님과 그 어떤 언약도 맺은바 없는 이방 나라가 받는 형벌일 뿐이다. 불경건한 가나안 족속들이 생각하고 계획하는 것이 항상 악할 뿐인 죄악의 잔이 차고 넘칠 때 하나님의 진노와 심판이 임하여 쫓아낸 것이다.

(5) 본질상 '목이 곧은(고집 센) 언약 백성'들을 오래 참으사 거역한 날에도 아비 된 자비의 심장으로 만나를 내려주시고 반역하고 원망

한 날에도 아비 된 의로운 의무로 마실 물을 제공해 주셨다.

(6) 하나님 홀로 성실한 아비의 열심과 희생으로 자녀들의 생명을 보존하사 아비 곁에 영원히 두기를 기뻐하신 이 모든 은혜와 긍휼의 과정을 언약의 자녀를 향한 무한한 하나님의 사랑이라 말하기도 부족하기에 목숨을 다 바친 사랑이라, 신비로운 사랑이라 말할 뿐이다.

8) 헬라 사상은 영육을 분리, 히브리 사상은 영육을 하나로 묶는다

(1) 헬라 사상이 과학적, 이성적, 심리적, 생물학적 관점에서 "인간은 무엇으로 구성되어 있는가?"를 분석하기 위해 영과 육을 나눴다.[130]

(2) 히브리 사상은 하나님의 형상대로 지음받은 인간과 하나님과의 인격적인 관계[131]와 하나님의 탯(자궁) 속에서 나온 모든 한 몸과 같은 골육 친지의 생명공동체의 관점에서 "인간은 어떻게 살아야 하는가?"를 고민하며 영과 육을 하나로 묶었다.

---

130) Thorleif Boman, 허혁 역, 히브리 사상과 헬라 사상의 비교(Hebrew Thought Compared with Greek), 서울: 분도출판사, 1992, pp. 145-165.
131) 김지찬, 요단강가에서 바벨론 물가까지, 서울: 생명의말씀사, 2021, pp, 45-58.

(3) 헬라 이원론 vs 히브리 전인론 비교는 다음 표와 같다.

구분	헬라식 이원론(Dualism)	히브리식 전인론(Holism)
인간관	영혼(상위) + 육체(하위)의 결합	영과 육이 하나인 생명체 (전인)
육체의 의미	영혼의 감옥, 일시적 껍데기	신의 형상을 담은 그릇, 고귀한 실체
지식의 위치	머리(논리적 이해)	가슴과 손발(경험적 순종)
죽음의 이해	육체에서 영혼이 해방되는 것	생명 활동이 중단되는 슬픔
핵심 가치	분리를 통한 객관적 분석	통합을 통한 관계적 회복

4.
헬라식 인식은
'분석하여 정의하는 것'

헬라 사상에서 '인식Recognition/Knowledge'은 단순히 정보를 받아들이는 것이 아니라, 대상을 잘게 쪼개어 그 정체를 명확히 밝히는 '분석Analysis'과 그것에 이름을 붙여 고정하는 '정의Definition'의 과정이다. 헬라식 인식의 메커니즘을 다음과 같이 세부적으로 설명할 것이다.

1) 분석Analysis: 전체를 부분으로 해체하기

헬라어 '분석Analysis'의 어원은 '풀다, 해체하다'는 뜻을 가지고 있다. 헬라인들에게 대상을 인식한다는 것은 복잡한 전체를 단순한 원소나 부품으로 나누는 행위였다.

(1) 객관적 거리 두기

인식 주체(나)와 객관적 대상(사물)을 철저히 분리한다. 감정을 배제하고 차가운 이성으로 대상을 해부한다.

(2) 구성 요소 파악

"이것은 무엇으로 이루어져 있는가?"를 질문한다. 예를 들어, '인간'을 인식할 때 영혼과 육체로 나누고, 다시 육체를 사대 원소(흙, 물, 불, 공기)로 나누어 분석하는 식이다.

(3) 분류와 체계화

비슷한 것끼리 묶고 다른 것을 쳐내는 과정을 통해 세상의 혼란Chaos을 질서Cosmos로 바꾼다.

2) 정의Definition: 경계선을 긋고 고정하기

분석을 통해 요소들이 파악되면, 마지막 단계는 그 대상이 무엇인지 명확한 문장으로 못 박는 '정의'이다.

(1) 한계 지우기Limit

'정의Definition'의 어원인 'Finis'는 '경계, 끝'을 의미이다. 즉, 정의한다는 것은 "여기까지가 이 사물의 영역이다"라고 테두리를 치는 것이다.

(2) 불변의 본질Essence 추출

상황이나 시간에 따라 변하는 가변적인 모습은 버리고, 어떤 상황에서도 변하지 않는 그 사물만의 '본질'을 뽑아내어 개념화한다(예: "인간은 이성적 동물이다.").

(3) 이론적 소유

헬라인들에게 대상을 완벽하게 정의했다는 것은 그 대상을 지적으로 완전히 소유하고 통제할 수 있게 되었음을 의미한다.

3) 분석과 정의의 결합(지식은 곧 힘)

이러한 인식 방법은 서구 과학과 철학의 강력한 무기가 되어 더욱
더 하나님의 주권 사상과 성경의 권위를 무시하고 인간 중심의 인
본주의 지상낙원을 추구하는 사상과 이를 위한 전 세계적인 연합과
연대로 제2의 바벨성과 탑을 꿈꾸게 했다.

(1) 논리적 명확성

모호함을 참지 못하는 헬라적 인식은 모든 것을 수치화하고 언어
화하여 논리적 명확성을 확보한다.

(2) 정적Static 지식

정의된 지식은 박제된 표본처럼 변하지 않아야 한다. 따라서 헬라
식 인식은 움직이는 '사건'보다는 멈춰 있는 '상태'와 '본질'을 파악하
는 데 특화되어 있다.

(3) 결론

헬라 사상에서 '인식Recognition/Knowledge'은 단순히 정보를 받아들
이는 것이 아니라, 대상을 잘게 쪼개어 그 정체를 명확히 밝히는 '분
석Analysis'과 그것에 이름을 붙여 고정하는 '정의Definition'의 과정이다.

5.
헬라식 인식의
메커니즘 세부적 분석

1) 요약표로 본 헬라식 인식의 특징

단계	행위	목적
분석	쪼개고 해체함	구조와 구성 원리 파악
정의	경계선을 긋고 이름을 붙임	보편적 본질 확정
결과	개념(Concept) 형성	체계적인 이론(Theory) 구축

2) 히브리식 인식과의 짤막한 비교

(1) 헬라식 인식이 "분석하여 정의Definition하는 것"이라면, 히브리식 인식은 "경험하여 관계Relation 맺는 것"이다.

(2) 헬라인이 사과를 분석하여 그 성분을 정의할 때, 히브리인은 사과를 직접 먹어보고 그 맛과 생명력을 경험하며 인식한다.[132]

(3) 지금까지 살펴본 헬라의 관찰, 논리, 이론, 이원론적 구조, 그리고 분석적 인식은 서로 톱니바퀴처럼 맞물려 서구 문명의 거대한 지

---

132) Thorleif Boman, 허혁 역, 히브리적 사고와 헬라적 사고의 비교(Hebrew Thought Compared with Greek), 서울: CLC, 1993, pp. 25-27.

적 토대를 형성함으로 오늘날과 같은 맘모스 연합과 연대를 형성하여 하나님의 나라를 대적하고 인간이 추구하는 지상낙원을 세우려 한다.[133]

⑷ 체계화되고 거대화된 인본주의 사상은 예수님과 복음을 핍박하고 제거하여 인간 중심의 사상으로 정치사회 문화법으로 교체하고 있는 것이다.

6.
헬라식 진리는
'변하지 않는 원리'라고 생각한다

그러나 천하만물을 창조한 적도 없는 피조물들이 자신들이 생각하는 진리를 변치 않는 원리라고 착각한 것이다. 사실 인간이 말로는 무슨 말인들 못하겠는가. 티끌 같고 한치 앞의 일도 모르는 인생 무능한 인간은 상대방의 생각도 몰라서 늘 배신과 사기를 당하고 사는 인생들이 생각해 낸 피조물 수준에서 만들어낸 진리인 것이다.

---

133) J. Richard Middleton & Brian J. Walsh 김지찬 역, 기독교 세계관으로 본 현대 학문(The Transforming Vision), 서울: 한국기독학생회출판부, 2007, pp. 60-85.

역사가 증명한다. 유명한 사상가들의 말들과 절대적 진리인 양 왕 노릇하다가도 이들의 사상적 체계와 이론들이 후손들에 의해 무너지고 공격을 당한다. 세상의 종말과 함께 헬라 사상도 영원히 사라지나 영원히 사라지지 않는 것은 오직 하나님의 말씀밖에 없다.

1) 헬라식 진리는 '변하지 않는 원리Static Principle'라는 의미

헬라인들은 눈에 보이는 세상은 끊임없이 변하지만(생로병사, 계절의 변화), 그 배후에는 절대 변하지 않는 법칙이 있다고 믿었다. 그러나 이들이 말한 그 법칙 또한 하나님을 배제한 인간들이 꿈꾸는 미지의 세계에 있을 것이라 믿는다. 그러나 도래하지 않을, 결코 이루어지지 않을 막연한 진리일 뿐이다.

(1) 수학적 완벽함

삼각형의, 내각의 합이 180인 것처럼, 관찰과 논리를 통해 발견한 '이론'은 영원히 변하지 않아야 진리라고 보았다. 이들이 생각한 진리는 인간이 만들어낸 완전한 수학적 관점과 물리적 관점과 시공간 안에 있는 진리이다.

물론 이 모든 관점 그 이상의 추상적 진리를 추구한들 그냥 막연한 기대일 뿐이다. 진정 영원히 존재하는 진리는 이 모든 시공간과 이 모든 물질적인 존재와 수학적 우주공간을 완벽하게 만들어 오차 없이 창조하시고 서로가 충돌이 없이 운영하시고 통치하시는 완전하신 하나님 그분 그 자체가 진리의 본질이시다.

(2) 이데아Idea

플라톤은 현실의 사과는 썩어 없어지지만, 머릿속에 있는 '완벽한 사과의 개념(이데아)'은 영원하다고 보았다. 헬라 사상가들에게 진리란 이처럼 추상적이고 고정된 공식과 같다.

(3) 정지된 상태

헬라적 진리는 움직이는 '사건'이 아니라 멈춰 있는 '상태'이다. 분석이 끝난 완벽한 정의만이 진리의 자격을 얻는다. 그러나 인간의 정의는 한계가 있고 아무도 구원하지 못하는 말뿐인 정의이다.

하나님의 정의는 죄와 사망에 빠진 죄인을 자신의 대속의 핏값으로 구원하고 살려내고 회복시켜 본래의 모습으로 실제로 재창조하신 하나님 자신이 진정한 정의이며 완전한 정의이다.

2) 헬라 사상 vs 히브리 사상(하나님의 말씀)

성경은 "풀은 마르고 꽃은 시드나 우리 하나님의 말씀은 영원히 서리라(이사야 40:8)"라고 자신 있게 진리 그 자체이신 하나님께서 세상을 향해 당당하게 선포하신 것이다.

(1) 비교하는 그 자체가 모순이다. 인간의 이성으로 세운 헬라 사상의 관점으로는 하나님의 계시와 말씀을 이해하기 불가능하다. 불경건한 악인들에게는 하나님의 계시를 발견하고 이해하는 일을 허락하지 않으셨다.

(2) 죽은 자들의 인본주의 헬라 사상과 살아계신 창조주 하나님의 계시는 비교 불가이다.

(3) 히브리 사상과 헬라 사상은 실상이냐, 허상이냐의 문제이다.

(4) 히브리 사상과 헬라 진리이냐, 거짓이냐의 문제이다.

(5) 약자와 무지한 생명은 도태시키고 우월하고 강한 자들만이 남아 탁월한 유전자를 발전시켜 간다는 인본주의를 기초한 양육강식과 적자생존의 합리적 방향으로 가는 헬라 사상이 있고, 약하고 불완전한 죄인들을 구원하시고 회복시켜 주기 위해 대속의 제물로 대신 죽는 히브리 사상의 신비로운 사랑이 있다.

(6) 그러므로 헬라 사상과 히브리 사상을 비등한 대상이거나 동등한 경쟁상대로 논하는 그 자체가 모순인 것이다.

3) 인간의 산물 vs 하나님의 계시

(1) 헬라 사상(인간 중심)

인간의 관찰과 논리로 쌓아 올린 바벨탑과 같다. 시대가 변하고 새로운 과학적 사실이 발견되면 과거의 이론(진리라고 믿었던 것)은 폐기된다. 즉, 세상과 함께 사라질 '지식'이다.

(2) 히브리 사상 (하나님 중심)

인간이 찾아낸 것이 아니라, 창조주가 인간에게 들려주신(계시) 말씀이다. 인간의 지능과 상관없이 존재하며, 세상이 끝나도 변치 않는 '생명'이다.

4) 이론적 원리 vs 인격적 관계

(1) 헬라식 진리(원리)는 "진리는 1+1=2와 같은 법칙이다."(차가운 논리) 이들이 토론하고 외친 모든 평생의 말잔치에는 아무런 능력도 성취도 없다. 피조물(창조된)인 인간들의 말들과 생각과 결심과 사상이기 때문이다.

(2) 히브리식 진리(원리)"는 하나+하나=하나이기도 하고 둘이기도 하다." 그리고 "하나님은 처음이시고 나중이시며 시작이며 동시에 마침"이시다. 하나님은 '하나'이시고 '천'이기도 하시다. 하나님의 날은 천년이 하루 같고 천년이 하루 같다. 이는 모두 시공간을 창조하신 하나님은 시공간을 초월하시는 영원한 통치자이심을 의미한다.

(3) 히브리식 진리(관계)는 "곧 하나님 자신이다."(따뜻한 인격) 히브리어로 진리는 'אֱמֶת (571, 에메트)'인데, 이는 '성실, 신실, 믿음직함'을 뜻한다. 즉, 진리는 변하지 않는 공식이 아니라 '약속을 반드시 지키시는 하나님의 신실하심'이다.

(4) 헬라 사상은 듣고 말하는 지식과 그것을 온몸과 전인격으로 행동하고 실천하는 것을 분리시켜 각각의 체계적인 준비와 결단과

노력을 요구한다.

(5) 히브리 사상은 '무'에서 '유'를 만들어내시고 모든 것을 가능하게 통치하시는 말씀을 "듣는 것과 행동"하는 것이 동시에 발생하고 가능하게 되고 완성된다. 왜냐하면 택하신 하나님의 백성들에게는 약속하신 성령 하나님이 말씀의 지식과 함께 백성들 속에 들어가 그의 영혼과 육체를 완전하게 통치하시고 실수와 오류 없이 행하게 하신 하나님의 열심과 성실하신 공로가 있기 때문이다.

(6) 언약 백성들의 눈과 귀를 통해 들어간 말씀의 지식은 무에서 유를 창조하시고 생사화복을 주관하시고 능치 못할 일이 전혀 없으신 살아계신 하나님의 말씀이기에 그 사람의 영혼과 육체를 말씀이 왕 노릇하사 그분의 뜻대로 통치 운영해 가시기에 주님의 결정에 이해 듣게 하시고 주님의 결정과 통치에 의해 즉각적인 행동과 열매가 나타나게 하시는 것이다.

(7) 히브리 사상에 성령의 인도와 말씀의 완전 통치가 창세기부터 다윗시대와 말라기까지 강조하여 가르쳐 왔으나 하나님이 선지자를 보내시지 않았던 중간사 때부터 예수님과 사도들이 성령과 말씀을 강조하고 가르칠 때까지 유대교 지도자들을 통해 히브리 사상이 헬라 사상의, 영향으로 왜곡되어 "듣는 즉시 행동하다"라는 히브리 사상에 성령의 사역과 말씀 통치가 배제되거나 약화 되었고 객처럼 취급받았다.

(8) 그래서 결국 인간의 열심만 강조된 "듣는 즉시 행동"하는 "인간의 열심"만을 강조했고 결국 종교 생활 열심히 노력한 인간의 율법적 공로와 열심만을 자화자찬하는 축제만 이어져 왔다.

(9) 성령과 말씀의 핵심 주제인 참 메시아 구속자 예수님이 빠진

교리와 조상의 전통과 유전에는 성경에서 증거한 예수님이 없다. 성령을 강조했다고 우기지만 성경 전체가 증거한 참 구속자 예수님이 배제된 곳에는 성경이 말한 성령님이 임하지 않는다.

5) 분석의 대상 vs 순종의 대상

(1) 헬라적 태도

진리를 분석하고 비판하며 내 머리로 이해하려고 한다. 내가 주체가 되어 진리를 판단한다.

(2) 히브리적 태도

진리(말씀) 앞에 단독자로 서서 그 말씀에 내 삶을 던진다. 말씀이 주체가 되어 나를 변화시킨다.

(3) 사라질 것과 영원한 것에 대한 비교 분석표

구분	헬라 사상(세상의 학문)	히브리 사상(하나님의 말씀)
진리의 정의	변하지 않는 **논리적 원리**	변하지 않는 **인격적 신실함**
기초	인간의 이성과 관찰	하나님의 계시와 언약
인식 방법	분석하고 정의함	듣고 순종하며 동행함
결과	세상과 함께 변하고 사라짐	영원히 마르지 않는 생명

6) 결론적으로 왜 헬라 사상은 사라지고 말씀만 남는가

⑴ 헬라 사상은 인간이 만든 '그릇'과 같다. 그릇은 시대에 따라 모양이 바뀌고 깨지기도 한다. 반면, 히브리 사상을 통해 전달된 하나님의 말씀은 그 그릇에 담긴 '물(생명)'과 같다.

⑵ 세상의 지혜인 헬라 사상은 인간의 이성이 닿는 범위까지만 유효하지만, 하나님의 말씀은 죽음 너머의 영원까지 닿아 있다. 헬라식의 날카로운 분석력은 인본주의 안에서만 필요하다. 결국 우리를 살리는 것은 변치 않는 하나님의 신실함(에메트)에 머무는 것이다.

7.
성경 속의 헬라적 사고와 히브리적 사고의 충돌

성경 속에서 헬라적 사고와 히브리적 사고가 충돌했던 구체적인 사례(예: 사도 바울의 아테네 전도 등)에 나타난다.

사도 바울이 아테네(아덴)에서 전도한 사건은 "헬라식 관찰·논리·이론"과 "히브리식 계시·관계·생명"이 정면으로 충돌한 가장 대표적인 역사적 장면이다. 사도행전 17장을 중심으로 그 충돌의 지점들을 분석해 볼 것이다.

1) 관찰의 충돌이 발생하는 '알지 못하는 신' vs '계시된 하나님'

아테네에 간 바울은 그들의 종교적 열심을 관찰했다. 바울의 메시지를 듣고 그들의 헬라 사상관과의 관점적 사상적 충돌이 생존의 문제와 연결되어 발생한 것이다.

(1) 헬라적 관찰

아테네인들은 논리적 빈틈을 메우기 위해 "알지 못하는 신에게"라는 제단까지 만들어 두었다. 그들에게 신은 인간의 이성으로 다 파악할 수 없는 '미지의 이론적 대상'이었다.

(2) 히브리적 선포

바울은 그들이 관찰로만 머물던 대상을 '이미 알려진 인격체'로 전환한다. "너희가 알지 못하고 위하는 그것을 내가 너희에게 알게 하리라." 즉, 인간이 찾아내는 신이 아니라, 인간에게 찾아오신 하나님을 전한 것이다.

2) 구조의 충돌이 발생하는 '영육 이원론' vs '몸의 부활'

가장 격렬한 충돌은 바울이 설교의 결론인 '부활'을 언급했을 때 일어났다.

(1) 헬라적 구조 (이원론)

헬라 철학자들(에피쿠로스와 스토아 학파)에게 육체는 영혼의 감옥이었다. 죽음은 영혼이 육체에서 '해방'되는 축복인데, 다시 육체를 입고 살아난다는 '부활'은 그들에게 논리적 퇴보이자 혐오스러운 일이었다.

(2) 히브리적 구조 (전인론)

바울은 육체를 포함한 인간 전체의 회복을 말했다. 하나님이 육신을 입고 오셨고(성육신), 그 몸이 다시 사셨다는 소식은 영과 육을 하나로 보는 히브리적 통합 사고에서만 이해 가능한 '생명'의 사건이었다.

3) 인식의 충돌이 발생하는 '지적 유희' vs '생명적 회개'

아테네인들이 바울의 말을 들으려 했던 동기 자체에서도 차이가 나타난다.

(1) 헬라적 인식 (분석과 정의)

성경은 당시 아테네인들이 "가장 새로운 것을 말하고 듣는 것 외에는 달리 시간을 쓰지 않았다"고 기록한다(행 17:21). 그들에게 진리

분석하고 즐기는 '이론적 유희'였다.

(2) 히브리적 인식 (관계와 실천)

바울은 진리를 단순히 머리로 이해하라고 하지 않았다. "이제는 어디든지 사람에게 다 명하사 회개하라 하셨으니"라고 말하며, 하나님과의 관계를 회복하는 '실천적 결단'을 촉구했다.

(3) 아테네 전도에서 나타난 두 사상의 충돌 요약

구분	헬라적 반응(철학자들)	히브리적 선포(사도 바울)
태도	호기심, 지적 토론	복음 전파, 영혼 구원
하나님	관념적 원리, 미지의 대상	창조주, 인격적인 아버지
죽음 이후	육체 탈출(영혼 불멸)	육체의 회복(**몸의 부활**)
결과	"조롱하거나 다음에 듣겠다 함"	"몇 사람이 믿고 가까이함"

4) 왜 바울은 아테네에서 '실패'한 것처럼 보였을까

(1) 세상의 눈으로 보면 아테네 전도는 큰 교회를 세우지 못한 실패처럼 보일 것이다. 헬라의 견고한 "이론과 이원론"의 벽이 그만큼 높았기 때문이다. 하지만 바울은 이후 고린도 전서를 통해 이렇게 고백한다.

(2) 결국 인간의 화려한 논리와 이론은 사라지지만, 미련해 보이는 십자가의 복음(히브리적 생명)은 오늘날까지 이어져 우리를 살리고 있다.

(3) 헬라 사상은 이 땅에 소망을 둔 인본주의적인 분석적 인식이며, 히브리 사상은 하나님 나라에 소망을 둔 사상이며 천국의 영생을 얻는 길이 성경 말씀에 있기에 절대 진리이신 말씀이 왕 노릇하시도록 성령의 도우심으로 그 말씀에 순종하는 삶이다.

8.
헬라 사상 관점에서
'성육신'은 이해 불가

택하신 자기 백성들을 죄와 사망에서 구원해 내려고 성육신(하나님이 인간이 되심)으로 오셔서 대신 죽어 구원하신 구속자 예수님의 구원 사역(고엘)은 결단코 헬라 사상이 이해 할 수 없는 고엘 사상이며 헬레니즘을 가진 이원론자들에게 가장 큰 충격적인 사건이다.

'성육신Incarnation'은 헬라 사상의 뿌리를 뒤흔드는, 그야말로 '지적 테러'와 같은 사건이었다. 헬라 이원론자들의 입장에서 성육신이 왜

수치스럽고 말도 안 되는 일이었는지, 그 충격의 이유는 다음과 같다.[134)

1) 거룩한 '이데아'가 더러운 '감옥'으로 들어옴

헬라 이원론의 핵심은 "영은 선하고 육은 악하다"는 분리이다.

(1) 헬라적 충격

헬라인들에게 육체Soma는 영혼이 벗어나야 할 '감옥'이었다. 그런데 가장 고결하고 완벽한 존재인 신이 스스로 그 '더러운 감옥(육체)' 속으로 걸어 들어왔다는 사실은 논리적으로 도저히 받아들일 수 없는 자기 비하였다.

(2) 이유

"어떻게 무한한 존재가 유한한 고깃덩어리 안에 갇힐 수 있는가?"라는 의문은 헬라식 분석으로는 절대 풀리지 않는 모순이었기 때문이다.[135)

---

134) J. Richard Middleton & Brian J. Walsh, 김기찬 역, 기독교 세계관으로 본 현대 학문(The Transforming Vision), 서울: 한국기독학생회출판부, 2007, pp. 68-75.

135) Francis A. Schaeffer, 김진홍 역, 신은 거기 계시며 말씀하신다(The God Who Is There), 서울: 생명의말씀사, 2013, pp. 35-50.

2) '변하지 않는 진리'가 '변하는 시간' 속으로 들어옴

앞서 다뤘듯, 헬라식 진리는 "변하지 않는 원리"이다.

(1) 헬라적 충격

헬라 철학에서 신(또는 제1원인)은 결코 변해서는 안 되며, 고통을 느껴서도 안 된다Apatheia. 하지만 성육신하신 하나님은 아기로 태어나 성장하고(변화), 배고픔을 느끼며, 결국 죽음을 맞이한다.

(2) 이유

시간과 공간의 지배를 받는 하나님은 헬라인들이 정의한 '완벽한 신적 원리'에서 완전히 벗어난 존재였기 때문이다.

3) '분석의 대상'이 '동행의 주체'가 됨

헬라 사상에서 인식은 대상을 분석하여 정의하는 것이었다.

(1) 헬라적 충격

신은 높은 곳에서 인간의 이성으로 명상하고 관조Theoria해야 할 대상이었다. 그런데 그 신이 인간과 같은 밥상을 공유하고, 발을 씻겨주며, 함께 눈물을 흘린다.

  (2) 이유

  분석하고 정의해야 할 '대상'이 거꾸로 인간의 삶에 개입하여 '동행'
하자고 요구하는 것은, 헬라식의 주도권(인간 이성이 주인이 되는 지식)
을 완전히 파괴하는 사건이었기 때문이다.

  (3) 헬라 이원론 vs 성육신의 가치관 충돌

구분	헬라 이원론적 시각	성육신(히브리적 사건)
신(God)	멀리 떨어져 관조하는 원리	인간의 고통에 동참하는 인격
육체(Body)	영혼을 가두는 감옥, 저급함	하나님의 영광을 담는 성전, 고귀함
진리(Truth)	추상적이고 고정된 이론	살과 피를 가진 구체적인 존재
구원(Salvation)	육체를 벗어나 영혼이 탈출함	육체와 영혼이 함께 회복됨 (부활)

4) 결론적으로 지식의 파괴인가, 진리의 완성인가

  (1) 헬라 사상가들에게 성육신은 "이성의 파괴"이자 어리석은 소리
였다. 그러나 히브리적 전인론의 관점에서 성육신은 "진리가 이론에
머물지 않고 실제 삶이 된 최고의 사건"이다.[136]

---

136) Alister E. McGrath, 최재건 역, 기독교 신학 개론(Christian Theology: An Introduction), 서울:
     CLC, 2016, pp. 350-380.

(2) 결국 사라질 헬라의 지식은 하나님을 인간의 머리(이론) 속에 가두려 했지만, 영원한 하나님의 말씀은 스스로 인간의 몸(실재)이 되어 우리 곁으로 오셨다.

(3) 이것으로 헬라 사상의 관찰·논리·이론, 이원론적 구조, 분석적 인식 그리고 그 모든 것을 뒤엎는 성육신까지 함께 살펴보았다.

5) 히브리적 전인론Hebrew Holism이란

(1) 인간을 영혼, 마음, 몸으로 각각 분리된 부품처럼 보고 이성으로 분석하는 헬라 사상과 반대되는 히브리 사상에서 인간의 영혼과 육체는 '나눌 수 없는 하나의 전체'이다. 또는 '나눌 수 없는 통전적 존재'로 파악하는 사고방식이다. 히브리인들에게 인간은 '몸을 가진 영혼'이자 '영혼이 깃든 몸'으로, 분리할 수 없는 하나의 '통전적인 전체'로 창조된 인간이다. 육체는 악한 것이 아니라 신의 창조물로서 긍정적인 가치를 지닌다. 이러한 하나님과 성경 중심인 히브리 사상은 개혁주의 사상과 동일하다.

(2) 그리스 철학은 인간을 '영혼(선함)과 육체(악함/열등함)로 이분화했다. 하지만 히브리인들에게 육체 없는 영혼이나, 영혼 없는 육체는 상상할 수 없는 개념이었다.

(3) 히브리적 관점에서 나는 몸을 '가지고' 있는 것이 아니라, 곧 '몸'이다. '통합적 인식 관점'에서 '배가 고픈 것은 육체만의 문제'가 아니라 '나'라는 인격 전체가 갈망하는 것이며, 죄를 짓는 것도 마음만이 아니라 손과 발, 즉 전체적 존재가 참여하는 것으로 보았다.

(4) 히브리어 단어들을 살펴보면 '전인론의 특징'이 잘 드러난다. 히브리 개념을 확장해 보여주는 단어 (전인론적 해석) 'נֶפֶשׁ(5315, 네페쉬)'는 흔히 '영혼'으로 번역되지만, 실제로는 '목구멍, 생명력, 욕구'를 뜻하며 살아 움직이는 존재 전체를 의미한다. 그리고 'בָּשָׂר(1320, 바사르)'는 '육체'를 뜻하지만, 단순히 고기 덩어리가 아니라 '타인과 관계 맺는 연약한 인간 존재'를 뜻한다. 'לֵבָב(3824, 레바브)'는 '마음'을 뜻하며, 감정뿐만 아니라 '지성, 의지, 결정'을 포함하는 인격의 중심부이다.

(5) 이것은 "성육신"을 이해하는 일에 아주 중요하다. 주님이 가진 성육신이 우리 대신 죽어서 우리의 몸이 천국에서 영생하는 몸으로 주님과 함께 부활한 것이다. 결단코 헬라 사상이 만들어낸 '영지주의, 알미니안 주의, 고행 주의, 영성훈련주의, 수도사의 수련 수행주의'들이 육신을 종교적 고행과 수련으로 학대하는 것은 성경과 하나님의 뜻에서 벗어난 인본주의이고 인간의 종교적 업적을 기념하고 자랑하려고 만든 헬라 사상의 잔재와 쓰레기들이다.

(6) 성경과 하나님의 의도에 기초한 히브리 사상의 '전인론'이 중요한 이유는 이미 하나님에 의해 결정 된, 그리고 영존하시는 절대 진리의 위치 안에 있기 때문이다. 헬라적 이분법 관점에서 진리는 '머리(이성)'로만 깨닫는 고차원적인 것이다. 육체적인 삶은 진리와 거리가 멀다.

(7) 히브리적 '전인론' 관점에서 진리는 성령의 역사로 머리로 배운 뒤 성령의 전적인 인도와 도움으로 '몸'으로 살아낼 때 비로소 완성된다. 따라서 하나님이 인간의 '몸'을 입고 오신 성육신은, 히브리적 관점에서 볼 때 진리가 관념의 세계를 탈출하여 인간의 구체적인 일

상과 역사 속으로 완전히 통합된 사건이 되는 것이다.

⑻ 요약하자면 인간은 '영혼과 육'이 짬뽕된 결합품이 아니라, 그 자체로 하나의 거대한 생명체이다. 이것이 히브리적 '전인론'의 핵심이다. 그래서 히브리 사고관에서는 '믿음'도 생각에 그치지 않고 반드시 '행동'과 결합되어야 한다고 강조한다.

⑼ 과거로부터 지금까지 헬라 사상과 인본주의를 기초한 이단들은 '삼분설'을 주장하여 인간의 하나 된 '전인 상태'를 나누어 이성적으로 분석하려고 애썼다. '혼'이란 중간단계를 억지로 인간의 영역으로 삼고자 투쟁해 왔다. 이 혼의 영역을 인간의 소유로 삼고 인간이 스스로의 종교적 열심과 영성과 수련의 노력으로 영적 수준을 높이고자 금욕과 고행으로 영성 훈련을 닦아왔다. '혼'의 세계를 인간이 '통제 가능한 구역으로, 운영 가능한 시스템으로, 발전 가능한 영역'으로 삼고 높은 영적 경지까지 도약하고자 꿈을 꾸었다. 이는 신의 경지까지 오르고 싶은 마귀와 옛 뱀 거짓의 아비에게 속은 에덴동산의 아담과 하와와 동일한 인본주의 생각인 것이다.

⑽ 인간의 영혼과 육체는 하나로 된 '전인 상태'로서 주님의 핏값으로 사신 주님의 소중한 교회(신부)이다. 인간의 몸과 영혼은 전부 주님이 창조하신 피조물이며, 본래부터 주님만을 위해 쓰임 받아 영광 돌릴 주님만의 영역이요 소유일 뿐이다.

인간의 '영혼과 육체'가 하나된 '전인 상태'는 주님이 핏값으로 성취한 복음으로 왕 노릇하시고 통치하실 주님만의 성역이며, 성전이며, 왕의 통치 발판이며, 왕의 집무실이다.

맺음말

　필자는 히브리 사상과 헬라 사상에 대하여 이미 기술해 온 모든 큰 단락과 소 부제에 필자가 마무리로 말하고자 한 결론들을 본서를 통해 충분히 지루할 만큼 반복적으로 진술했다고 봅니다. 이러한 연고로 굳이 결론 부분에서 히브리 사상과 헬라 사상에 대하여 다시 거론하지 않겠습니다.

　다만 이 책의 내용이 이 시대의 무분별하게 왜곡된 사상들과 인간의 생각들이 만들어낸 사조들과 괴변적 사상들에 대한 허상들을 작은 현미경 같이 분별해 내는 관점이라도 제시되고 작은 영향력이라도 끼쳤다면 본 저자의 작은 설레임의 기대가 만족될 것입니다.

　아무쪼록 건강하고 바른 히브리 사상과 개혁주의 사상이 언제나 변함없이 하나님 중심, 하나님 절대 주권 사상, 성경의 무오와 축자영감을 믿는 성경 중심 사상, 성경의 핵심 주제가 오직 구속자 예수 그리스도이기에 예수님만이 구원을 얻을 유일한 이름으로 가르치고 보존하기를 바랍니다.

　우리가 하나님의 말씀으로 믿는 이 성경은 단순한 인간의 기록이 아니라, 성령께서 기록자들의 입을 빌려 말씀하신 '하나님의 구별된 말씀'임을 강조합니다. 이 선포가 인간의 추측이 아닌, 창조주 자신의 무오한 계시임을 믿는 것입니다.[137]. 단순히 기계적으로 받아 적은 것(기계적 영감)이 아니라, 저자의 인격과 언어, 시대적 배경을 사용하시되 성령께서 단어 하나하나(축자)를 선택하시고 간섭하셨음을 강조합니다. 성령의 감동은 사상에만 미친 것이 아니라 그 사상을 표현하는 말(단어)에까지 미쳤습니다. 성경은 하나님의 말씀이므로 신앙과 행위뿐만 아니라 역사적, 과학적 사실에 있어서도 오류가 없음을 분명히 합니다. 이는 자유주의 신학의 비평적 접근에 대항하여 정통 개혁주의 신앙을 수호하는 핵심 보루로 제시됩니다.[138]

그리고 하나님이 보내신 성령의 도움과 전적인 인도를 받아야 예수님을 나의 구주로 믿게 된 것에 대하여 감사하고 증거하는 복음의 증인이 되기를 바랍니다. 또한 하나님의 창조의 목적과 질서대로 창조된 모든 만물이 다 오직 하나님의 영광만을 위해 존재한다는 것이 기초되어야 하나님의 의도대로 기뻐하시는 사상임을 잊지 말고 보존하고 자손만대로 신앙 전수하기를 바랍니다.

---

137)　John Calvin, 문병호 역, 라틴어직역 기독교강요(제1권 6-9장), 서울: 생명의말씀사, 2020, pp. 110-160.

138)　서철원, 교의신학1 신학서론(Dogmatics Vol. 1: Introduction to Theology), 서울: 총신대학교출판부, 2018, pp. 280-330.

참고 문헌

단행본

Alister E. McGrath, 최재건 역, 기독교 신학 개론 (Christian Theology: An Introduction), 서울: CLC, 2016.

David W. Hall, Peter A. Lillback, 나용화 외 다수 역, 칼빈의 기독교강요 신학, 서울: CLC, 2009.

Francis A. Schaeffer, 김진홍 역, 신은 거기 계시며 말씀하신다(The God Who Is There), 서울: 생명의말씀사, 2013.

Herbert Wolf, 김의원 역, 오경개론(An Introduction to the Old Testament Pentateuch), 서울: CLC, 2008.

J. Richard Middleton & Brian J. Walsh, 김기찬 역, 기독교 세계관으로 본 현대 학문 (The Transforming Vision), 서울: 한국기독학생회출판부, 2007.

John Calvin, 김종흡 외 다수 공저, 기독교강요(제3권 10장 6절), 서울: 생명의 말씀사, 2010.

John Calvin, 문병호 역, 기독교강요(제3권 6-10장), 서울: 생명의 말씀사, 2010.

John Calvin, 문병호 역, 라틴어직역 기독교강요(제1권 6-9장), 서울: 생명의 말씀사, 2020.

Marvin R. Wilson, 박대영 역, 기독교의 히브리적 뿌리를 찾아서(Our Father Abraham), 서울: 이레서원, 2002.

R. Wilson, 박대영 역, 기독교의 히브리적 뿌리를 찾아서(Our Father Abraham), 서울: 이레서원, 2002.

서철원, 교의신학1 신학서론(Dogmatics Vol. 1: Introduction to Theology), 서울: 총신대학교출판부, 2018.

정성구, 설교자를 위한 칼빈의 신학사전, 서울: 총신대학교출판부, 2000.

존 칼빈, 나용화 역, 기독교강요(제3권 1장 1절), 서울: 기독교문서선교회, 2010.

존 칼빈, 성귀갑 역, 기독교강요(제2권 2장), 서울: 크리스천다이제스트, 2003.

존 칼빈, 성귀갑 역, 기독교강요 하(Institubio Christianae Religionis), 서울: 성서교재간행
　　사, 2003.

존 칼빈, 성귀갑 역, 기독교강요 하(Institubio Christianae Religionis), 서울: 신교출판사,
　　2003.

존 칼빈, 성귀갑 역, 칼빈 주석(히브리서: 신약주석 제12권), 서울: 신교출판사, 2000.

존 칼빈, 원광연 역, 기독교강요(제2권 2장 12~16절), 서울: 생명의 말씀사, 2003.

존 칼빈, 원광연 역, 기독교강요 상(원제: Institutio Christianae Religionis), 서울: CH북스,
　　2003.

사전

O.N.O편찬위원회, 스트롱코드 히브리어. 헬라어사전, 경기: O.N.O, 2011.

Wilhelm Gesenius, 이정의 역, 게제니우스 히브리어 아람어사전, 서울: 생명의말씀
　　사, 2021.

동아출판사 편집부, 세계대백과사전(동아)13, 서울: 동아출판사, 1982.

머릿돌편찬위원회, 헬라어 어근분해사전, 서울: 도서출판 기쁜날, 1995.

머릿돌편찬위원회, 히브리어 어근분해사전, 서울: 도서출판 기쁜날, 1995.

윤석급, 사전-21세기-웅진학습백과사전10-정치-경제, 서울: 웅진출판사, 1998.

이병철, 성경원어해석대사전 바이블렉스 10.0, 서울: 브니엘 성경 연구소, 2013.

하용조, 바른성경사전, 서울: 도서출판 두란노, 2001.

한영제, 기독교대백과사전(6권 메시아-바이), 서울: 기독교문사, 1990.